Tissy Bruns

# Republik der Wichtigtuer

Tissy Bruns

# Republik der Wichtigtuer

Ein Bericht aus Berlin

HERDER

FREIBURG · BASEL · WIEN

Gedruckt auf umweltfreundlichem, chlorfrei gebleichtem Papier

Alle Rechte vorbehalten – Printed in Germany
© Verlag Herder Freiburg im Breisgau 2007
www.herder.de
Satz: Barbara Herrmann, Freiburg i. Br.
Druck und Bindung: fgb · freiburger graphische betriebe 2007
www.fgb.de
ISBN 978-3-451-28715-2

# Inhalt

So ging der Kaiser unter dem prächtigen Thronhimmel, und alle Menschen auf der Straße und in den Fenstern sprachen: »Wie sind des Kaisers neue Kleider unvergleichlich! Welche Schleppe er am Kleide hat! Wie schön sie sitzt!« Keiner wollte es sich merken lassen, dass er nichts sah; denn dann hätte er ja nicht zu seinem Amte getaugt oder wäre sehr dumm gewesen. Keine Kleider des Kaisers hatten solches Glück gemacht wie diese.

»Aber er hat ja gar nichts an!«, sagte endlich ein kleines Kind. »Hört die Stimme der Unschuld!«, sagte der Vater; und der eine zischelte dem andern zu, was das Kind gesagt hatte.

»Aber er hat ja gar nichts an!«, rief zuletzt das ganze Volk. Das ergriff den Kaiser, denn das Volk schien ihm recht zu haben, aber er dachte bei sich: ›Nun muss ich aushalten.‹ Und die Kammerherren gingen und trugen die Schleppe, die gar nicht da war.

Hans Christian Andersen, Des Kaisers neue Kleider

*

Die Politik bedeutet ein starker langsames Bohren von harten Brettern mit Leidenschaft und Augenmaß zugleich. Es ist ja durchaus richtig, und alle geschichtliche Erfahrung bestätigt es, dass man das Mögliche nicht erreichte, wenn nicht immer wieder in der Welt nach dem Unmöglichen gegriffen worden wäre. Aber der, der das tun kann, muss ein Führer und nicht nur das, sondern auch – in einem sehr schlichten Wortsinn – ein Held sein. Und auch die, welche beides nicht sind, müssen sich wappnen mit jener Festigkeit des Herzens, die auch dem Scheitern aller Hoffnungen gewachsen ist, jetzt schon, sonst werden sie nicht imstande sein, auch nur durchzusetzen, was heute möglich ist. Nur wer sicher ist, dass er daran nicht zerbricht, wenn die Welt, von seinem Standpunkt aus gesehen, zu dumm oder zu gemein ist für das, was er ihr bieten will, dass er all dem gegenüber: »dennoch!« zu sagen vermag, nur der hat den »Beruf« zur Politik.

Max Weber, Politik als Beruf

# 1. Berlin-Mitte

Von den Hoffnungen und Befürchtungen, die sich mit dem Begriff der Berliner Republik in den Diskussionen der 1990er Jahre verbunden haben, ist nur die beunruhigende Gewissheit von einer neuen Berliner Medienrepublik übrig geblieben. Gründlich widerlegt haben die Berliner Hauptstadtjahre, was sich Umzugsgegner und -befürworter gleichermaßen versprochen haben: dass die Politik näher an die soziale Realität heranrücken würde. Bonn war ein »Raumschiff«, eine abgelegene und abgeschottete Idylle, in der Politiker sich fernhalten konnten von der sozialen Wirklichkeit. Über Helmut Kohls »Menschen draußen im Lande«, so die Hoffnung, sollten Abgeordnete, Ministerialbeamte und Kanzler in Berlin stolpern, sobald sie den Fuß nur vor die Tür setzten: Arbeitslosigkeit, Schulprobleme, Einwanderungsrealität, Schattenwirtschaft, Massenuniversitäten, Unterschichten oder akademisches Prekariat.

Das alles gibt es in Berlin. Aber Berlin ist nicht Berlin-Mitte. Dort, im Zentrum der Macht, muss niemand darüber stolpern. Nicht die Politiker und auch nicht die Journalisten, die über sie berichten.

Berlin-Mitte ist zu einer Bühne von Politik und Medien geworden, die von der Lebenswirklichkeit der Bürger weiter entfernt ist als das legendäre Raumschiff Bonn. Hier regieren, opponieren, debattieren Politiker, wie es ihres Amtes ist. Es recherchieren, berichten, kommentieren Journalisten, Redaktionen, Sender, wie es die Aufgabe der Vierten Gewalt im Staate ist, die Öffentlichkeit schaffen und Kontrolle über die Mächtigen ausüben soll. Die Politiker sind dem Gemeinwohl verpflichtet, dessen Nutzen sie mehren sollen, und zwar durch Entscheidungen, die schwer zu treffen sind, weil sie Zeit, Augenmaß, Überzeugungen und Kompromisse erfordern. Die Journalisten können sich berufen auf das Grundgesetz, das im Artikel 5 die Pressefreiheit garantiert. Ihr eigener Kodex, ihr Berufsethos verpflichtet sie der Wahrheit. Wer sich als Journalist mit Politik beschäftigt, berichtet aus einer Welt, die komplex und voller Widersprüche ist. Journalisten sind verantwortlich für das Bild, das sich die Bürger über diese Wirklichkeit machen. Es soll differenziert, nüchtern und sachlich sein, um das Urteilsvermögen der Bürger zu stärken.

Das alles versuchen in Berlin-Mitte Politiker und Journalisten – und scheitern daran täglich. Zwischen Alex und Siegessäule, Potsdamer Platz und Spreebogen hat sich eine politisch-mediale Welt etabliert, deren Akteure sich ähnlich geworden sind und sich deshalb umso misstrauischer belauern. Manchmal geraten Journalisten in eine Tonlage, die sie noch mehr zu Populisten macht als die Politiker, die auf ihre Wähler achten müssen. Oft passen sich Politiker einem in der Öffentlichkeit vorgegebenen Tempo an, das ihre Sache nicht verträgt, aus persönlicher Eitelkeit oder nur zum Schein, um die öffentliche Maschinerie zu beschäftigen.

Berlin-Mitte ist das Zentrum des politikverdrossenen Deutschland. Politiker und Medien beleuchten und beklatschen sich auf dieser Bühne gegenseitig, als Darsteller, Publikum und Kritiker. Von den Bürgern werden sie als eine selbstbezogene Kaste wahrgenommen, die in einem Boot sitzt, durch eine gleichartige Lebensweise verbunden, auf der sicheren Seite und jenseits der Risiken, die sie in Ausübung ihrer öffentlichen Macht den Bürgern zumuten.

Charakter und Tugend sind wahrscheinlich in jeder Politikergeneration gleich verteilt, ebenso wie der Mangel daran, wie Schlitzohrigkeit, Unehrlichkeit, Anmaßung oder Selbstsucht. Unterschiedlich sind aber die Aufgaben, die Politikern

von ihrer Zeit zugewiesen werden, und ebenso die Möglichkeiten und Zwänge, sich ihnen zu stellen. Das Gleiche gilt
für Journalisten und Medienmacher.

Die Politikergenerationen sind endgültig abgetreten, denen die große Geschichte – Krieg, Verfolgung, Flucht – noch
die Leitlinien für ihr politisches Leben eingeprägt hat. Für demokratische Politik gilt die merkwürdige Doppelweisheit,
dass sowohl alles schon immer so war als auch dass früher
alles besser war. Politik sei ein »schmutziges Geschäft«, lern-
ten die Schulkinder von ihren Eltern und Lehrern in der Wirt-
schaftswunderzeit der 50er und 60er Jahre. Es ist gar nicht so
leicht, präzise zu sagen, worin sich die Politikverdrossenheit
oder der Vertrauensverlust von heute von dieser altbekannten
Politikskepsis unterscheidet.

Die Politiker von damals erscheinen natürlich besser als
die von heute. Konrad Adenauer und Willy Brandt haben zu
ihrer Zeit die bundesdeutsche Öffentlichkeit heftig polarisiert, viel mehr als ihre Nachfolger Gerhard Schröder oder
Angela Merkel. Heute sind in den Augen der Deutschen die
beiden Alten große Kanzler, milde verklärt durch zeitliche
Distanz, charismatische Gestalten, deren Leben und Eigenschaften die Volksphantasie beschäftigen.

Helmut Kohl war der letzte Kanzler, der in der Machtfülle
seiner letzten Amtsjahre noch verdrängen konnte, dass seit
1989 eine entgrenzte, globalisierte Ökonomie der nationalen
Politik den Rahmen vorgibt und ihr Gestaltungskraft nimmt.
Gerhard Schröder war der erste Kanzler der eingeschränkten
Möglichkeiten; nicht anders geht es Angela Merkel, so sehr
sie sich sonst von ihrem Vorgänger unterscheiden mag. Und
beide verbindet ein Weiteres: Sie agieren in einer veränderten
Medienwelt. Das ist eine Welt der unbegrenzten Möglichkeiten, der neuen Versuchungen für die politischen und medialen Akteure. Sie erst hat Berlin-Mitte ins Bühnenlicht gestellt,
macht Journalisten zu Prominenten, verschafft Politikern öf-

fentliche Allgegenwart – und beiden die Möglichkeit, sich hinwegzutäuschen über den Bedeutungsverlust, den Politiker in der globalisierten Welt und politische Journalisten in der digitalisierten erlitten haben.

In Wahrheit sind Politiker und Journalisten Getriebene einer Medienentwicklung, deren Zwänge wie nie zuvor und auf allen Ebenen die Kommunikation und Gestaltung der öffentlichen Angelegenheiten bestimmen und durchdringen.

## 2. Medien: Beginn eines glanzvollen Niedergangs

### Der große Auftrieb

Die »Rückblende«, die jährlich die Arbeit der Bildjournalisten und Karikaturisten auszeichnet, setzt für das Jahr 2000 noch einmal ein Foto des Altkanzlers auf den ersten Platz. Es zeigt Helmut Kohl, gut ausgeleuchtet, umringt von Medien, von Kameras, Mikrofonen, Journalisten, nach einer Sitzung des Untersuchungsausschusses. Der Ausschuss geht wie die versammelte Öffentlichkeit Kohls Rolle in der Parteispendenaffäre nach, ohne sie, wie wir längst wissen, aufklären zu können. Das preisgekrönte Bild zeigt eine exemplarische Situation: Ein ungeheurer Medienauftrieb um einen Spitzenpolitiker, der die eigentlichen Fragen nicht beantwortet.

Politisch und publizistisch, so scheint es, stehen die Zeichen auf Neubeginn, als der große Tross 1999 von Bonn nach Berlin zieht. Für die vormaligen Bonner Korrespondenten erweist sich das Berliner Pflaster tatsächlich als überwältigend anders, als hart und interessant. Der Bundeskanzler der rot-grünen Koalition, der das ungeliebte Bonn und Oskar Lafontaine hinter sich gebracht hat, versucht nach dem ersten Chaos-Jahr die Konsolidierung seiner Regierung. Vom übermütigen Motto des Anfangs »Regieren macht Spaß«, von Hochglanzfotos im Brioni-Mantel, von Partyglamour und Zigarre bleiben Gerhard Schröder, wie er bekennt, nur die »Freuden der Pflicht«, die ihm allerdings, trotz Kosovo-Krieg und Haushaltskonsolidierung, niemand so recht abnehmen mag. Aufwärts geht es für Rot-Grün trotzdem. Denn die CDU erlebt mit der Spendenaffäre eine epochale

Erschütterung: Helmut Kohl, der die CDU ein Vierteljahrhundert und das Land 16 Jahre gelenkt hatte, wankt auf dem Denkmal, auf das die Geschichte ihn schon gestellt hat. Erneuerung auch im Lager der Opposition.

Der »Auftrieb«, den das preisgekrönte Foto zeigt, bestimmt das journalistische Alltagsgefühl des ersten Jahres. Und zum Auftrieb gehört auch das unbestimmte Gefühl, dass die wachsende Quantität der Medien im umgekehrten Verhältnis zur Qualität ihrer Arbeit steht. Der neue Hauptstadtjournalismus produziert zum Beispiel: Witze. Im Umfeld der Spendenaffäre wird natürlich auch nach Unregelmäßigkeiten bei den anderen Parteien recherchiert, und in einigen Berichten tauchen Anspielungen auf den früheren SPD-Schatzmeister Alfred Nau auf. Und so kommt es, dass der damalige SPD-Sprecher Michael Donnermeyer von einer Journalistin angerufen wird, die »den Herrn Nau« sprechen will. Der verblüffte Donnermeyer hat kaum abgelehnt, als die Bitte dringlich und in grobem Ton wiederholt wird. Daraufhin verspricht der SPD-Sprecher verbindlich Prüfung und Rückruf. Er bedaure, lässt er schließlich ausrichten, Herr Nau sei nicht zu sprechen. Denn er befinde sich gerade in einer Beratung mit Herbert Wehner.

Es wird geglaubt, weil es glaubwürdig ist, dieses Gespräch über Herrn Nau, der sich seit Jahr und Tag in der gleichen Sphäre befindet wie Wehner. Nau ist 1983 gestorben, Wehner 1990. Klaus Bölling, Regierungssprecher unter Helmut Schmidt, erzählt die Anekdote in seiner Eröffnungsrede für das neue Bundespresseamt, um die Verlotterung der journalistischen Sitten heiter zu illustrieren. Auch unter Journalisten macht »Herr Nau« die Runde und verursacht allenthalben Gelächter, das nicht im Halse stecken bleibt. Derlei ist bezeichnend, peinlich, lächerlich – aber natürlich die Ausnahme, der Lapsus einer jungen Kollegin, die, wie neuerdings in Berlin so viele andere, in die Bundespolitik wie ins kalte Wasser gestürzt werden. Kurzum: Das wird wahrgenommen als vorübergehendes Phänomen des hektischen Neubeginns in der Hauptstadt Berlin.

In den Jahren um die Jahrtausendwende wird das Wort vom »Medien-Hype« gängig, zunächst nur unter den Beteiligten. Noch ist es mehrdeutig. Der Boom der New Economy erfasst in diesen Jahren die ganze Gesellschaft; in den Medien herrscht Goldgräberstimmung. In Berlin zeigt sie sich, unter anderem, an den Gebäuden. Im Vergleich zu den neuen Häusern und Büros von ARD oder ZDF, von *Stern*, *Spiegel* oder FAZ hat man in Bonn in Baracken und Provisorien gehaust. Allenthalben wird das Personal aufgestockt. Weil viele Ältere in Bonn zurückbleiben, steigen einige aus der mittleren Generation auf, und viele neue, ganz junge Kollegen kommen dazu. Im Jahr 1990 hatte die Bundespressekonferenz, der Zusammenschluss der bundespolitischen Korrespondenten, 19 Mitglieder aufgenommen, Durchschnittsalter 49 Jahre. Im Jahr 2000, dem ersten nach dem Regierungsumzug, sind es 134, Durchschnittsalter 39 Jahre. Zeitungsneugründungen wie die *Financial Times Deutschland* oder die diversen »Berliner Seiten« überregionaler Printmedien bescheren unserer gut verdienenden Branche die – was damals allerdings niemand ahnt – letzte Runde angenehmer Gehaltsverhandlungen. Alles bezeugt den Trend: Hier brechen neue, große Zeiten an.

## Bilder und Inszenierungen

Es ist Gerhard Schröder, der die erste eindrucksvolle Veranstaltung liefert, die den Begriff der »Inszenierung« ins Standardrepertoire der Berliner Medienrepublik einführt. Ende 1999 steht ihm das Wasser bis zum Hals. Nach einem rot-grünen Chaos-Jahr und eindrucksvollen Niederlagen steht ein SPD-Parteitag kurz bevor. Da droht die Pleite des Bauunternehmens Holzmann. Schröder hat es im Gefühl: Da ist was zu reißen. Er lädt ein zum Krisen- und Rettungsgespräch mit dem Holzmann-Betriebsrat und dem Chef der IG Bau. Die Presse wird für ein Uhr zur Pressekonferenz eingeladen. Die Bühne für die Statements ist aufgebaut im vormaligen DDR-Staatsratsgebäude, das zu dieser Zeit noch das Kanzleramt beherbergt. Wie immer nehmen die Fernsehkameras schon vor dem offiziellen Beginn ihren Platz ein. Das Krisengespräch ist zehn vor eins zu Ende. Kanzler, Gewerkschaftschef und Betriebsrat verkünden den Rettungsplan. Zeit hat der Kanzler nicht; es wird nur eine Frage zugelassen. Dann eilt er mit der Rettungsmannschaft weiter. Als die Kollegen von den Zeitungen pünktlich erscheinen, ist der Kanzler längst verschwunden. Man wird ihn abends im Fernsehen wiedersehen, vor der Holzmann-Belegschaft, der die gelungene Aktion des tatkräftigen Kanzlers einen kollektiven Jubelschrei aus den Kehlen lockt. In Berlin, wo die Zeitungskollegen die Fragen nicht stellen konnten, wer die Rechnung zahlt und wie nachhaltig diese Aktion dem Unternehmen helfen kann, ist das Wort geboren, das man – stets mit negativem Unterton – danach und bis heute bei zahllosen Gelegenheiten hören wird: »Was für eine Inszenierung!«

Längst ist die braune Palisanderwand vergessen, vor der im Saal der Bundespressekonferenz in Bonn das politische Führungspersonal regelmäßig Platz genommen hat. Die Silhouette des Abgeordnetenhochhauses »Langer Eugen«, die dunklen Wagen vor dem Kanzleramt – und eben die Palisanderwand, damit ist das optische Repertoire Bonns aufgezählt, das den Fernsehzuschauern signalisiert hat: Achtung, jetzt kommt Politik. Berlin funktioniert anders.

In Berlin gerät das wohlgeordnete Korrespondentenheer in eine geradezu handgreifliche Konkurrenz – noch nicht um die exklusiven Meldungen, sondern schlicht und einfach um die

Plätze. Denn das Fernsehen behauptet im neuen Regierungs-viertel von Anfang an den Rang, den es bei den Bürgern längst hat. Überall, wo Politiker auftauchen können, bei Pressekon-ferenzen oder Fraktionssitzungen, in den Parteizentralen und Ministerien stehen Kameras und Mikrofone in der ersten Rei-he; gegen sie haben die mit Schreibblock, Stiften oder Aufnah-megeräten vergleichsweise schwach bewaffneten Print- oder Hörfunk-Kollegen keine Chance. Auf unbegreifliche Weise vermehren sich die elektronischen Medien – so wie sich die Bühnen, Türen und Zugänge zu den Orten des politischen Ge-schehens verdoppeln und verdreifachen. In Bonn hat nur je ein Weg in den Saal der Unions- oder SPD-Bundestagsfraktion geführt; in Berlin sind es ein oder zwei sichtbare und dazu ein öffentlich unzugänglicher.

Berlin-Mitte liefert der Politik die große Bühne und die imposanten Kulissen – und den Medien damit Stoff für eine Bildhaftigkeit, die Bonn, der Regierungssitz ohne Na-men und Orte, nie bieten konnte. Jedes Ministerium hat sei-nen Presseraum mit stolzen Bundesadlern auf blauem Hin-tergrund, vor der die Minister ihre Statements abliefern, ein bis zwei Fragen beantworten und dann entschwinden kön-nen. *Bild* erobert sich in Zeitungsredaktionen und Korres-pondentenbüros den Ruf des Leitmediums; jedenfalls wird das unbemerkt zur feststehenden Tatsache, über deren Legi-timität so wenig nachgedacht wird wie darüber, ob sie über-haupt zutrifft. Immer wieder wird in den ersten zwei, drei Berliner Jahren in den Printmedien Gerhard Schröders Wort zitiert, wonach man zum Regieren nur »*Bild*, BamS und Glotze« brauche – es wird mit einer Todesverachtung zitiert, die auch deshalb so heftig ausfällt, weil die Verhält-nisse Schröders Kritikern den latenten Wahrheitsgehalt des Kanzlerworts täglich vorführen: Auch die politische Kom-munikation findet in erster Linie über Bildmedien statt. Po-litik muss visualisiert werden, und wenn die Gesetze, um die gerade gestritten wird, keine vorzeigbaren Bilder liefern, dann müssen eben Kanzler oder Finanzminister ihre Gesichter zeigen.

»Hype«, das ist von Anfang an auch eine seltsame Hektik, eine Überhitzung, die niemand gewollt oder gemacht hat, die ohne aktives Zutun der Akteure ein ganz neues Tempo und den Verlust der Regeln bringt, die bis dahin zwischen Politik und Publizistik gegolten hatten. Die langen Wege durch die Berliner Kulissen verändern auch das Tempo – und die Zeit: Die Zeit ist knapper, und sie wird immer knapper. Zunächst scheint das ebenfalls nur ein Phänomen des Anfangs zu sein: viel Aufwand durch unbekannte Orte und Strukturen, durch die endlose Folge von Events, Eröffnungen, Abendveranstaltungen, die wichtig sein könnten. Schon bald erzwingt der Berliner Aufwand eine paradoxe Abwesenheit. In Bonn war es kein Problem, an einem Landtagswahlabend nacheinander die Parteizentralen abzuklappern, die wie Perlen auf der Schnur längs der B 9 bequem erreichbar waren. Danach begab man sich ins Büro und schrieb die nach der Verpflegungslage in den Parteihäusern »Bulettenstücke« genannten Texte. In Berlin – die Parteien haben sich sternförmig in und um Berlin-Mitte angesiedelt – muss man sich entscheiden: SPD oder CDU. An den Montagen, wenn die Parteigremien tagen, zwingt der räumliche Abstand viele Korrespondenten vor den Bildschirm, wo *Phoenix* oder n-tv die Pressekonferenzen übertragen. Das reicht für O-Töne und Zitate der Generalsekretäre. Nur: Fragen kann man nicht mehr stellen. Das ist nicht nur eine Frage der Terminverdichtung – es berührt die journalistische Arbeit in ihrer Substanz und Qualität.

Noch im Hochgefühl des Hypes werden die Berliner Korrespondenten von der ersten ernsthaften Ahnung gestreift, es könnte sich mehr geändert haben als der Hauptstadtstandort. Sie sind nicht mehr unter sich, in Berlin gibt es nicht nur Politiker, Korrespondenten und den Bonner *General-Anzeiger*. Im Fischteich der Bundespolitik angeln mehrere Berliner Qualitäts- und Boulevardzeitungen sowie diverse private Rundfunk- und Fernsehsender. Lauter neue, junge Gesichter, Journalisten, die im Bundestag auf andere als politische Erkenntnisse aus sind. Ein Fernsehmagazin zum Beispiel sucht – und findet – auf den Toiletten des Reichstags angeblich verdächtige Spuren von Kokain – und hält damit die Debatte ein paar Tage in Schwung.

Solche Erlebnisse verdichten sich zu dem Stoßseufzer: »Wir sind hier einfach zu viele.« Er drückt unausgesprochen aus, worüber niemand spricht: Hinter den glänzenden neuen Fassaden findet ein Statusverlust statt. Der exklusive Dialog einer überschaubaren Zahl von Journalisten und Politikern, die berühmt-berüchtigte Bonner »Nähe«, ist Vergangenheit.

Journalisten beklagen, dass die Politiker die schönen Berliner Kulissen nutzen, um vor den Fernsehkameras mit flachen Sätzen zu posieren, um sich anschließend durch die Flucht aus den Hinterausgängen vor kritischen Fragen zu retten.

Politiker wiederum werfen Journalisten vor, dass sie die schnelle Schlagzeile vor die Recherche stellen und jeden kleinen Meinungsunterschied zum Streit »hochschreiben«.

Die gegenseitige Sicherheit jedenfalls, sich auf einen gemeinsamen Komment verlassen zu können, war in Berlin schon nach einem halben Jahr dahin. Vor allem aber der Nutzen für die Öffentlichkeit. Denn die Auflösung der Regeln zeitigt paradoxe Ergebnisse. Politiker, die aus Erfahrung wissen, dass jede Äußerung gleichermaßen öffentlich ist, geben keine Vorüberlegung, keine unausgereifte Idee mehr preis. Eine vom *Spiegel* durchgesetzte Besonderheit der deutschen Zeitungskultur, das autorisierte Interview, verliert vorübergehend seinen Wert als politisches Dokument. Denn Interviews werden immer unverfänglicher, weil sie bei der Autorisierung nachträglich – wie die Journalisten beklagen – von den Parteisprechern bis zur Unkenntlichkeit geglättet werden. Die Politiker und ihre Sprecher zeigen zurück auf die Medien. »Jeder Satz«, sagt ein Fraktionssprecher, »wird bei uns darauf abgeklopft, ob die Redaktion daraus eine verkürzte Schlagzeile oder eine Agenturmeldung machen kann, die aus einer harmlosen Differenz den großen Widerspruch zur offiziellen Parteimeinung konstruiert.«

Eine andere Schlüsselszene: Wolfgang Schäuble, damals CDU-Chef, gerät zur Zeit der Spendenaffäre während einer Pressekonferenz an den Rand eines Schwächeanfalls und kollabiert schließlich. Die Kameras, beklagt sich Schäuble danach, drängen in diesem Moment noch näher.

Ein Regelverlust findet auch an der Peripherie des Politischen statt: Die Bonner Restaurants waren geschützte Zonen. In Berlin, klagen viele Politiker, könne man ja nirgends essen gehen, ohne dass ein Kellner oder Koch den Fotografen Bescheid sagt. Dazu lächeln die Journalisten milde. Denn sie werden oft genug von Pressesprechern angerufen, die mit der interessanten Mitteilung aufwarten, dass ihr Minister heute mit NN im Restaurant X speist: »Das ist für Sie doch sicher interessant.«

Die fragwürdige Bonner Nähe wird nicht durch geläuterte Distanz, sondern durch eine geradezu physische Belagerung abgelöst. Zwischen Politikern und Medien macht sich Misstrauen breit.

## Und doch nur die Meute

Die kritikfreudigen Korrespondenten werden in Berlin selbst zum Gegenstand der Kritik. Das ist völlig neu. In Bonn standen Ruf und Rolle fest; der gängige Vorwurf von »zu viel Nähe« zwischen Politikern und Journalisten interessierte höchstens intern, also die Branchenkenner. Für das große, auch das politisch interessierte Publikum waren die Beobachter des bundespolitischen Geschehens so unsichtbar wie ihre Fehler. Neben einer Handvoll fernsehbekannter Auslandskorrespondenten war Werner Höfer der bekannteste Journalist. Sein »Internationaler Frühschoppen« hüllte die Korrespondenten in dichten Zigarren- und Zigarettenrauch. Höfers Sendung und danach der »Presseclub« waren bis in die 90er Jahre für Zeitungsleute der einzige Platz im Fernsehen. Der neue Regierungsstandort macht die Hauptstadtjournalisten zum Gegenstand des öffentlichen Interesses. Schmeichelhaft ist das Bild nicht: die Medien als Meute.

Der Fernsehfilm *Die Meute* von Herlinde Koelbl trägt das Unbehagen über die neue Berliner Medienrepublik ins öffentlich-rechtliche Fernsehen. Koelbl geht der Frage nach, warum in Berlin zwischen Politik und Medien alles so verändert ist, sie interviewt Korrespondenten und Chefredakteure und beobachtet die Berliner Belagerungsszenen. Koelbl, selbst von Haus aus Fotografin, zieht sich mit ihrem Projekt Proteste ihrer Berliner Kollegen zu. Kameraleute und Fotografen beschweren sich, es kommt zu heftigen Aussprachen, die ich als Vorsitzende der Bundespressekonferenz moderiere. Die Fotografen fühlen sich denunziert von der Kamera, die Koelbl nun ihrerseits auf sie richtet. Denn die Filmautorin macht, was Fernsehen machen muss: Sie vereinfacht. Besser lässt sich das Berliner Meutenverhalten einfach nicht ins Bild setzen: Der wartende Pulk mit zahlreichen Kameras und Mikrofonen, der sich beim Auftauchen politischer oder sonstiger Prominenz in Bewegung setzt wie ein hässlicher Krake, ein Ding mit langen Tonangeln, schweren Kameras, vielen Armen und Beinen, die sich in Bewegung setzen, wenn jemand ruft: »Da kommt er!« Dass vor dem richtigen jedes Mal erst ein falscher Alarm stattfindet, ist besonders deprimierend. Für einen Moment erstarrt die aufgeregte Truppe erst einmal wieder in Wartehaltung: Menschen, die vorher individuelle Solitäre waren, agieren wie Herdentiere.

Koelbl und die Fotografen einigen sich. Die öffentliche Zunft muss ihrerseits den kritischen Blick der Öffentlichkeit ertragen und akzeptieren. Mit dem Gefühl, dass sie als Sündenbock für das Ganze herhalten müssen, behalten die Fotografen aber recht. Ein neues Thema schält sich heraus: die mediale Selbstkritik, die sich inzwischen zur hohen Kunst entwickelt hat. Noch nie haben Medien so viel über Medien geredet, gesprochen und geschrieben. Doch sie neigen dazu, den Blitz auf ein Objekt zu schleudern, um ihn von anderen abzulenken: Die gängige Medienkritik nimmt wahlweise die schwarzen Schafe, die junge Generation oder das Fernsehen in den Blick, selten aber das Gefüge selbst, das sich in der Kommunikation der öffentlichen Angelegenheiten in den letzten Jahren herausgebildet hat.

Unter den Berliner Korrespondenten wurde Koelbls Film, der ein großer Erfolg für den WDR wurde, reserviert aufgenommen. »Weißt du,«, sagte damals ein Kollege zu mir, »sie hat die üblichen Edelfedern und Chefredakteure interviewt. Aber von den Frontschweinen, die von den Chefredakteuren losgeschickt werden, war doch fast niemand dabei.« Die Bemerkung drückt die zwiespältigen Gefühle über die neuen Verhältnisse aus. Berlin-Mitte, das zeigt Koelbls Film, setzt nicht nur die Politik, sondern auch die Medien in Szene, schmeichelhaft allerdings nur die Berühmten der Branche. Das saloppe Wort von den »Frontschweinen« bestätigt Koelbls Grundthese: Wir sind – die Meute.

Berlin ist nicht die Ursache dieser Veränderungen. Aber der Umzug bringt es wie ein Katalysator ans Tageslicht. Was in Bonn nur gedämpft, wattiert durch feste Gewohnheiten zu spüren war, wird nun unwiderruflich Wirklichkeit: Der Umzug hat uns ins digitale Zeitalter gestürzt. »Uns Journalisten blieb die Aufgabe, zu den Bildern spannende Geschichten zu schreiben«, schreibt später der langjährige *Spiegel*-Korrespondent Jürgen Leinemann. Mehr nicht?

# 3. Politische Grenzerfahrungen

## Top Ten statt Krippenplätze

Unter der Überschrift »Solidarität unter Frauen« seziert die *Frankfurter Allgemeine Zeitung* im März 2007 mit feiner Ironie einen exemplarischen Vorgang. Sachlich geht es um Krippenplätze, also eine für viele junge Familien elementare Frage. Die christdemokratische Familienministerin Ursula von der Leyen hat eben einen kleinen Dämpfer hinnehmen müssen. Ihre Ankündigung, bis 2013 für jedes dritte Kind unter drei Jahren einen Krippenplatz zu schaffen, geht ihren eigenen Leuten zu weit; Angela Merkel gibt für einen Moment dem Widerstand aus den eigenen Reihen nach. »Eine Familienministerin unter den Top Ten, das ist etwas absolut Gutes«, hört die *Frankfurter Allgemeine Zeitung* danach aus dem Kanzleramt. Über die »Top-Ten«-Ministerin freue man sich dort »unter Anspielung auf die Beliebtheitsumfragen«, wie die Zeitung erläutert.

Ursula von der Leyen ist die Überraschungspersonalie in Merkels Kabinett. Sie hat im ersten Regierungsjahr das Elterngeld in einem Anlauf durchgesetzt, das ihre sozialdemokratische Amtsvorgängerin Renate Schmidt unter Rot-Grün vorgeschlagen hatte – und vermutlich auch als SPD-Ministerin der großen Koalition nicht hätte durchsetzen können, weil sie am Proteststurm der Koalitionspartner CDU und CSU gescheitert wäre. Von der Leyen macht ihre Politik nach dem Motto, das man in der Politik »Nixon goes to China« nennt: Durchbrüche zu neuen Ufern in der Politik werden schließlich von den Kräften geschafft, die ursprünglich am weitesten von ihnen entfernt waren. Von der Leyen hat dabei von Anfang an offenkundig die Unterstützung der Bundeskanzlerin, die nach Herkunft und Lebensweg mit dem tradierten Familienbild der Union wenig verbindet und die zudem genau weiß, dass sie als CDU-Vorsitzende das Potenzial der jungen Frauen erobern muss, die Beruf und Familie vereinbaren wollen oder müssen. Von der Leyen gewinnt schnell eine für dieses Amt ungewöhnliche Präsenz: Eine Familienministerin auf dem Titelblatt des *Spiegel,* das ist so erstaunlich wie ein Platz unter den ersten Zehn im Politiker-Ranking.

Nun aber: Ihr Krippenplan, der eine heftige öffentliche Debatte ausgelöst, der Kardinäle, Psychologen und viele Talkrunden beschäftigt hat, endet an einem späten Montagabend nicht mit einer klaren und strategischen Entscheidung, sondern mit einem läppischen Prüfauftrag. Nicht wegen, sondern statt der Krippenplätze verweist das Kanzleramt auf die Top Ten. »Die Bundeskanzlerin«, schreibt die FAZ in dem schon zitierten Text, »hat seit Dienstag jede Gelegenheit genutzt, um Frau von der Leyen zu loben.«

Das heiß diskutierte Thema Kinderbetreuung wird mit einer jener Ersatzhandlungen des Berliner Betriebs überdeckt, die gerade durch ihre Beiläufigkeit untergraben, was in der Politik ohnehin zum knappen Gut geworden ist: Glaubwürdigkeit. Am Tag nach dem Koalitionsausschuss feiern Angela Merkel und ihre Ministerinnen 20 Jahre Frauenministerium. Gesundheitsministerin Ulla Schmidt (SPD) erinnert bei dieser Gelegenheit an die »Alphatierchen«, über die sich von der Leyen kurz zuvor öffentlich lustig gemacht hat, und spielt an auf die Ministerpräsidenten aus CDU und CSU, die der Bundeskanzlerin das Leben oft schwer machen. An dieser Stelle nickt Merkel lächelnd – sie hat einigen Alphatierchen, zum Nachteil ihrer Familienministerin, am Vorabend gerade nachgegeben. Von der Leyen sieht an dieser Stelle etwas angestrengt aus. Die »Solidarität unter Frauen« ist nur eine Solidarität des schönen Scheins unter weiblichen Regierungsmitgliedern.

Es ist weder ungewöhnlich noch verwerflich, wenn die Regierungschefin eine Ministerin lobt, der sie, weil die Kräfteverhältnisse nun einmal so sind, weniger als erwartet liefern kann. Das politische Getriebe ist noch nie ohne einen gewissen Schuss Heuchelei ausgekommen; in diesem Fall kann sie nützlich sein, um der Familienministerin eine zeitweilige Niederlage erträglich zu machen. Dass es in der Politik manchmal zwei Schritte rückwärts gehen kann, wo eben noch der große Durchbruch greifbar nahe schien, erlebt von der Leyen nicht als erste Politikerin. Sie wird beim Krippenthema noch viel höhere Hürden nehmen, wenn sie sich mit dem sozialdemokratischen Bundesfinanzminister, mit Ländern und Kommunen über die Finanzierung streiten wird.

Doch es ist problematisch, die weiße Salbe, die im internen Betrieb nützlich sein kann, als öffentliche Therapie anzuwenden. Die Beliebtheit einer Politikerin ist ein fragwürdiger Maßstab, wenn er an die Stelle politischer Taten tritt. Immerhin hatte die Kanzlerin von der Leyen vorher öffentlich mit einem starken Wort unterstützt: »Wo ein Wille ist, ist auch ein Weg.« Was aber ist das Ziel des Wegs, und für wen ist eine Ministerin unter den »Top Ten« »tröstlich«, wenn der europäische Durchschnitt bei der Kinderbetreuung weiterhin in ungewisser Ferne bleibt? Für die Kanzlerin, für die CDU, für die Ministerin? Vielleicht. Aber sicher nicht für die Eltern, die überlegen, wie ihr Kind im nächsten oder übernächsten Jahr betreut wird, oder für die jungen Frauen, die mit ihren Partnern darüber diskutieren, ob jetzt die Zeit für Nachwuchs ist.

Von der Leyens Vorstoß hat, was der Politik nur noch selten gelingt, Hoffnungen geweckt – bei Menschen, die durchaus verstehen würden, wenn die Realisierung dieser Hoffnungen Geduld, Zeit, Kompromisse erfordert. Wunder erwartet ja niemand – Hinweise auf die Popularitätswerte von Ministern aber erst recht nicht.

Der Blick auf die Beliebtheitsskala, das Lob der Kanzlerin für die Ministerin ist bloß ein internes Gespräch zwischen Politik und Medien, wenn auch ein öffentliches. Im Kanzleramt streichelt man die Ministerin so demonstrativ, weil das geeigneter Stoff für die Medien ist, die sich auf den taktischen Umgang mit der Politik allzu gern einlassen. Dort wird der Vorgang so erörtert: Reicht es der Union vielleicht schon, mit Ursula von der Leyen, der Karrierefrau und siebenfachen Mutter, die Familienpolitik zu personalisieren – ohne sie real machen zu müssen, weil die SPD ja kein vergleichbar attraktives Gesicht für dieses Thema aufbieten kann? Machttaktische Erörterungen werden wichtiger genommen als die Frage, ob Deutschland bei der Kinderbetreuung endlich europäisches Mittelmaß erreicht.

Für die Menschen, die den Mangelzustand bei der Kinderbetreuung täglich bewältigen müssen, ist das alles von nachrangigem Interesse – es klingt frivol, verlogen oder zynisch. Heuchelei, sagt man, ist die »Verbeugung des Lasters vor der Tugend«. Wer die »Top Ten« bietet statt der Krippenplätze, macht eine Verbeugung vor sich selbst statt vor den Menschen, denen die Politik dienen soll. Und die Medien erfüllen ihre Rolle schlecht, wenn sie das Spiel mitspielen, harte Interessenkonflikte und Widerstände mit Politikerrankings zu bemänteln.

Selten ist die Politiker-Frustration über die Medien so direkt ausgesprochen worden wie von Friedrich Merz, der nach der Spendenaffäre ein Hoffnungsträger der CDU wird. Er gratuliert Sabine Christiansen 2003 zur 250. Ausgabe von »Christiansen« mit den Worten: »Diese Sendung bestimmt die politische Agenda in Deutschland mittlerweile mehr als der Deutsche Bundestag. Das betrübt mich, aber das ist ein großer Erfolg.« 2007 zieht sich Merz aus der Politik zurück; man kann darüber streiten, ob sein politischer Glückwunsch für »Christiansen«, die es nicht mehr gibt, die Realität trifft. Aber die wechselseitige Fixierung von Politik und Medien ist charakteristisch geworden für den Umgang mit den öffentlichen Angelegenheiten, der »Res publica«. Politiker, die tief davon überzeugt sind, dass die Mechanismen einer hektischen Mediendemokratie dafür verantwortlich sind, dass ihre Anstrengungen regelmäßig zerredet werden, bedienen sich dieser Maschinerie, um ihre Unzulänglichkeiten zu überdecken.

Es ist zum Normalzustand geworden: Wo die Politik auf Grenzen ihrer Handlungs- und Gestaltungsmöglichkeiten trifft, liefern die Medien die Bühnen für Ersatzhandlungen, die das überdecken. Und immer schwieriger wird es, zu unterscheiden: Wer zieht da wen, wer sinkt dahin?

## Macht oder Mikrofon

Die Medien sind es doch, die immer alles gleich zerreden, behaupten führende Politiker oft. Das ist eine Halbwahrheit. Denn hauptsächlich sind es Politiker, die in Zeitungen, Online-Medien, über Agenturen mit schnellen Antworten auf schnelle Statements anderer Politiker den Prozess des »Zerredens« in Gang setzen. Noch nie allerdings konnten die Medien einer so großen Zahl von Politikern, ob *big shots* oder Hinterbänklern, Gelegenheiten dazu bieten. Wer in den Medien vorkommt, wird bekannt. Nur wer bekannt ist, gilt als wichtig: Der Ruhm ist ein Faktor der Politik geworden; der Ruhm des Moments wiegt für viele Abgeordnete mehr als der Einfluss auf die Gesetzgebung.

Als in den Regierungsfraktionen über die Gesundheitsreform diskutiert wird, vergeht kaum ein Tag ohne die kritische Kommentierung durch den SPD-Abgeordneten und Gesundheitsexperten Karl Lauterbach. Als bezeichnender Vorgang bleibt im Gedächtnis, wie Fraktionschef Peter Struck bei einer Sitzung der SPD-Fraktion ein Argument von Lauterbach aufgreift und fragt, wo er denn sei, der Karl. Aus dem Saal antwortet ein Chor: »Der ist draußen, Interviews geben.«

Niemand würde behaupten, dass Helmut Kohl die Zustimmung seiner potenziellen Wähler auch nur einen Tag gleichgültig gewesen wäre. Der Rekordkanzler unterhielt stets gute Beziehungen zum Allensbacher Institut für Meinungsforschung, dessen Gründerin Elisabeth Noelle-Neumann ihm eine wichtige Beraterin war. Aber wovon schwärmte Noelle-Neumann am liebsten, wenn sie über den Kanzler sprach? Nicht von dem Fleiß, mit dem er ihre Umfragen studierte: Die Kohl-Bewunderin lobte »seine Nase«, den Instinkt des Politikers, der sich von (Umfrage-)Tiefs wenig beeindrucken ließ. Die auch zu Kohls Zeiten im *Spiegel* regelmäßig veröffentlichten Rankings über Ansehen und Beliebtheit des politischen Führungspersonals wurden von Journalisten und Politikern gleichermaßen interessiert und leidenschaftslos zur Kenntnis genommen: Der Kanzler stets nur im Mittelfeld, der Außenminister, ob er nun Hans-Dietrich Genscher oder Klaus Kinkel hieß, fest abonniert auf Platz eins.

Gerhard Schröders Popularitätsabsturz nach den Hartz-Gesetzen und der Agenda 2010 war dagegen ein Politikum ersten Ranges – zu Recht, weil das ein Indikator für die Vertrauenskrise des SPD war. Ob Frank-Walter Steinmeier oder Angela Merkel vorn liegen, das wird zwar im Zweiwochenabstand sowohl in der Politik wie in den Medien mit dem Millimeterband gemessen. Es ist aber völlig unsinnig, weil es über das jeweilige Ansehen der Koalitionspartner bei den Wählern nichts aussagt.

Als eine Umfrage im *Stern* zu Jahresbeginn 2006 – die neue Bundeskanzlerin erlebt gerade ihr Anfangshoch – den

CDU-Kandidaten Christoph Böhr in Rheinland-Pfalz vor dem amtierenden Ministerpräsidenten Kurt Beck zeigt, bricht in der SPD-Bundestagsfraktion die Angst aus, mit der von Franz Müntefering gerade angekündigten »Rente mit 67« werde sich die SPD endgültig ihr Grab schaufeln. Es kommt ganz anders. Beck holt für die SPD bei den Landtagswahlen am 26. März die absolute Mehrheit, Böhr muss seine Ämter niederlegen. Aber bis zum Wahltag – auch in Baden-Württemberg und Sachsen-Anhalt wird gewählt – lässt die neue Bundeskanzlerin die Innenpolitik vorsorglich ruhen. Die große Koalition verschenkt ihr erstes halbes Jahr; Merkel lässt sich, verdientermaßen, für ihre großen Auftritte auf der internationalen Bühne feiern.

In den rot-grünen Jahren haben sich für Spitzenpolitiker wie Hinterbänkler die Bühnen für öffentliche Auftritte vervielfältigt: Talk im Fernsehen, Mikrofone vor jeder Fraktionssitzung, Zeitungen und Online-Medien, die den *big shot* in Gestalt des Spitzenpolitikers brauchen, um exklusive Meldungen zu produzieren – oder den Abweichler aus dem Lager dieses Spitzenpolitikers, der unabhängig von seinem wirklichen Einfluss immer dazu taugt, innerparteiliche Widersprüche für einen ganzen oder halben Tag aufzuladen. »Stimmen sammeln« heißt das Geschäft in Zeitungsredaktionen, oder auch: »Wir brauchen noch Stimmen zum Spiel.«

Wenn wieder einmal nach einer Abstimmung im Bundestag die Abweichler gezählt werden, vorzugsweise bei der SPD, ertönt in den gleichen Zeitungen, die abweichende Stimmen gesucht haben, der Ruf nach einem neuen Herbert Wehner, dem großen alten Zuchtmeister der Fraktion. Doch in den neuen Verhältnissen hätte auch Wehner keine Chance: Die Abweichler, die er seinerzeit bärbeißig niedermachte mit dem Hinweis, sie könnten sich ja das nächste Mal von ihrem Gewissen aufstellen lassen, konnten sich allenfalls bei ihrer Regionalzeitung beschweren. Heute stehen vor jeder

Fraktionssitzung die Kameras und Mikrofone zahlreicher überregionaler Medien dafür bereit.

Interne politische Beratungen im Kabinett, in Fraktionen, Ministerien oder Parteien, schon immer Gegenstand journalistischer Recherchen, finden ihren Weg in die Öffentlichkeit jetzt unmittelbar und direkt. Politiker lernen die Faustregel, dass es praktisch keine internen Beratungen mehr gibt. Manchmal sind die Folgen beträchtlich: Als Schröder 2005 im Vorfeld der nordrhein-westfälischen Landtagswahl Neuwahlen in Erwägung zieht, hält er den Personenkreis, mit dem er sich berät, so eng, dass die rechtliche Seite von Vertrauensfrage und vorgezogener Neuwahl nicht angemessen geprüft wird. Denn Schröder wie Bundesinnenminister Otto Schily fürchten, dass auf diesem Weg die Überlegungen vorzeitig durchsickern könnten.

Im Normalfall, den wöchentlichen Beratungen der Präsidien oder Vorstände der Parteien, ist die SMS aus laufender Sitzung mittlerweile so üblich wie das Gespräch zwischen Politikern und Journalisten danach. Und das Handy ist natürlich schneller: Was auf diesem Weg die Redaktionen erreicht, ist als authentische Politiker-Äußerung immer eine Meldung wert. Als nach Franz Müntefferings überraschendem Rücktritt vom SPD-Vorsitz im November 2005 die Präsidiumsmitglieder im Willy-Brandt-Haus den Raum wechseln, um zur unmittelbar anschließenden Parteivorstandssitzung zu gehen, können sie auf der Treppe schon die Meldungen der Nachrichtenagenturen lesen, wer im Präsidium was gesagt hat oder gesagt haben soll.

Politiker wie Journalisten kennen die fragwürdigen Effekte dieses schnellen Informationsumschlags. Politiker wissen, dass deshalb kein Meinungsstreit mehr sachlich geführt, kein Fehler mehr wirklich analysiert und keine neue Idee mehr gefahrlos erwogen werden kann. Und doch setzt auch der Politiker, der eben darüber geklagt hat, das Mittel gezielter öffentlicher Äußerung ein, wenn es ihm taktisch nützt, zum Beispiel wenn es ihm darum geht, die Pläne innerparteilicher Gegner zu durchkreuzen, oder wenn er die Nase vorn haben will. So teilt zum Beispiel SPD-Generalsekretär Hubertus Heil in einem Hintergrundgespräch im Frühsommer 2006 Überlegungen über den Gesundheitsfonds mit. Die als vertraulich gekennzeichneten Äußerungen wandern umgehend, per Journalisten-SMS, zu Unionsfraktionschef Volker Kauder. Der sieht nicht nur die vereinbarte öffentliche Zurückhaltung verletzt. Weil er sich nicht auf diese Weise um das Urheberrecht für die Fonds-Idee bringen lassen will, erzählt er nun seinerseits in einem *Stern*-Interview mehr über Grundzüge der Reform, als koalitionsintern vereinbart ist: Die öffentlichen Versuchungen sind stärker als die Regierungsdisziplin.

Auf der politischen Seite gibt es ein ausgesprochenes Leiden an der von den Medien aufgezwungenen Kurzatmigkeit – und wenig Neigung, den eigenen Anteil daran zu reflektieren. Weder sachliche Appelle noch harsche Aufforderungen wie etwa die von Peter Struck (»Einfach mal die Klappe halten«) können den unaufhörlichen Wasserfall von Stimmen, Zitaten, Halbsätzen stoppen. Denn er bedient das Bedürfnis nach Kompensation: Öffentliche Geltung ersetzt Politikern verlorenes Wählervertrauen, mehr aber noch die verlorene Gestaltungsmacht. Und dieser Geltungsdrang überlagert auch das große Unbehagen daran, dass man nicht mehr weiß, was das politisch-publizistische Räderwerk, das man unentwegt bedient, tatsächlich bewegt, was es bewirkt und was es bedeutet. Rot-Grün hat sich an die Reformen gewagt, die Helmut Kohl mit seinem sicheren Instinkt für mögliche Überforderungen seiner Wähler viel zu lange unterlassen hat. Und Angela Merkel setzt sie mit der großen Koalition fort. Leer läuft es nicht, das Räderwerk. Unter Kontrolle hat es aber weder Schröder noch Merkel. Bei nüchterner Analyse kann man nur zu dem Schluss kommen, dass man ihnen das eigentlich nicht vorwerfen kann. Denn die Sozialsysteme, die jetzt reformiert werden müssen, sind Mega-Systeme, kompliziert wie das Innere von Atomkernen. Wer sie ändert, kann die Wirkung nicht mit letzter Konsequenz berechnen, weil sie vom unberechenbaren Verhalten von Millionen Menschen abhängt. Politik und Medien haben eine vernünftige, nüchterne Reformdiskussion gemeinsam in kleine Münze zerlegt. »Nachbessern« ist ein Schimpfwort, das jede Fehlerkorrektur zum politischen Versagen erklärt.

## Politiker als Zauberlehrlinge

Die erste Bundeskanzlerin tritt ihr Amt mit einer fast uneingeschränkt positiven Kommentierung durch die Medien an, auch wenn Angela Merkel ihrer Partei ein unerwartet schlechtes Bundestagswahlergebnis nach Hause gebracht hat und die Hoffnungen auf einen echten Wechsel – von Rot-Grün zu Schwarz-Gelb –, die es jedenfalls bei den meisten Medien gab, sich nicht erfüllt haben. Stattdessen bildet Merkel eine große Koalition, der im Großen und Ganzen nicht mehr als Kompromisse auf der Basis des »kleinsten gemeinsamen Nenners« zugetraut werden und deren Entscheidungen im Einzelnen, zum Beispiel im Falle der Mehrwertsteuererhöhung, auf harte Kritik stoßen.

Trotzdem: erleichtertes Aufatmen. Nach sieben rot-grünen Jahren, die von Protagonisten wie Gerhard Schröder und Joschka Fischer beherrscht wurden – Politikern, die im Ruf standen, stets viel Lärm um nichts zu machen und die als »Alphatiere« und große Selbstdarsteller immer Stoff für politische Reportagen geliefert und in deren Zeit sich Begriffe wie »Personalisierung«, »Inszenierung«, »Medienkanzler« etabliert haben –, nach diesen Jahren wollen Publikum, Politiker, Journalisten einen Wechsel. Die erste Bundeskanzlerin und ihre Zweckgemeinschaft große Koalition versprechen etwas Neues. Angela Merkel kommt betont pragmatisch und unprätentiös daher; sie will ordentliches Regierungshandwerk liefern, um verloren gegangenes Vertrauen zurückgewinnen.

Im Kern ist die Politik der großen Koalition, schon wegen der Stärke der SPD, mehr oder weniger die Fortsetzung der Reformagenda Schröders. Der Wechsel betrifft eher den Stil und die Formen. Selbst die Sozialdemokraten, die ansonsten die Kontinuität zur Schröder-Zeit betonen, schätzen diesen Wechsel nicht gering. Die SPD-Ministerinnen, die nun am Kabinettstisch einer christdemokratischen Kanzlerin sitzen, geben der *Süddeutschen Zeitung* freimütig zu Protokoll, wie viel schöner das Regieren unter Merkel ist: Neuerdings werde zum Beispiel zugehört und ausgeredet. Merkel selbst erweist in ihrer Regierungserklärung einem sozialdemokratischen Vorgänger ihre Referenz: In Anlehnung an Willy Brandt, der mehr Demokratie wagen wollte, will Merkel mehr Freiheit wagen. Ihre ersten Interviews versprechen nach Schröders Stil der großen Posen eine neue Bescheidenheit. Merkel will dienen, spricht von Demut und verspricht nicht mehr als »viele kleine Schritte«.

Das 100-Tage-Jubiläum der großen Koalition fällt auf den Aschermittwoch, und schon wenig später, im Sommer 2006, scheint wirklich alles vorbei. Der Ruf der großen Koalition ist wegen der Gesundheitsreform kaum besser als der von Rot-Grün nach dem ersten Jahr. Nicht anders als bei Schröder mildert ein weiteres Halbjahr später eine konjunkturelle Besserung das Bild. Merkel lernt dabei von Schröders Fehlern: Sie reklamiert den Aufschwung nicht als ihre Leistung, sondern schreibt ihn auch den Reformen ihrer Vorgänger zu.

Nach kurzer Zeit gleichen sich die Erfahrungen, auf die die schwarzen Minister und die Kanzlerin zurückblicken wie zuvor die grünen und die roten: Regieren als ungeheurer Verschleiß. Fest von sich selbst überzeugt haben CDU und CSU, nach ihrem Selbstverständnis ohnehin die geborenen Regierungsparteien, Schröders Reformagenda im Bundesrat mitbeschlossen und gleichzeitig laut kritisiert, dass ihnen weder die handwerklichen Fehler noch die schlechte Kommunikation unterlaufen wären. Schon im ersten Jahr beweist die neue Bundesregierung das Gegenteil. Doch jetzt kann die SPD nicht mehr allein verantwortlich gemacht werden. Einige ihrer Spitzenpolitiker sind schon durch das Feuer gegangen, das mancher Unionspolitiker erst jetzt kennenlernt. Vizekanzler Franz Müntefering zieht nur die Augenbrauen hoch, wenn CSU-Chef Edmund Stoiber sich ehrlich aufregt, wenn in München 2000 Förster gegen ihn und für die Erhaltung des Staatswaldes demonstrieren. Müntefering hat als SPD-Chef ganz andere Aufstände erlebt.

Gerhard Schröder hat sich hinter einem vorgeschobenen Kinn und finsteren Augen verschanzt, wenn wieder einmal ein Reformgesetz nachgebessert werden musste. Oder wenn die Frage nicht zu beantworten war, warum denn keiner vorhergesehen hat, dass bei Hartz IV die Kosten aus dem Ruder laufen werden, wenn der Staat jedem jungen Erwachsenen über 18 Jahre eine Wohnung finanzieren will. Angela Merkels Mund wird schmal, sie schluckt konzentriert, wenn sie erklären muss, warum sie beim Antidiskriminierungsgesetz die Stimmung in der CDU falsch eingeschätzt hat oder das Paket Gesundheitsreform nun zum zweiten und zum dritten Mal endgültig verhandelt wird. Viel schneller als ihr Vorgänger ist sie gegen Kritik gewappnet. Und erklärt wie er, abwiegelnd oder rechtfertigend: Es ist so schlecht nicht, wie es scheint. Nach der Gesundheitsreform zeigt die Bundeskanzlerin vornehme Zurückhaltung bei den innenpolitischen Reformthemen und nutzt die außenpolitische Bühne als EU- und G8-Chefin. Die regelmäßigen Rufe des Koalitionspartners nach Machtworten der Kanzlerin sitzt sie beharrlich aus – Merkel hat bei Kohl gelernt.

Die Kluft zwischen den großen Sachproblemen und der Fähigkeit der Politik, sie zu lösen, ist beträchtlich. Die Gründe liegen auf der Hand. Der Politik sind ihre nationalen Handlungsfelder durch die europäische Integration und die Globalisierung tatsächlich verloren gegangen. Dazu kommen die spezifischen Selbstblockaden des politischen Systems der Bundesrepublik, das dem Bundesrat und dem Bundesverfassungsgericht erheblichen Einfluss auf die Bundespolitik gibt.

Im Windschatten beider Faktoren gedeiht die taktisch motivierte Feigheit der Politiker, die – wegen der nächsten Landtagswahl, des bevorstehenden Parteitags, der Konkurrenz um die Spitzenkandidatur – das nicht anpacken, was von der Sache her längst für richtig befunden worden ist.

In sieben Jahren Rot-Grün verfügt die Opposition im Bundesrat über eine Mitgestaltungsmacht. Sie begleitet und untergräbt die schwache Macht der Bundesregierung mit der Dauerbehauptung der Omnipotenz, des Besser-Könnens. Das wird im ersten Jahr der großen Koalition schnell widerlegt. Was die Union Rot-Grün vorher vorgeworfen hat, wiederholt sich unter der CDU-Kanzlerin: schlechtes Handwerk, Nachbesserungen und die Unfähigkeit, die beschlossene Politik überzeugend zu vermitteln.

Und die Medien? Sie ziehen sich jetzt die Rolle des politischen Alleskönners, die sie schon in Schröders Amtszeit wahrgenommen haben, noch stärker an. Wo geht es um strukturelle Hemmnisse und wo um persönlich-politische Unzulänglichkeit? Ein solcher Unterschied wird selten gemacht. Weil die Medien es stets besser wissen, fällt jeder Fehler in die Rubrik des Politiker-Versagens. Die Politiker wiederum, die sich pauschal und deshalb ungerecht behandelt fühlen, bemänteln jedes Scheitern und Versagen mithilfe einer unbewussten Doppelstrategie. Sie igeln sich ein in trotzigen Rechtfertigungen – dabei hilft die oft gemachte Erfahrung, dass die öffentliche Aufregung in einer Woche ja schon wieder vorbei ist. Und sie lassen ihre ungerechten medialen Beobachter teilnehmen an taktischen Überlegungen, die für die Medien umso mehr Reiz haben, je exklusiver sie sind und je kleiner der Kreis derjenigen ist, denen sie anvertraut werden: ein Zusammenspiel, das funktioniert, weil es den Beteiligten das Gefühl der Wichtigkeit verschafft.

Dabei sind Effekte der gegenseitigen Suggestion nicht selten. Die Politik glaubt ihre falsche Symbolik gerne selbst: »Top Ten statt Krippenplatz«. Taktische Überlegungen schieben sich im Alltag machtvoll vor die politischen Ziele. Man kann viel Intelligenz darauf verwenden, sich einzureden, warum Zurückweichen der Sache nicht nur nicht schadet, sondern im Gegenteil eigentlich nützt. Die Medien lieben ihre raffinierten taktischen Analysen: Warum die Union in der Familienpolitik trotzdem die Nase vorn behält. Und im Hintergrund steht, ausgesprochen oder unterstellt, für beide jeden Tag die gleiche Frage, die nach der Macht: Wer hat die Nase vorn bei den Wählern?

Die Vorliebe für machttaktische Erwägungen auf beiden Seiten ist nicht mehr nur die altbekannte professionelle Deformation, die Neigung zum Machtzynismus. Das Spiel mit den taktischen Möglichkeiten ersetzt verlorene Macht. Es ist eine Sache, anzuerkennen, dass in der Welt nach 1989 die Gestaltungsmöglichkeiten der Politik massiv eingeschränkt sind – und eine ganz andere, sich als verantwortlicher Politiker bei jedem Versuch einer Reform an den Sozialsystemen Fehlern und Verlierern stellen zu müssen, Wahlen, Zustimmung und Vertrauen zu verlieren. Nach 1998 machen die rotgrüne und die große Koalition, macht die gesamte politische Elite nach Helmut Kohl eine tief gehende Erfahrung von politischer Unzulänglichkeit, von Grenzen und Ansehensverlust. Die Politik ist nicht Meister der Maschinerien, die sie erneuern, reformieren, lenken muss. Die Politiker sind zu Zauberlehrlingen geworden.

## Die Rückkehr der Unsicherheiten

Mit den Eingriffen in die kleinen und großen Räder des deutschen Sozialsystems vollzieht sich ein einschneidender Politikwechsel: Regierungen, Parteien und Fraktionen, Spitzenpolitiker und Abgeordnete müssen sich nicht mehr darin bewähren, die Zuwächse einer Wohlstandsgesellschaft gerecht zu verteilen. Der Sozialstaat muss gestutzt werden, wenn er unter dem Druck von Demografie und Globalisierung nicht zusammenbrechen soll. Der 10-Euro-Schein beim Arzt, Hartz IV, die Rente mit 67 sind unausweichlich – aber angenehm sind sie keinesfalls. Außerdem liegt der mögliche Nutzen der Operation in ungewisser Ferne. Wie sich die Einschränkungen auszahlen, dafür gibt es weder sichere Zahlen noch feste Termine. Konrad Adenauer konnte seinen Wählern mit der dynamischen Rente ein Mehr versprechen, und jeder Wähler konnte sich ausrechnen, wie viel davon wann bei ihm selbst ankommen würde. Gerhard Schröder oder Angela Merkel müssen für den abstrakten Nutzen einer konkreten Belastung werben, ohne Zeitpunkt und Ausmaß des Nutzens auch nur annähernd definieren zu können.

Dass die Politik diese Reformen mit mehr »Visionen« oder Zukunftsbildern verbinden müsse, ist eine Dauerforderung der Kommentatoren. Die Philosophie von Schröders Agenda-Rede im März 2003 – der Sozialstaat muss jetzt reformiert werden, weil Nichtstun dazu führen würde, dass der globalisierte Markt ihn zerstören würde – ist bis heute nicht in der Öffentlichkeit und noch nicht einmal in der SPD aufgenommen worden. Die Vorschläge seiner Redenschreiber und Berater, die der Rede und den Reformvorschlägen mehr Überbau und Sinngebung verpassen wollten, hat Schröder ganz simpel abgewehrt: »Ich kann kein Pathos.« In gewisser Weise ist die Sichtweise nachzuvollziehen. Die Medien haben in diesem Punkt jedenfalls leichter reden als die Politik. Sie wären die Ersten, die den Politikern jede »Vision« im Handumdrehen als läppisches Gerede, als »Worte statt Taten« entlarven würden. Gerhard Schröders großes Wort, am Abbau der Arbeitslosigkeit wolle er gemessen werden, ist Merkel eine nachhaltige Lehre. Sie meidet präzise Ziele; ihre Grundsatzabteilung im Kanzleramt findet, dass es die »große Reformerzählung« nicht gibt.

Doch es fehlt nicht nur die »große Reformerzählung«, sondern leider auch Lebenskenntnis, Takt und Fingerspitzengefühl gegenüber den Bürgern, die ihre Verhältnisse reformieren sollen – und zwar einschneidender als die Politiker, Journalisten, Wirtschaftsverbandsvertreter, Politikberater, die es von ihnen fordern. Im Leben der Menschen, die seit Jahren von einem großen Chor zu mehr Risikobereitschaft aufgerufen werden, hat sich meist mehr verändert als im Leben der öffentlichen Propheten der radikalen Reformen. Was die Politik sorgfältig in Ressorts und Zuständigkeiten zerlegt, summiert sich für die Bürger zu Erfahrungen, die ihre Person, ihre Familie, ihre Firma im Ganzen treffen. Da wird nicht nur – linke Tasche, rechte Tasche – gerechnet, wie die Steuererleichterung, auf die der Bundesfinanzminister stolz ist, dadurch wieder aufgefressen wird, dass die Kommune die Kindergartenbeiträge erhöht. Zu dieser Bilanz zählen auch die technologischen Innovationen im Büro, neue Arbeitsprozesse, der Umbau der Abteilung, die Reallohnverluste oder die gesunkene Rentenerwartung. Oder die Tatsache, dass die Tochter tolle akademische Abschlüsse und drei Auslandsaufenthalte vorzeigen kann, aber mit knapp 30 Jahren immer noch nicht auf eigenen Füßen steht, sondern sich von Praktikum zu Praktikum hangelt. Der Sohn hat einen Freund, dessen Bruder tatsächlich in Afghanistan war, und einen anderen, der trotz Realschulabschluss anderthalb Jahre herumhängt, bis er endlich einen Ausbildungsplatz hat. Melden sich die beiden ehemaligen Mitschüler, die als Zeitsoldaten zur Bundeswehr gegangen sind, freiwillig für den Kongo-Einsatz? Sogar die Gewissheit, dass die nächsten Generationen von der Rückkehr des Krieges verschont werden, den Europa ein halbes Jahrhundert bannen konnte, wird schwächer.

Die Industrienationen haben ihre Lehren aus den Irrtümern, Kriegen und Katastrophen der ersten Hälfte des 20. Jahrhunderts gezogen und in der zweiten Hälfte ihr soziales, technologisches, ökonomisches Potenzial in Sicherheiten transformiert, in finanzielle Absicherungen gegen die Existenzrisiken Alter, Krankheit, Arbeitslosigkeit, in stabile Verhältnisse durch Teilhabe breiter Schichten am gesellschaftlichen Reichtum, in internationale Ausgleichssysteme zum Schutz vor Kriegen und Spannungen.

Der Sprung ins globalisierte Zeitalter ist ein Sprung in geradezu revolutionäre Verhältnisse, in denen diese alten Sicherheiten sich auflösen. Überforderung des Rentensystems, die Generation Praktikum, die iranische Anmaßung, Klimakatastrophe, Karikaturenstreit oder Nahostkonflikt und Irak: Ist Pessimist oder einfach nur Realist, wer so unterschiedliche Phänomene als die Rückkehr der Unsicherheiten wahrnimmt? Ein großes Lamento – aus dem Mund von Politikern ebenso wie in den Kommentaren der Medien – über die deutsche Reformunwilligkeit begleitet den verspäteten Reformprozess. Warum haben weder die Medien noch die Politik davon überzeugen können, dass der Pessimismus unangebracht ist? Sie reden unaufhörlich miteinander; die politische Kommunikation, der Dialog der öffentlichen Kaste mit der Bevölkerung hat unterdessen schwer gelitten.

# 4. Die Berliner Misstrauensgemeinschaft

## Wie wir uns wichtig machen

Fünf Jahre nach Herlinde Koelbls *Meute* werden die Parlamentskorrespondenten erneut zum Filmstoff für das öffentlich-rechtliche Fernsehen. Das NDR-Medienmagazin »Zapp« sendet im März 2006 eine Kurzfassung des Beitrags, der ausführlich in den dritten Programmen der ARD läuft und, weil er sich als Renner erweist, mehrfach wiederholt wird. Die Arbeit der Autoren, Thomas Leif und Julia Salden, wird auf den Medienseiten, also von Experten, überwiegend positiv rezensiert. Nur einige der Hauptdarsteller, darunter ich, wundern sich. Es ist ein Film über *Strippenzieher und Hinterzimmer. Meinungsmacher im Berliner Medienzirkus*.

Thema des Films sind die Hintergrundkreise in Berlin, über denen, seit sie existieren, ein Hauch von Geheimnis liegt. Wenn Journalisten Politiker zu vertraulichen Gesprächen einladen, dann sprechen sie hinter verschlossenen Türen mit denen, über die sie die Öffentlichkeit informieren sollen: ein Widerspruch. Weil nicht nur Journalisten dort etwas wollen, sondern auch Politiker, sind Hintergrundkreise ein Ort der Versuchung. Eine moralische Gretchenfrage unseres Berufs ist die nach der richtigen Balance zwischen Nähe und Distanz. Gretchenfragen wären keine, wenn sie immer leicht zu beantworten wären. In Hintergrundkreisen herrscht unbestreitbar Nähe, gerade deswegen sind sie wichtig und nützlich: Die Öffentlichkeit hat nichts von Parlamentskorrespondenten, die ihnen nur berichten können, was ohnehin schon alle Nachrichtenagenturen verbreiten.

Fünf Jahrzehnte haben die Medien, hat die Öffentlichkeit von Gesprächen »unter 3« profitiert. Die Formel stammt aus einer Satzungsbestimmung der Bundespressekonferenz, die Mitteilungen »unter 3« als »vertraulich« einstuft. Es handelt sich um eine von den Journalisten selbst gesetzte Regel: kein geschriebenes Gesetz, sondern eine Verabredung zwischen öffentlichen Akteuren, die wissen, dass sie »unter 3« keine Geheimbotschaften austauschen. Vertrauliche Informationen sind für die Journalisten Hinweise auf interessante Recherchepfade, für die Politiker eine Möglichkeit zum Ausloten unfertiger Ideen oder Pläne. Natürlich ist damit immer auch Missbrauch getrieben worden: Fast jeder Politiker nutzt diesen Weg gelegentlich, um Gemeinheiten über Parteifreunde zu verbreiten, in der Hoffnung, dass sie durchsickern, ohne dass er selbst damit in Verbindung gebracht werden kann. In den Hintergrundkreisen mit den seltsamen Namen – im »Brückenkreis«, der »Provinz«, im »Kartell« oder der »Gelben Karte« – finden Gespräche mit Politikern statt über Themen diesseits und jenseits der Tagespolitik.

Dem sanften Versuch der Bestechung durch Nähe kann kein Korrespondent aus dem Weg gehen. Er kann ihm nur standhalten. Schon Konrad Adenauer hat, um die allen Korrespondenten zugängliche Institution Bundespressekonferenz gelegentlich zu umgehen, Ausgewählte zu seinen berühmten Teegesprächen eingeladen. Journalistenkreise sind auch deshalb gegründet worden, um die Nahbeziehungen zur Politik nach den eigenen Bedingungen zu gestalten. Echte Geheimnisse hat allerdings schon Adenauer in seinen Teegesprächen nicht verraten, und für richtige Indiskretionen eignen sich Journalistenzirkel schon deshalb nicht, weil 15 Mitwisser dafür schon zu viele sind. Ein auf Lafontaine gemünztes Kabinettsmachtwort Schröders vom März 1999 steht am nächsten Tag groß in *Bild*. Als Bela Anda, damals stellvertretender Regierungssprecher, am Abend dieses Tages von Lafontaines Rückzug als SPD-Chef und Finanzminister erfährt, fällt er am Rande einer Veranstaltung in Ohnmacht. Stehen die *Bild*-Meldung, Lafontaines Rückzug und der Schwächeanfall des stellvertretenden Regierungssprechers, der zuvor bei *Bild* gearbeitet hat, in einem Zusammenhang? Viele Zeitungen, die in den folgenden Tagen dem Wie und Warum der politischen Sensation nachgehen, spekulieren darüber. Ganz sicher aber hat Anda nicht in einem Hintergrundkreis aus der Kabinettssitzung geplaudert.

Schon in späten Bonner Zeiten lautete der Politikerverdacht, dass auch aus vertraulichen Gesprächen »alles sofort rausgeblasen wird«. Eine frühe Berliner Erfahrung, die den Trend zu unverfänglichen Politikerauftritten in Hintergrundkreisen nachhaltig verstärkt, macht der saarländische Ministerpräsident Peter Müller. 2001 interessiert jeden Journalisten, der einen CDU-Politiker befragen kann, vorrangig die Frage: Wie steht er zur K-Frage? Wen also favorisiert Peter Müller als Kanzlerkandidat(in) – Stoiber oder Merkel? Müller, der als Merkel-Getreuer gilt, lässt in einem Hintergrundkreis überraschend Sympathien für die Lösung Stoiber erkennen. Das wird – gegen die Regeln – Merkel zugetragen. Das Verhältnis der beiden ist für längere Zeit empfindlich gestört, und das Müllers zu Berliner Hintergrundkreisen erst recht.

In Berlin kostet es Zeit und Mühe, bis in einigen dieser Kreise die Gespräche wieder ertragreich werden. Grundsätzlich hat sich bei Politikern der Argwohn festgesetzt, dass auch vertrauliche Informationen unmittelbar öffentlich werden können. Doch Gedanken und Pläne, so lehrt die Erfahrung, sind in aller Regel erledigt, wenn sie in unfertiger Form öffentlich kursieren. Personalentscheidungen, die einem Politiker nicht gefallen, verhindert er am wirksamsten durch Veröffentlichung, wenn sie sich erst anbahnen. Die echten Sensationen der Berliner Politik sind deshalb trotz einer allgegenwärtigen Öffentlichkeit große Überraschungen:

Schröders Rückzug vom SPD-Vorsitz, Merkels Fahrt zum Frühstück nach Wolfratshausen, wo sie Stoiber die Kanzlerkandidatur anträgt, das vorzeitige Ende der rot-grünen Koalition. Ganz unvorstellbar wäre schon in den letzten Bonner Jahren die Andeutung gewesen, mit der Regierungssprecher Klaus Bölling im Herbst 1977 die Presse darauf vorbereitet, dass es zu einer entscheidenden Nacht kommen wird: Es wird die Befreiungsnacht von Mogadischu.

Hintergrundkreise sind, natürlich, eine ständige Versuchung, sich wichtig zu fühlen oder einwickeln zu lassen, weil man mit den Mächtigen am Tisch sitzt. Oder, simpler, sie können einen dazu verleiten, nur das zu hören, was man ohnehin hören wollte, oder noch eine weitere Bestätigung für die eigene Meinung darüber zu finden, warum Politiker X wirklich schwach ist und ohnehin nie etwas Interessantes zu sagen hat, oder festzustellen, dass er beim letzten Mal genau das Gegenteil behauptet hat. Über Hintergrundgespräche können die beteiligten Journalisten aber auch einen Mosaikstein hinzufügen zu dem Bild, das sie sich von einer Sache machen, oder ihren Eindruck korrigieren. Hintergrundinformationen können Spekulationen über Sachverhalte, Personen, Prozesse in Wissen verwandeln – oder umgekehrt vermeintliche Sicherheiten erschüttern. Sie können Anlass sein, Dinge zu beachten, die bisher außerhalb der Wahrnehmung gelegen haben. Sie können, und um diesen Ertrag geht es Journalisten in der Hauptsache, verlässlicher machen, was wir an unsere Leser, Zuhörer, Zuschauer herantragen. In Hintergrundkreisen werden selten Geheimnisse ausgebreitet und schon gar keine Absprachen getroffen. Und in Berlin wird weniger ausgeplaudert als in Bonn.

Kann man über diese bescheidene Macht Filme drehen? Dafür muss man sie etwas größer machen. Der Film schreibt den »Strippenziehern« und »Meinungsmachern« Bedeutung zu, indem er die Hinterzimmer zu geheimnisvollen Orten macht und die Gespräche als Ereignisse erscheinen lässt, die durch waghalsige Recherche überhaupt erst ans Licht gebracht werden mussten. Dabei sind den Autoren die Türen von einigen Kreisen weit geöffnet worden. Die »Gelbe Karte«, die zu Beginn eines Termins Kameraaufnahmen zulässt, wird trotzdem von außen, durch ein Fenster, gezeigt. Ihre Mitglieder heben die Arme, als fände gerade eine Abstimmung statt – tatsächlich ermittelt auf diese Weise die Kellnerin, wer Salat, wer Eintopf und wer Nudeln bestellen will. Wie geheimnisvoll der »Wohnzimmerkreis« ist, wird durch eine Irrfahrt der Kamera durch ein anonymes Treppenhaus illustriert; einige Mitglieder werden steckbriefartig, mit Bild und Namen, geoutet. Dabei haben drei der vier auf diese Art entlarvten Geheimnisträger den Filmautoren bereitwillig Interviews gegeben.

Wir staunen. Und seufzen. Das Schlimme an Berichten von Medien über Medien ist, dass sie bei Journalisten, die sich darin sehen, den immer gleichen Verdacht auslösen: In seiner eigenen Welt kennt sich jeder Korrespondent in den Interna wirklich aus – ist ähnlich haarscharf halbwahr auch das, was er an Interna über die Wirklichkeit ausbreitet, die er von außen beobachtet, also über die Politik? Was ist, wenn Journalisten schon über Journalisten so halbwahr berichten? Die professionellen Kenner in Berlin-Mitte zucken über die »Strippenzieher« mit den Schultern: »Das war doch zu erwarten.« Außerhalb dieses Milieus werde ich oft mit respektvollem Unterton – »Also, ihr seid ja wirklich nah am Drücker« – darauf angesprochen. »So bedeutend«, sage ich den beeindruckten Zuschauern, »und so mächtig wie in diesem Film werde ich in meinem ganzen Leben nie sein.«

Wie mächtig sind Journalisten wirklich? Fest steht: Das Selbstbewusstsein der saturierten Medienbranche hat schwer gelitten in den Jahren nach 2001, als nach dem Zusammenbruch der New Economy in den Verlagen die Anzeigen ausbleiben. Eine Krise nie erlebten Ausmaßes lässt die Zeitungen dünner werden: weniger Anzeigen, weniger Zeitungsseiten. Ein strikter Sparkurs dezimiert Personal, Zeit und Ressourcen. Ökonomische Kategorien werden wichtiger als die journalistischen. Sogar Flaggschiffe wie die *Süddeutsche Zeitung* oder die *Frankfurter Allgemeine Zeitung* geraten in Schwierigkeiten. Die *Frankfurter Rundschau* ist zeitweise auf Landesbürgschaften angewiesen und wird vorübergehend Eigentum der SPD-Medienholding – ein schwerer Anschlag auf das Unabhängigkeitsgefühl der Zeitungen überhaupt, nicht nur auf das der Kollegen von der *Frankfurter Rundschau*. Ganze Parlamentsbüros verschwinden aus dem Haus der Bundespressekonferenz, weil die Verlage sich keine eigenen Korrespondenten für die Bundespolitik mehr leisten können oder wollen: Die *Badische Zeitung* macht da nur den Anfang. Wer jetzt in den Beruf einsteigt, kann nicht mehr mit dem guten Einkommen und den Aufstiegs- und Arbeitsmöglichkeiten der Vorgänger rechnen.

Der unabhängige Journalismus sucht seinen Halt in Zahlen. Es wird zu einer allgemein bekannten Gewohnheit, dass Redakteure des öffentlichen-rechtlichen und des privaten Fernsehens – auch dort fließt das Geld nicht mehr wie früher – wie besessen die Quoten ihrer Sendungen prüfen. Weniger bekannt: In die Zeitungsredaktionen zieht der »Medientenor« ein. Wöchentlich zählt diese privatwirtschaftliche Einrichtung nach, wie oft eine Zeitung, ein Magazin in anderen Medien zitiert wird. Dieses Ranking interessiert vor allem die Verlage, die ihren Anzeigenkunden damit die Bedeutung ihrer Blätter nachweisen. »Medienterror« heißt die Statistik dagegen bei Redakteuren und Korrespondenten, weil sie die Konkurrenz um die exklusiven Nachrichten noch einmal steigert.

Das Wort von der »Exklusivitis« als neuer Medienkrankheit macht die Runde. Es geht um die »eigenen«, und das sind nicht unbedingt die wichtigsten Nachrichten: Die relevanten Informationen des Tages hat selten eine Zeitung ganz für sich allein; mit Zeitungsnamen zitiert wird aber nur, was alle anderen nicht haben. Das Unwichtige gerät deshalb manchmal vor das Wichtigere. Bedenklicher aber ist ein anderer Mechanismus der Exklusivitis. Ohne die Folgen zu reflektieren, schleicht sich bei allen Medien ein: Nicht nur auf die Information, das wichtige Ereignis, will die exkluvise Information aufmerksam machen, sondern auch auf das Medium, das sie präsentiert. Die Zeitungen, aber nicht nur sie, werben unter dem Druck von Konkurrenz und Kommerz in nie gekanntem Ausmaß für sich selbst – und diesem Selbstzweck wird unbemerkt der journalistische untergeordnet.

Der Satz, den er bei seinen Besuchen in Redaktionen am häufigsten hört, lautet: »Warum haben wir das nicht?«, erzählt Thomas Steg, damals stellvertretender Regierungssprecher unter Schröder (und später unter Merkel), 2005 bei einer Podiumsdiskussion des »Netzwerk Recherche« in Hamburg. Er interpretiert die Frage als »Ausdruck eines schwachen Selbstwertgefühls«. Der grollende Kniefall, den der Politiker Merz 2003 vor Sabine Christiansen macht, ist symptomatisch für diese Jahre. Er hätte, angewandt auf das Medium Zeitung, auch von einem Printjournalisten vollzogen werden können. Die ökonomische Krise wird auch als Sinn- und Identitätskrise empfunden. Viele Zeitungsleute registrieren eine Entwicklung der politischen Diskussionskultur, die ihre Arbeit verändert und relativiert. Der Fernsehtalk hat eine neue Rolle übernommen, die nicht nur die Politiker betrifft. Sie trifft auch das Selbstwertgefühl des politischen Journalismus. Bei »Christiansen« absolviert Unions-Kanzlerkandidat Edmund Stoiber seinen legendär-verhaspelten Wahlkampfauftakt; in Maybrit Illners »Berlin-Mitte« verkündet Schröder seine Bereitschaft zum Fernschduell mit dem Herausforderer.

Die Printmedien, die sich zurückgesetzt sehen, wollen an den neuen Formaten partizipieren: Im dritten Stock des Pressehauses, in den Büroräumen von *Bild*, handeln im Wahljahr 2002 die Sekundanten die Kampfbedingungen für die beiden »Printduelle« aus, die erst im Boulevard, bei *Bild* und BamS, dann bei den Qualitätszeitungen *Welt* und *Süddeutsche* stattfinden. Aufwand und Aufregung in den beteiligten Redaktionen sind unbeschreiblich – und nur drei Jahre später, als Merkel sich auf nur ein direktes Fernsehduell einlässt, längst vergessen. Unbemerkt ist derweil in den Zeitungen das Genre ausgestorben, das vorher als »Debattenfeature« aus dem Bundestag einen festen Platz hatte. In wenigen Jahren verschiebt sich der Schwerpunkt der medialen Beobachtung vom sachlichen Stoff zur Art und Weise seiner politischen Inszenierung und Präsentation. »Am Ende verblöden wir alle wenigstens gemeinsam«, beschreibt 2003 Herbert Riehl-Heyse in der *Süddeutschen Zeitung* den neuen Zustand von Politik und Medien lapidar. Eine Auswertung des Bundestagswahlkampfs 2002 bestätigt einen gefühlten Befund: Die Medien haben sich mehr mit Wahlkampfzentralen, mit den Politikstrategen der Parteien, mit Inszenierungen, kurzum: mit Metathemen des Wahlkampfs beschäftigt als mit denen, über die das Wahlvolk bei der Wahl zu entscheiden hatte. 2005 schreibt der langjährige FAZ-Korrespondent Günter Bannas: »Die Medienwelt hat die ersten Jahre in Berlin genossen, geprägt und befördert. Sie schuf eine eigene Wirklichkeit, in der nicht mehr die Inhalte der Politik, sondern deren Präsentation entscheidend sein sollte.«

Die Krise ist bis heute nicht beendet. Aber als sie sich abschwächt, hat sich die medial-politische Landschaft in und um Berlin-Mitte neu sortiert. Es entsteht ein Ritual der regelmäßig wiederkehrenden, aber folgenlosen Kritik von Medien an Medien. Das angeschlagene Selbstbewusstsein sucht sich eine entlastende Zuflucht. Journalisten pflegen ein romantisches Selbstbild. Es lebt 2007 noch von den Verhältnissen des 19. Jahrhunderts, als die »Preßbengels« in einer Obrigkeitsgesellschaft den Mächtigen ihre Geheimnisse entreißen mussten, unter Bedingungen der Zensur, manchmal auf die Gefahr des Berufs- oder Freiheitsverlustes hin.

In der Bundesrepublik ist der Beruf grundgesetzlich geschützt, die »Spiegel-Affäre« der frühen Jahre hat die Unabhängigkeit der freien Presse praktisch und auf Dauer gestärkt. Längst befinden wir uns in einem permissiven Zeitalter, in dem Rundum-Kritik an »denen da oben« wenig kostet, sondern zum öffentlichen Grundsound geworden ist. Doch im Zweifelsfall nehmen sich auch heute Korrespondenten, Fernsehmoderatorinnen, die Stars der Branche, die Newcomer vom Privatfernsehen, die Chefredakteure, die der Politik in Berlin-Mitte auf Pressekonferenzen, Verlagsfesten und Preisverleihungen gegenüberstehen, als mutige Helden wahr.

Der Zweifel an uns selbst hat einen verlässlichen Blitzableiter: die Politiker auf der anderen Seite der Barrikade. Nach dem Motto »Viel Feind, viel Ehr'« erhebt sich unser Selbstbewusstsein auch über die inneren Anfechtungen. Wenn Politiker uns tadeln, dann haben wir etwas richtig gemacht. Dabei kostet es wenig, einen Fraktionschef oder Minister in Grund und Boden zu schreiben; Journalisten im 21. Jahrhundert brauchen mehr Zivilcourage, wenn sie ihren Chefredakteuren widersprechen.

Und Politiker tadeln die Medien. Die alte Faustregel, wonach Politiker öffentliche Kritik schweigend hinzunehmen oder gar zu loben haben, weil sich in ihr die Pressefreiheit ausdrückt, wird nur noch mit mühsam gezügeltem Grimm befolgt. In Gesprächen von Politikern mit Journalisten gehört die Anmerkung, dass der Journalismus auch nicht mehr ist, was er einmal war, zum festen Repertoire. Als im zweiten Halbjahr 2003 das Wissenschaftszentrum Berlin für Sozialforschung (WZB) Bundestagsabgeordnete nach den Gründen für den Verlust an Vertrauen in die Politik befragt, setzen diese die Medien an die Spitze: 96,6 Prozent halten »die Art, wie

Journalisten über Politik berichten«, für eine Quelle des Vertrauensverlustes. Dabei kann man nicht sagen, dass die Volksvertreter den Balken im eigenen Auge übersehen wollen: 88,5 Prozent nennen »überzogene Versprechen von Politikern« und 78,4 Prozent »Affären und Skandale, in die Politiker verwickelt waren« als Gründe für den von allen empfundenen Vertrauensverlust.

Medienschelte aus der Politik, kommentieren die *WZB-Mitteilungen* die Untersuchungsergebnisse im März 2005, sei zwar immer wieder zu vernehmen. Aber: »Dass die massenmediale Politikvermittlung allerdings von nahezu allen Abgeordneten als eine der Ursachen des Vertrauensverlustes benannt wird, überrascht angesichts der von der politischen Kommunikationsforschung als symbiotisches Verhältnis charakterisierten Beziehung zwischen Politik und Medien.«

Überrascht könne man nicht sein, sagt dazu Gunter Hofmann, als Chefkorrespondent der *Zeit* Kenner der Verhältnisse. Gerade die Symbiose sei es, die zu dem »versteckten Misstrauen« führe. Politik wie politische Journalisten bedienten »fremde« Gesetze, die der Mediendemokratie: »Das Symbiotische gibt sich als ein einziger großer Kommunikationsraum zu erkennen, der einem Spiegelkabinett gleicht – wer welche Rolle darin spielt, lässt sich kaum noch eindeutig ausmachen.«

Es ist tatsächlich eine symbiotische Umklammerung: Politiker, die »Christiansen« und die anderen Veranstaltungen des politischen Talks, inklusive der Unterhaltungsformate wie »Kerner« oder »Beckmann«, der Publikumswirkung wegen bereitwillig bedienen, verachten die Medien für die mit diesen Formaten eingetretene Verflachung der politischen Debatte. Politische Journalisten wiederum bescheinigen den Politikern, dass sie bei den Quotenmachern Bekanntheit um jeden Preis suchen, aber ihre Politik nicht mehr erklären können.

Eine Spirale der gegenseitigen Herabsetzung ist in Gang gekommen: Die öffentlichen Akteure halten sich gegenseitig vor, wozu sie sich vom jeweils anderen verführen lassen – und richten ihr Selbstwertgefühl an den Schwächen des Gegenübers auf. Berlin-Mitte ist zwar nicht das Bonner »Raumschiff«, das eine Beziehung mit dem problematischen Merkmal »zu viel Nähe« beherbergt hat. Berlin-Mitte ist der Wirklichkeit dennoch nicht näher. Die öffentliche Kaste hat sich auf neue Weise selbst eingekapselt: als Misstrauensgemeinschaft.

## Der Dritte im Bunde – Berater

So klingen sie selten, die Stimmen aus der Welt der Berater: »2005«, sagt Politik-Berater Michael Spreng über das Bundestagswahljahr, »war wieder ein ganz bitteres Jahr für die politische Kommunikation ... Allen Parteien gemeinsam ist es auch 2005 nicht gelungen, die Ziele und den Sinn von Reformpolitik zu kommunizieren. Ich befürchte, das wird sich auch 2006 nicht ändern.« Damit hat er recht behalten. Der ehemalige Stoiber-Berater ist nicht der Einzige, der den Kommunikationsprofis von Berlin-Mitte in der Zeitschrift *politik & kommunikation* nach der Bundestagswahl ein schlechtes Zeugnis ausstellt. Auch der Politikwissenschaftler Ulrich Sarcinelli bescheinigt der Wahlkampfkommunikation, sie habe »alle Prognosen Lügen gestraft«. Grünen-Chef Reinhard Bütikofer sieht eine »wachsende Kluft zwischen der veröffentlichten Meinung und der Stimmung in der Bevölkerung«. Keine überraschenden Einsichten angesichts der Diskrepanz zwischen den öffentlichen Erwartungen über den Ausgang der Wahl und dem realen Wahlergebnis.

Noch nie gab es eine so große (und ständig wachsende) Zahl von professionellen Politik-Beratern, PR-, Kommunikations- und Werbeagenturen und Strategieexperten. Ihr Anspruch und Angebot ist es, zu professionalisieren, was früher mehr oder weniger instinktsicher vom politischen Spitzenpersonal erledigt wurde: den Dialog zwischen Regierten und Regierenden, Bevölkerung und Politik. Das erstaunlichste Phänomen der neuen Welt der Berater ist, dass der offenkundige Widerspruch zwischen Vertrauensverlust und Berateraufschwung niemanden ernsthaft beschäftigt Nie zuvor hat es so viele Kommunikationsprofis gegeben – und noch nie war, der Dialog zwischen Regierten und Regierenden so gestört wie heute.

Auf ihren Veranstaltungen ist zu hören, wie die Kommunikationsprofis über Tools, Strategien, den Markenkern von Politik diskutieren, als wären das Wunderwaffen der öffentlichen Kommunikation. Diskutiert wird überwiegend in einem ganz eigenen Jägerlatein, das wie alle Fachsprachen den Vorteil hat, von normalen Menschen nicht verstanden zu werden. Unter der Überschrift »Seien Sie trendy!« stellt *politik & kommunikation* im März 2005 die »10 wichtigsten Neuheiten der politischen Kommunikation« vor. Zum Beispiel: »Paid Search: Ins Wählerherz googeln«. Oder: »Blogging für Nachrichtenwert«. Und: »Fotohandy-Partei«.

Stimmen wie die von Spreng oder Sarcinelli, die ja nur aussprechen, was offen zutage liegt, sind die Ausnahme. Sie werden gedruckt – und verschluckt vom nächsten Event, Award, Kongress. Oder der nächsten Ausgabe von *politik & kommunikation*, dem Beratermagazin. Oder dem Medienmagazin V.i.S.d.P. oder der Zeitschrift *Pressesprecher*. Sie erscheinen allesamt im Verlag Helios Media, der, wie die *Welt am Sonntag* treffend schreibt, sich um »die polit-mediale Schicht der Berliner Republik« rankt. Der Verlag in der Friedrichstraße, drei Etagen, beste Adresse in Berlin-Mitte, will Journalisten, PR-Leute und Politiker vernetzen. Er ist die sichtbare Fassade der Wachstumsbranche in Berlin-Mitte, die sich der professionellen Kommunikation verschrieben hat.

Ein neues Beziehungsdreieck? Im Herbst, in der Wintersaison, wenn die Events sich häufen, die Jurys tagen, die

Preise vergeben werden, trifft man sich allenthalben. Im Arbeitsalltag ist die Welt der Parlamentskorrespondenten noch getrennt von diesem neuen Milieu, das sich seit 2000 in Berlin-Mitte als öffentliche Branche sichtbar etabliert und zwischen die vorher exklusive Politik-Medien-Beziehung geschoben hat. Wie wirksam der Beitrag zur verbesserten Kommunikation zwischen dem politischen Führungspersonal und der Bevölkerung tatsächlich ist, das wird nur selten einer Überprüfung an der Wirklichkeit unterzogen. Erheblich intensiviert aber haben sich die gesellschaftlichen Aktivitäten zwischen den öffentlichen Akteuren in Berlin-Mitte. Die Klarheit der Rollen und der Verantwortung hat unter dieser Vermischung eher gelitten.

Die neue Schicht ist verwoben mit traditionellen Akteuren, die es seit eh und je im Umfeld der Politik gegeben hat. Sie arbeiten in Berlin nicht grundsätzlich anders als zuvor in Bonn: Lobbyisten, Berater und Agenturen, die längst vor der SPD-Kampa professionelle Wahlkämpfe geführt haben. In Bonn kannte jeder Journalist den einen oder anderen Lobbyisten oder Berater, meist ältere Herren, die ordentlichen unabhängigen Journalisten grundsätzlich verdächtig, persönlich aber meistens ganz nett waren. Man traf sich gelegentlich auf den Sommerfesten der Landesvertretungen.

In Berlin-Mitte ist die neue Beraterszene zu einem Hauptveranstalter der öffentlichen Ereignisse geworden. Sie verzeichnet dort höhere Zuwachsraten als jeder andere Wirtschaftszweig: Lobbyisten, Agenturen, Berater, Pressesprecher, PR-Leute, Journalisten auf den Schnittstellen dazwischen. Eine ständig wachsende Zahl junger Akademiker, deren berufsmäßige Anspannung manchmal das Gefühl aufkommen lässt, dass sie viel weniger Geld verdienen, als der Glanz verheißt, den ihre Branche um sich verbreitet.

Sie ist nicht ganz durchsichtig, diese Szene. Der ökonomische Druck, der seit der Medienkrise auf dem Journalismus lastet, spielt auch hier eine Rolle. »Ein Journalist macht keine PR«, heißt einer der Leitsätze von »Netzwerk Recherche«. (»Netzwerk Recherche« ist ein Zusammenschluss von Journalisten, der berufsethische Klarheit schaffen will.) Unter den jungen Beratern in Berlin-Mitte ist er mit Verbitterung quittiert worden: Hier wisse eine saturierte Schicht offensichtlich nicht, wie der Nachwuchs kämpfen müsse. Angesichts der Arbeitsmarktlage für junge Akademiker kann man die Empörung verstehen. Sie ist aber eben auch das Eingeständnis einer Grenzverwischung. Beides ist legitim: der unabhängige Journalismus und die zweckgerichtete Auftragsarbeit von PR-Leuten. Doch beides braucht einen je eigenen Platz, sonst wird der Anspruch der Öffentlichkeit auf Transparenz verletzt.

Über allen Beratern, von denen die meisten öffentlich unsichtbar arbeiten, thront als Kopf von Helios Media Rudolf Hetzel, mit Anfang 30 einer aus der jungen Generation. Er hat in der SPD-Kampa 1998 wahlkämpfen gelernt; von der SPD hat er sich inzwischen getrennt. Sein kleines Imperium umfasst die drei genannten Zeitschriften sowie mehrere elektronische Branchendienste, die sich vor allem dem unerschöpflichen Thema der Personalwechsel in Redaktionen und Presse- und Kommunikationsstellen bei Verbänden, Konzernen, Ministerien widmen. Im Herbst ist jeweils großer Auftritt: Ende September findet der Kommunikationskongress mit »Speakersnight« und dem Journalistenpreis »Goldener Apfel« statt. Im November treffen sich bei den »Berliner Politiktagen« die »wichtigsten Vertreter aus Politik, Wirtschaft, Verbänden, Medien und Agenturen«. 2006 zeigt in diesem Rahmen die »kampagne 06 – die große Kreativschau der politischen Kommunikation«. Es diskutiert ein »Symposium« über das Thema: »Das Jahr der neuen Ehrlichkeit? Visionen für die politische Kommunikation von morgen«. Und verliehen wird in verschiedenen Kategorien der

»Politikaward – die Auszeichnung für herausragende Akteure und Kampagnen der politischen Kommunikation«. Im Januar wiederum wird der »Journalist des Jahres« gekürt und der »Goldene Prometheus« an Journalisten verschiedener Sparten vergeben. Und zu jeder Preisverleihung gehört eine Jury oder ein Beirat. Unter den Juroren und Preisgekrönten finden sich klangvolle Namen: Für ihr Lebenswerk sind unter anderem Hans-Dietrich Genscher und Otto Schily ausgezeichnet worden. Und weil der Ausgezeichnete des Vorjahrs die Laudatio auf den des Folgejahres hält, ist die Parade der Prominenz garantiert.

Die Veranstaltungen ziehen ein Publikum in der Größenordnung von 1000 und mehr Teilnehmern an: Es kommt »tout Berlin«, und dazu gehören auch solche aus der ganzen Republik, die als Konzernsprecher, Unternehmens- oder Verbandsmanager, Wissenschaftler, Demoskopen ein festes zweites Standbein in Berlin-Mitte haben, mit Zweitwohnung oder im Hotel. Fester Programmpunkt aller Veranstaltungen ist die informelle Begegnung. Die Einladung zur »Speakersnight 06« beschreibt sie so: »Am Abend des ersten Kongresstages zeigen Deutschlands Kommunikatoren, dass auch Feiern bis in den Morgen zu guter Kommunikation gehört.«

Die Zeitschriften haben eine ausgeprägte Vorliebe für Rankings aller Art. Das Medienjahrbuch 2006 von V.i.S.d.P. (der Name ist abgeleitet von der Formel, die im Impressum jeder Zeitung steht: Verantwortlich im Sinne des Presserechts) bestimmt zum Beispiel die »Top 100«, Deutschland einflussreichste Medienmacher. Auf Platz 1 und 2 landen, wenig überraschend, Bertelsmann-Chefin Liz Mohn und Springer-Chefin Friede Springer. Eva Herman schafft es immerhin auf den 100. Platz. Ein Überblick über »Foren, Salons und Hinterzimmer« des »Netzwerk Berlin« nennt allein aus den Bereichen Wirtschaft und Gesellschaft knapp 50 solcher Zirkel. Die Liste ist sicher so unvollständig wie der Überblick über die Journalisten-Hintergrundkreise, von denen 15 aufgeführt werden. Der feine kulturelle Unterschied zwischen Journalistenkreisen und den anderen Rubriken der Berliner Salons sind die »Köpfe«. Erstere bleiben kopflos, während alle anderen ihre wichtigsten Protagonisten mit den briefmarkengroßen Fotos präsentieren, die überhaupt das wichtigste Gestaltungselement der Helios-Veröffentlichungen sind.

Es bleibt die große Frage: Wozu das Ganze? Hetzel will »Communities« vernetzen, nachdem die rheinische Übersichtlichkeit in Berlin verloren gegangen ist. Geschaffen hat er, in großem Stil, eine neue Variante von Klüngel, der abgetrennt vom Rest der Welt unaufhörlich untereinander kommuniziert.

Wie jedes moderne Unternehmen hat auch Helios eine »Philosophie«, die auf der Website nachzulesen ist. Sie ist kurz und ein schlagendes Beispiel für die Kommunikationsfähigkeit der Kommunikationsprofis: »Communities sind lebendige und dynamische Systeme. Die modernen Netzwerke unserer Gesellschaft funktionieren wissens- und informationsbasiert. Netzwerke schaffen Identität für ihre Mitglieder und funktionieren durch Austausch von Wissen und Informationen. Dieser Austausch braucht Struktur. Helios Media schafft diese mit seinen Fachmedien, Veranstaltungen und Dienstleistungen. So kann Wettbewerb um die besten Ideen und Konzepte entstehen. Im Wettbewerb setzen sich die Besten durch und werden gehört – so generieren Netzwerke Exzellenz. Das hält die Communities am Leben, und alle Mitglieder profitieren davon. Helios Media bietet den Experten maßgeschneiderte Foren und spiegelt diese Exzellenz in seinen Publikationen, Veranstaltungen und Tools wieder.«

Worin der wahre Nutzen aller Tools besteht, zeigt aber vielleicht doch am ehesten die Rubrik »Gala«, die in den einschlägigen Zeitschriften die zurückliegenden Feste, Partys und Events festhält, vorzugsweise mit Fotos der prominenten Teilnehmer, ganz ähnlich wie in der *Bunten*. Denn nach dem schnellen Tagwerk kann, wer will, in den rauschhaften Reigen der Events eintauchen. Man trifft sich in Berlin-Mitte, bei Verlags- und Redaktionsfesten, Kommunikationskongressen, Preisverleihungen, den kleinen und großen Veranstaltung von Lobbyisten, Firmen, Stiftungen. Es ist ein Mega-Talk, zu dem die Politkommunikationsbranche bei ihren Events im winterlichen Berlin versammelt. Denn natürlich gehen wir alle hin: Politiker, Journalisten, Berater. Wir sind uns wechselseitig Publikum, Kritiker und Darsteller, wir stellen uns ins Licht und auf die Bühne. Aber außerhalb von Berlin-Mitte interessiert diese Welt so gut wie niemanden.

Als »Manege der Eitelkeiten« beschreibt der *Stern* die Gesellschaft in Berlin-Mitte: Da stöckelt schon mal Jenny Elvers beim Verlagsfest der *Süddeutschen Zeitung* zur Bundeskanzlerin, um ihr auf die Schulter zu klopfen und anschließend der *Bunte*-Redakteurin darüber zu berichten – die RLT-Kamera ist sowieso dabei. Die Bundeskanzlerin hat überhaupt viel zu tun. Das Medienjahrbuch von V.i.S.d.P. zeigt sie in ihrem ersten Kanzlerjahr bei den Festen von *Focus*, ARD, Springer, ZDF und Bertelsmann, und vollständig ist diese Liste nicht.

Der Berliner Talmi-Gesellschaft kann man sich nicht entziehen. Selbst wer nicht hingeht, zählt dazu: »Außerdem werde ich bei Ihnen sowieso nie ausgezeichnet«, schreibt Kurt Kister an die Veranstalter, die ihn zur Preisverleihung des »Goldenen Prometheus« eingeladen haben. Auch wer Kister nicht kennt, versteht die Botschaft: Ihr könnt mich mal. Doch seine Absage wird im Magazin zur Preisverleihung in Großbuchstaben veröffentlicht. Denn wichtiger als der für die Veranstalter etwas peinliche Inhalt ist der Name. Kister ist stellvertretender Chefredakteur der *Süddeutschen Zeitung*, ein Berühmter, ein Schwergewicht unserer Zunft. Er schmückt. Die reizende kleine Unverschämtheit wird gedruckt.

## »Alphajournalisten« und Prominenz

Die Protagonisten und Wortführer der »Vierten Gewalt« rücken den Politikern näher, die sie so scharf kritisieren. Es handelt sich dabei nicht nur um die alte Art von Nähe und Eingeweihtheit, die Journalisten zu falscher Vertraulichkeit verleiten kann. Die kritische Distanz geht auf andere Weise verloren: Sie werden sich ähnlicher, die Politiker und die neue journalistische Oberschicht. Der Begriff von den Alphatieren, der seltsame Vergleich von Politikern mit Affen oder Wölfen, der zu rot-grünen Zeiten für Lafontaine, Fischer oder Schröder gängig geworden ist, greift auch branchenintern um sich. Neuerdings gibt es »Alphajournalisten«.

Als der politische Journalismus unter dem Druck der ökonomischen Krise und der Fernsehmacht um seinen Platz in der Mediengesellschaft kämpft, entsteht eine neue mediale Klassengesellschaft. Oben die »Alphajournalisten«, die richtig reich, berühmt und mächtig sind oder jedenfalls scheinen. Unten ein neues Medienproletariat mit niedrigerem Einkommen, niedrigerem Status, niedriger Qualifikation, das im Gefolge der Medienkrise entsteht und zu dem vor allem die Jüngeren gehören. Gemeinsam ist allen, auch der arrivierten journalistischen Mittelschicht, zu denen man die Parlamentskorrespondenten zählen kann: Die Rollen werden unklar, die Übergänge zwischen Politik, Politikberatung, Beobachtung und Unterhaltung verschwimmen.

Die große Öffentlichkeit macht über *Bild* und die elektronischen Bildmedien mit dem neuen Phänomen Bekanntschaft, als im Bundestagswahlkampf 2005 das Fernsehduell zwischen Unions-Kanzlerkandidatin Angela Merkel und Gerhard Schröder stattfindet. Journalisten treten nicht als Beobachter, sondern als »Experten« und Schiedsrichter in der Wahlkampfarena auf; in *Bild* rufen sie Sieger und Verlierer des Duells aus. Es wird noch die Rede davon sein, was die Wähler davon halten und was Schröder daraus macht.

Inzwischen ist es ganz normal geworden, wenn auch die Berichte und Kommentare in den Politik-Teilen der Qualitätszeitungen sich tagelang mit solchen Themen beschäftigen: Wird Günther Jauch die Nachfolge von Sabine Christiansen am Sonntagabend in der ARD übernehmen? Was hat es zu bedeuten, wenn er es doch nicht macht? Wer wird es dann? Nachfolgerin Anne Will kündigt in den »Tagesthemen« ihre neue Rolle an, so wie es überhaupt in ARD und ZDF selbstverständlich geworden ist, in den Nachrichten von »Tagesschau« oder »heute« auf Sendungen der fiktiven Genres hinzuweisen und von dort aus wieder den Polit-Talk zu speisen, etwa bei »Flucht und Vertreibung« in der ARD oder dem ZDF-Szenario von der Altenrepublik. Die männlichen Schwangerschaftsvertreter von Sandra Maischberger und die Umbenennung des Donnerstags-Talks im ZDF von »Berlin-Mitte« in »Illner« sind mehr als eine Meldung wert.

Zum Phänomen des Alphajournalismus gehört, dass Journalisten als aktive Darsteller im öffentlichen Bild auftauchen: Als Angela Merkel im November 2005 zur Bundeskanzlerin gewählt wird, sitzen auf der Bundestags-Besuchertribüne neben der Berliner Event-Managerin Isa Gräfin von Hardenberg unter anderem die Verlegerin Friede Springer und die Talkerin Sabine Christiansen. Die prominenten Frauen freuen sich und essen eigens für den Anlass gebackene Kekse in C-D-U-Form.

Zum harten Kern der Alphajournalisten zählen Schwergewichte mit echter Medienmacht wie *Bild*-Chefredakteur Kai Diekmann, FAZ-Herausgeber Frank Schirrmacher, Springer-Chef Mathias Döpfner und *Spiegel*-Chefredakteur Stefan Aust. Eigentlich sollen sie um Märkte und Leser konkurrieren – aber gelegentlich kooperieren sie mit ihrer Macht auch gegen politische Institutionen, zum Beispiel mit ihrem

Veto gegen die Rechtschreibreform, das nicht mit Argumenten und im Meinungsstreit erstritten wird. Sie verkünden für ihre Blätter die Rückkehr zur alten Schreibweise. Von der Rechtschreibreform kann man halten, was man will – aber eine Anmaßung bleibt es, wenn mächtige Medienmacher festlegen wollen, wie die Schulkinder in Deutschland, Österreich und der Schweiz zu schreiben haben. Nur einer in dieser Gruppe, nämlich Frank Schirrmacher, ist erkennbar von der Leidenschaft getrieben, als Journalist und Publizist um die Köpfe zu kämpfen. Seine Beiträge zu Themen wie Bio-Wissenschaften, Demografie oder Klimawandel haben die Meinungsbildung im Land beeinflusst.

Eine dritte Gruppe der Alphajournalisten bilden, neben den populären Gesichtern und mächtigen Machern, die über das Fernsehen allgegenwärtigen Kommentatoren unserer Zunft – unter denen *Stern*-Kolumnist Hans-Ulrich Jörges nur als der Schneidigste gelten darf. Der Einzige ist er keinesfalls, der stets dezidierten und wechselhaften Rat weiß für eine orientierungslose Politik. Print-Journalisten sind gefragt beim Fernsehen, weit hinaus über Formate wie »Presseclub«, die »Münchner Runde« oder »Bonjour« bei *Phoenix*, die den Zuschauern eindeutig als ausgewiesen sind als Sendungen, in denen Journalisten ihre Meinung sagen. Ähnlich wie Parteienforschern oder Demoskopen schreibt das Fernsehen uns die Rolle von »Experten« zu – die aber oft genug nichts anderes zu tun haben, als in drei Sätzen rasch ihre Meinung loszuwerden. Und regelrechte Rollenverschiebungen treten ein, wenn Journalisten an Unterhaltungssendungen teilnehmen, zu denen sie allein wegen ihrer Bekanntheit eingeladen werden.

Die umgekehrte Vervielfältigung seiner Plattformen betreibt Peter Hahne, der sein bekanntes Gesicht dem gemeinschaftsfinanzierten ZDF verdankt. Der Buchautor (*Schluss mit lustig*), der im gefälligen Plauderton den Zeigefinger erhebt, schreibt eine regelmäßige Kolumne »Gedanken am Sonntag« in der BamS. Nach dem Kirchentag greift er dort die evangelische Kirche an, dass sie zu wenig Profil »wider den Zeitgeist« zeige. Er fragt: »Wo bleibt das Wort gegen den Wortschwall unserer Tage, das Profil gegen die Parolen, das eindeutig Unverwechselbare gegen das beliebig Austauschbare?« Eigentlich eine schöne Frage an einen Multimedia-Mann.

Neu an den Alphajournalisten ist nicht, dass es führende, mächtige oder überragende Personen im Journalismus gibt. Zu Rudolf Augsteins Zeiten, in der Ära von Henri Nannen oder Axel Springer war der Begriff nicht gebräuchlich. »Häuptlinge« über »Indianern« waren die großen Gründergestalten zweifellos auch. Fernsehintendanten oder die öffentlich meist unbekannten Verleger oder Chefredakteure großer Regionalzeitungen hatten immer Macht über die öffentlichen Angelegenheiten, deren Legitimität nicht auf Wahlen und Mandaten beruhte, sondern auf Artikel 5 des Grundgesetzes. Und immer gab es die »Edelfedern«, die bewunderten und beneideten Spitzenschreiber oder herausragende Auslandskorrespondenten des Fernsehens. Man kannte sie – in der Branche. Öffentliche Personen waren sie nicht.

Das Merkmal der »Alphajournalisten« ist die Übernahme einer Prominentenrolle in der Öffentlichkeit, die sie als Personen zum Objekt des öffentlichen Interesses macht. Nicht anders als die Politiker unterliegt das Spitzenpersonal der Medien den Gesetzen der öffentlichen Selbstdarstellung. Alphajournalisten müssen sich, nicht anders als Politiker, inszenieren und ihre Wirkung kalkulieren. Neu ist außerdem: Medien personalisieren sich selbst über ihre Spitzenleute – wieder einmal, um auf sich selbst aufmerksam zu machen.

Es ist überaus erstaunlich, wie wenig sich die »Vierte Gewalt« im Staate, die nach eigenem Selbstverständnis Kontrolleur der Macht sein will, kritisch mit dieser Entwicklung beschäftigt. Berichte, Analysen, Kommentare über die »Personalisierung« der Politik füllen ganze Bibliotheken. Der Alphajournalismus reflektiert sich nur im politisch-publizistischen »Spiegelkabinett«, im gesellschaftlichen Gefüge von Berlin-Mitte, von dem der *Zeit*-Korrespondent Hofmann spricht. Die Alphajournalisten werden durch ihre Kritiker vorerst noch bedeutender: Die Vorstellung des Buches *Alphajournalisten* erfolgt in Form einer Talkrunde mit Illner und Jörges.

Was personalisierte Politik transportieren will und soll, ist immerhin theoretisch geklärt: Idealtypisch sollen die Bürger an der Person der Spitzenpolitikers erkennen und dingfest machen können, für welche Ziele er mit seiner Partei oder Regierung steht. Der Spitzenpolitiker verkörpert Glaubwürdigkeit und wirbt um das empfindliche Gut Vertrauen. Politische Personalisierung hat also einen klaren Zweck: Sie dient, wenn sie gelingt, der Verständigung zwischen der Bevölkerung und ihren Mandatsträgern. Sie dient dem Gemeinwohl.

Aber wer braucht in der Kommunikation der öffentlichen Angelegenheiten die Botschaft des »personalisierten« Mediums? Nur die Medien selbst. Muss der Alphajournalist einstehen für die Glaubwürdigkeit, die Fernsehen, Zeitungen, Magazine verloren haben, weil sie verlässliche Informationen über Politik nur noch schwer vermitteln können? Tatsächlich hat der Aufstieg einer journalistischen Oberschicht in die große Öffentlichkeit parallel zu einem nachweislichen Ansehensverlust der Medien und ihrer Protagonisten stattgefunden. Der Alphajournalismus ist die Kehrseite des Vertrauens- und Glaubwürdigkeitsverlustes, den die Medien der Politik täglich vorhalten, der sie aber längst selbst erreicht hat. Nur noch für zehn Prozent der Bevölkerung gehört »Journalist« zu den Berufen, die sie schätzen. Der Wert hat sich seit 1993 halbiert, zeigen die Medienwissenschaftler Weischenberg, Malik und Scholl in ihrer 2006 veröffentlichten Untersuchung über die Journalisten in Deutschland. Die Stars der Branche, nämlich die Fernsehmoderatoren, haben sogar gleichgezogen, nach unten. Das Allensbach-Institut sieht sie im Frühsommer 2005 gleichauf mit der Politik: Nur sechs Prozent der verdrossenen Bürger mögen Politiker und Moderatoren.

Medien lieben Umfragen, die über uns selbst aber werden verdrängt. Denn sie sind nicht nur Aussagen über Journalisten oder Fernsehmoderatoren, sondern ein Fingerzeig gegen die neue Tonnenideologie der Medienwelt, die sich Nennungen, Klicks und Quoten unterwirft. Bekanntheit, sagen die Umfragen über uns selbst, Bekanntheit ist nicht nur nicht identisch mit Ansehen, Bekanntheit kann sogar schaden. Bekanntheit frisst Glaubwürdigkeit.

Politiker und Medienmacher sollten das Gespräch gründlich lesen, das George Clooney, Matt Damon und Brad Pitt im *Stern* führen. Die internationalen Mega-Prominenten denken über »die letzten großen Filmstars« nach. Clooney: »Die letzten wirklichen Filmstars waren wahrscheinlich Redford und Newman. Und die Dinge lagen damals anders. Es gab noch nicht diese unglaubliche Menge von Magazinen und Informationen über sie.« Damon: »Wir wussten absolut nichts über sie.« Pitt: »Dann kam ›Der weiße Hai‹ und war der Beweis dafür, dass man mit Blockbustern eine Menge Geld verdienen kann. Damit wurde eine Entwicklung in Gang gesetzt, die das inhaltliche Niveau zweitrangig machte.« Die alten Stars hatten etwas »Mystisches«, sagt Clooney und erklärt sich den Verlust so: »Heute wissen alle alles über jeden.« Bekanntheit frisst auch Charisma und Aura.

Die Alphajournalisten sind eine Variante eines neuen Prominenz-Phänomens. Der Zusammenhang zwischen einer öffentlicher Stellung und der herausragenden Leistung, besonderen Herkunft oder dem Amt, das ihr zugrunde liegt, löst sich auf. Die unbegrenzten Vervielfältigungsmöglichkeiten der Massenmedien ermöglichen eine reine »Bekanntheitsgrad-Prominenz«. Ulrich F. Schneider charakterisiert sie auf dem MainzerMedienDisput als eine Prominenz,»die sich am Ergebnis medialer Präsenz orientiert und kaum noch nach den Gründen ihrer Entstehung fragt«. Wir verdanken ihr Eintags-Berühmtheiten wie Daniel Küblböck und andere Superstars aus den Küchen von Dieter Bohlen oder Heidi Klum, deren Namen schnell vergessen sind. Aber auch das Paris-Hilton-Phänomen oder die Verkehrung von Leistung und Prominenz, die bei erfolgreichen Sportlern oder Talkmastern anzutreffen ist. Ihr Bekanntsgrad bringt irgendwann mehr ein, als die Leistung, die ihre Bekanntheit einmal begründet hat: Prominenz als einträglicher Beruf. Ihre eigentliche Durchschlagskraft gewinnt sie dadurch, dass alle Medien versuchen, mit ihrer Hilfe Quote oder Kasse zu machen.

## Medien als Bühne

Gerhard Schröder ist ein früher Rollenverschieber auf der anderen Seite. Er war sein eigener Öffentlichkeitsarbeiter, der erste deutsche »Medienkanzler«. 1998, bei seiner erfolgreichen Kanzlerkandidatur, macht die SPD mit ihrer »Kampa« Furore. Die Wahlstrategen ziehen zur Bundestagswahl aus der Parteizentrale aus; die nahe gelegene »Kampa« wird zur Journalisten-Attraktion. Auf dem Dach zählt ein roter Würfel Tage und Stunden bis zur Entscheidung. Alle wollen den »War Room« besichtigen, mit den Drahtziehern und Spin-Doctors Interviews oder Hintergrundgespräche führen, die Inszenierung durchleuchten.

Die SPD macht aus ihrer Not eine Tugend. Der im Interesse der Machteroberung vertagte Konflikt zwischen Modernisierern und Traditionalisten wird zur janusköpfigen Doppelbotschaft umgemünzt: SPD-Chef Oskar Lafontaine verkörpert die Gerechtigkeit, Kanzlerkandidat Gerhard Schröder die Innovation. Der heutige Bundesumweltminister Sigmar Gabriel bemerkte später einmal spöttisch, es sei bloßer Zufall gewesen, dass die beiden angesprochenen Gruppen in der SPD-Anhängerschaft von der je anderen nichts bemerkt hätten. Zeitungen, Magazine, Fernsehberichte werden nicht müde, die politische Männerfreundschaft zu entlarven als das, was sie ist: als zweckgerichtete Heuchelei. Die Wähler, so scheint es jedenfalls, lassen sich die Gaukelei trotzdem vormachen.

Vom altgedienten Korrespondenten bis zum Studenten der Medien- und Politikwissenschaften gilt der Wahlkampf von 1998 als Beweis dafür, dass in der Mediengesellschaft latent »alles nur noch Theater« und durch geschickte Inszenierungen lenkbar sei. Man kann aber genauso viele Gründe für die Deutung anführen, dass die meisten Wähler sehr wohl gemerkt haben, dass zwischen Schröder und Lafontaine sehr viel mehr als ein Blatt Papier gepasst hat, dass diese Tatsache für die Wahlentscheidung aber nur drittrangig war gegenüber dem Bedürfnis, nach 16 Jahren Kohl einen Wechsel herbeizuwählen.

Trotz der Erfahrungen bei der folgenden Bundestagswahl 2002, bei der sich eben nicht alles als inszenierbar erweist, hält sich das Kampa-Erlebnis im Gedächtnis der Medienmacher und der Politiker als Schlüsselerlebnis von medialer, genauer: medial inszenierbarer Macht. Wahlen als Stunde der Hexenmeister: Es geht eine große Faszination von der Vorstellung aus, Millionen Menschen durch planmäßige Strategien, durch Bilder, Aufführungen und Personalisierungen zu bewegen. Der Wahltag immerhin macht möglich, was sonst selten funktioniert: die Reduktion komplexer Fragen und Entscheidungen auf eine einfache, zugespitzte Alternative: Der oder ich. Schröder oder Kohl. Stoiber oder Schröder. Schwarz-Gelb oder Rot-Grün.

2002 ist dann aber nicht mehr 1998. Im Wahlkampf 2002 muss SPD-Wahlkampfstratege Matthias Machnig feststellen, dass die Hoheit über die Themenagenda an die Medien übergegangen ist. Bei der Politik liegt sie jedenfalls nicht mehr. Innerhalb eines Dreivierteljahres thematisieren die Medien in raschem Wechsel und mit jeweils hohem Aufregungston: das Debakel von Bundesinnenminister Otto Schily mit den V-Lauten bei der NPD, den Kölner Müllskandal der SPD, den Skandal bei der Nürnberger Bundesanstalt für Arbeit, den blauen Brief für den Finanzminister aus Brüssel, die einbrechende Telekom-Aktie, die Bonus-Meilen der Politiker, den ausbleibenden Aufschwung. Und immer wieder die personifizierte Blamage, Verteidigungsminister Rudolf Scharping, der sich am Swimmingpool mit seiner neuen Liebe öffentlich neu inszenieren will und am Ende darüber stürzt, dass im *Stern* nachzulesen ist, wie teuer die Socken waren, die der sozialdemokratische Minister mit Hilfe des Politikberaters Moritz Hunzinger bei einem guten Herrenausstatter eingekauft hat. Über Wochen wollen die Journalisten, die Machnig regelmäßig zu Hintergrundgesprächen einlädt, eigentlich immer nur von ihm wissen: »Wann geben Sie denn endlich zu, dass es nichts mehr werden kann?«

Machnigs Kollegen in der Wahlzentrale der Union geht es viel besser. Michael Spreng, persönlicher Berater von Unions-Kanzlerkandidat Edmund Stoiber und vormals BamS-Chefredakteur, hat nicht nur den Vorteil, dass alles, was in der Union geschieht, neu ist, während die SPD-Kampa altbekannt und deshalb vergleichsweise uninteressant ist. Spreng macht schon als neue Person regelmäßig Punkte; überhaupt geben ihm die medialen Theaterkritiker Bestnoten für die Inszenierung des Kandidaten. Seine »Kompetenz«-Formel findet Eingang in den normalen Sprachgebrauch der Medien, die von Stoibers »Kompetenzteam« und von seinem »Kompetenzwahlkampf« schreiben, als seien das gängige politische Sachbegriffe und nicht geschickt lancierte Erfindungen aus der Wahlkampfküche.

Doch während die SPD-Kampagne wochenlang scheinbar aussichtslos vor sich hinstolpert, scheitern Spreng und die

Union an Ende. Spreng hat, wie er später sagt, »am Ende nichts mehr nachzuschieben«. Die »Kompetenzthemen« Wachstum und Arbeit laufen sich kurz vor Toresschluss tot, denn da steht Schröder im grünen Parka und mit Gummistiefeln auf den Deichen elbüberfluteter Städte. Und sagt beim Fernsehduell mit seinem Herausforderer geradewegs ins Auge der Kameras, dass eine deutsche Beteiligung am bevorstehenden Irakkrieg auch mit UN-Mandat für ihn nicht infrage kommt.

Mit Flut und Krieg hat die Wirklichkeit selbst einem Wahlkampf politischen Stoff aufgezwungen, der als Mikado-Unternehmen angelegt war: Wer sich zuerst bewegt, ist tot. Beide Seiten wollten keine inhaltliche Zumutung an die Wähler richten.

2005 ist eine ganz andere Situation. Rot-Grün ist erschöpft, weil die SPD durch Schröders späten Reformkurs überfordert ist und in einer tiefen Vertrauenskrise steckt. Die Zeichen stehen auf Wechsel. Das Ergebnis der vorzeitigen Neuwahlen scheint festzustehen, vor allem für die Medien: Schwarz-Gelb mit der ersten Bundeskanzlerin, mit Angela Merkel. Die Kanzlerkandidatin der Union führt keinen inhaltsleeren Wahlkampf. Sie hat eine wenig populäre Gesundheitsreform im Gepäck, sie will »durchregieren«, kündigt eine Mehrwertsteuererhöhung an und holt mit dem ehemaligen Verfassungsrichter Paul Kirchhof einen Steuerexperten in ihr Team, der ihre eigenen Reihen irritiert und Schröder zu der Hochform auflaufen lässt, die er am ehesten zustande bringt, wenn er mit dem Rücken an der Wand steht. Angela Merkel landet weit unter den Erwartungen, Schröder deutlich darüber.

Der führt seinen Wahlkampf diesmal gegen die Medien – aber durchaus nicht ohne ihre Hilfe. Seinen Titel als Medienkanzler, der ihm jetzt viel Spott einträgt, verdient er sich in diesem Wahlkampf erst richtig. Denn Medienkanzler ist er ja nicht, weil er mit Journalisten besonders gut auskommt; die Beziehung ist seit seiner Bemerkung über »*Bild*, BamS und Glotze« hochgradig und auf beiden Seiten ambivalent. Vielmehr kommuniziert Schröder als erster deutscher Spitzenpolitiker mit seiner Partei und den Bürgern in erster Linie über die Medien – und zwar direkt. Kein Korrespondent, der nicht irgendwann einmal mit dem ärgerlichen Gefühl in einer Pressekonferenz mit Schröder sitzt: Zweihundert Kollegen traktieren den Kanzler mit scharfsinnigen Fragen – und der befindet sich derweil, über ihre Köpfe hinweg, die Augen in die Kameras gerichtet, im gepflegten Gespräch mit den deutschen Wohnzimmern.

Im Sommer 2005 wird sein Gang durch die Fernsehanstalten zu einem Triumphzug – angefangen mit dem Auftritt bei »Christiansen«, bei dem er Sachverständige und Wirtschaftsexperten um den Finger wickelt und die Moderatorin völlig überflüssig ist. Schröder macht die elektronischen Medien zu seiner Bühne und schiebt dabei ihre Moderatoren, Redakteure und Korrespondenten als Vermittler beiseite. Er nutzt die Macht der Medien, um sich gegen ihre Macher und Meinungen durchzusetzen.

Im Fernsehduell mit Angela Merkel sehen ihn die Zuschauer als Sieger. Aber zu einem nachhaltigen Treffer wird das für Schröder erst, als sich nach dem Duell Journalisten zu Schiedsrichtern aufschwingen, die mehrheitlich Merkel zur Gewinnerin erklären. Die öffentliche Auswertung dieses Kandidatenduells wird zum ersten massenmedialen politischen Auftritt der »Alphajournalisten«, die auf diese Weise über die Macht ihrer jeweiligen Medien hinaus in den Wahlkampf eingreifen. Schon während das Duell läuft, haben sich die privaten wie die öffentlich-rechtlichen Sender am Rande des Original-Ereignisses in Berlin-Adlershof aufgebaut, um Verlauf und Ausgang des Duells zu kommentieren. Beide Kandidaten haben als Gäste Schauspieler, Künstler und andere prominente Anhänger mitgebracht. Als Experten stehen zum Beispiel die früheren Wahlkampfkontrahenten Machnig und Spreng gemeinsam beim Fernsehsender RTL. Aufgeboten werden Politikwissenschaftler, Demoskopen – und eben Journalisten, die noch vor den Meinungsforschern, die das Publikum repräsentativ befragen, auf allen Kanälen Sieg und Niederlage ausrufen dürfen. In den nächsten Tagen folgen die Printmedien, und allen voran präsentiert *Bild* eine Riege prominenter Köpfe, darunter Chefredakteure und andere Alphajournalisten, die fast ausnahmslos Merkel zur Siegerin erklären.

Fast 20 Millionen Zuschauer hat das Duell an die Bildschirme gelockt. Und offenbar möchten sich viele von ihnen die eigene Urteilsbildung nicht streitig machen lassen. Es gibt eine Empfindlichkeit der Bürger gegen Bevormundung auch dann, wenn sie von Medien ausgeht, und Schröder macht sie sich zunutze. Die Formel für seine Wahlveranstaltungen lautet: »Glaubt denen nicht.« Gemeint sind die Medien, für die das Wahlergebnis feststeht. Sie kommt bei den Wahlkundgebungen gut an, diese Verbeugung vor dem Souverän, der über den Ausgang von Wahlen zu entscheiden hat – und nicht die Medien, die vorgeben, schon Wochen vorher zu wissen, wie die Sache ausgehen wird.

Aber Schröders Auftritt in der Elefantenrunde, seine wüste Medienschelte am Abend der Bundestagswahl, aktiviert die bekannten Journalistenreflexe. Das ungute Gefühl vieler Journalisten angesichts der Frage, warum sie mit ihren Prognosen falsch gelegen haben, ja ob sie überhaupt legitim waren, wird von der Gewissheit überlagert: Wenn ein solcher Feind uns tadelt, dann können wir es doch nicht ganz falsch gemacht haben.

# 5. Beschleunigung

## Tempo, Tempo

Als die Regierung nach Berlin zieht, führt der *Tagesspiegel* die kleine Glosse »Hinter den Linden« ein, die täglich aufspießt, was das neu zugezogene politische Personal treibt. Die »Linde«, wie wir Parlamentsredakteure den 40-Zeiler im internen Jargon nennen, wird zur Chronistin der kleinen Eitelkeiten und Randgeschichten. Die »Linde« hat den Pioniergeist eines dpa-Kollegen gewürdigt, der, zunächst belächelt und verspottet, durchgesetzt hat, dass für die Nachrichtenagentur ein Schuhputzgerät angeschafft wird, zum Nutzen seiner Chefs und Kollegen. Denn in den ersten Hauptstadtjahren tragen wir unweigerlich den Staub der Baustellen ins Büro. Hier ist nachzulesen, an welchen Lieblings-Imbissen der Bauarbeiter der eine oder andere Politiker, Beamte oder Journalist ein kräftiges Leberwurstbrötchen verdrückte. Mehr oder weniger heimlich, denn in Berlin-Mitte speist man vornehm kleine Mengen in Restaurants oder Bistros, die übrigens erst einmal alle pleitegehen. In einer »Linde« ist im Jahr 2000 nachzulesen, wie ich am Wegesrand an einer der Hauptstadt-Baustellen das unbekannte Wort »Wrasen« entdecke und der Frage nachgehe, was es bedeutet. »Wrasen«, Wasserdampfblasen, finde ich schließlich gut preußisch an der Kaffeekanne von Theodor Fontanes Jenny Treibel – und teile mit, dass der Erkenntnisweg von Berlin Wilhelmstraße zum Fontane-Berlin über Google geführt hat: »Google«, klärt die Autorin ihre Leser treuherzig falsch auf, »ist die Suchmaschine von Harvard.«

Was Google heute ist, muss man keinem Schulkind erzählen. Die Rasanz der Veränderungen ist nur deshalb nicht schwindelerregend, weil ihr Tempo einen Anpassungsdruck erzeugt, der für Rückblicke keine Zeit lässt. »Wann hat sich mehr verändert, in den 16 Jahren Kohl oder den sieben rotgrünen?«, frage ich nach der Bundestagswahl 2005 einen Mitarbeiter des Bundespresseamts, der dort schon vor Kohls Kanzlerschaft gearbeitet hat. Er entscheidet sich ohne Zögern für die letzten sieben – und muss bei der Frage nach einer näheren Beschreibung passen. Die Regierungswechsel sind es auch, aber nicht in erster Linie. Hauptsächlich wohl die neuen Medien – aber wann hat sich welches wie im Arbeitsalltag etabliert? Ganz entschieden hat der Beruf der Berliner Korrespondenten sich in acht Berliner Jahren mehr verändert als in ein oder zwei Jahrzehnten zuvor. Politisch markieren natürlich die Jahre 1989 und 1998 den Einschnitt: 1989 das Ende der bipolaren Welt und 1998 das vom Kanzler der Einheit über das historische Datum hinaus verzögerte Ende der ruhigen Welt der Westdeutschen. Aber das ist die abstrakte Ebene. Die Einschläge, die den Berufsalltag verändern, gehen von den neuen Technologien der digitalisierten Welt aus. 1998 habe man im Kanzleramt »elektrische Schreibmaschinen und ein Fax-Gerät« vorgefunden, erzählt Schröders erster Regierungssprecher Uwe-Karsten Heye im Rückblick des Jahres 2007. Die Schilderung sei nur leicht übertrieben, meint er. Jedenfalls finde »eine kommunikative Revolution« statt.

Die kommunikative Revolution hat, frei nach Udo Lindenberg, diesen Rhythmus, dass jeder mitmuss: Wer sich die neuen Bildschirm-, Handy- oder Blackberrywelten erobert, fühlt sich als Pionier. Und Pioniere sind bekanntlich Gestalter, Eroberer neuer Welten, nicht etwa Anhängsel oder Mitgerissene von Entwicklungen, denen sie nur ausgeliefert sind. Und doch hat sich niemand dafür entschieden, keiner hat es geplant oder »gemacht«, dass seit einem Zeitpunkt, der nicht mehr zu ermitteln ist, alle Parlamentskorrespondenten unmittelbar nach Verlassen eines politischen Termins im Kanzleramt die Handys zücken und ihrer Redaktion mitteilen, dass der Termin, wie zu erwarten war, nicht viel Neues gebracht hat. Man sieht sich in solchen Situationen gegenseitig an, lacht und macht es beim nächsten Mal wieder so. Seit wann »googeln« alle Leute – und, vor allem, seit wann »googeln« alle Journalisten, die genau wissen, dass sie sich damit in ziemlich flache Wasser begeben? Wie oft führen Fernseh-Korrespondenten von Nachrichtensendern noch Gespräche mit Politikern jenseits des unmittelbaren Tagesbedarfs, wenn sie doch vom frühen Morgen an ihre Aufsager für die stündlichen Nachrichten sprechen müssen? Wie hat sich der Takt für die Hörfunkkollegen verändert, die häufiger und kürzer über die Sender gehen und dabei immer mehr ihre eigenen Techniker werden?

Die etablierten Anchormen des öffentlich-rechtlichen Fernsehens, die mit »Tagesschau« oder »heute« die rar geworden Plätze bestücken, an denen die Nation noch gemeinschaftlich Politik konsumiert, bestaunen, wie auch sie latent von Ort und Zeit abkoppelt werden. Schon kann man »heute« teilweise oder ganz sehen, wo und wann immer man will – nur weiß niemand, wer wirklich nachliest, wenn in den ZDF-Nachrichten gesagt wird; »Und was der neue französische Präsident Sarkozy politisch vorhat, können Sie im Internet nachlesen unter www.heute.de.«

Die Zeitungen aktualisieren nach dem ersten Redaktionsschluss am frühen Abend nicht mehr nur einzelne Meldungen, ganze Berichte kommen neu ins Blatt. Es ist eine Reise in ein untergegangenes Land, wenn man sich als Parlamentskorrespondent des Jahres 2007 in die Welt unserer Vorgänger zurückversetzt. Völlig unvorstellbar: In den 60er Jahren verzeichnen die Annalen der Bundespressekonferenz einen

Rücktritt aus Protest: Ein Vorstandsmitglied legt sein Amt nieder, weil auch Fotojournalisten Mitglied werden dürfen. Erst die letzte Mitgliederversammlung vor dem Berlin-Umzug beschließt, dass Pressekonferenzen aus dem Saal der Bundespressekonferenz vom Fernsehen live übertragen werden dürfen – nach einer sehr heftigen Diskussion. Mehrere Stunden, halbe Tage konnten unsere Vorgänger ungestört über den richtigen Umgang mit Informationen nachdenken und sich darüber austauschen, die heute sofort in jedem Wohnzimmer sein können.

Mit welcher Wirkung sie dort gesehen und aufgenommen werden, das allerdings ist, trotz aller Quotenmesserei, ein großes Geheimnis. Denn die Beschleunigung und das damit verbundene Anschwellen der Menge von Informationen und Nachrichten finden einfach statt. Ihre Konsequenzen werden aber selten reflektiert. Mittlerweile hat sogar das kritische Nachdenken über die Entwicklung der Medienwelt einen Platz im Gefüge gefunden, der den Rhythmus und das Tempo nicht stört. So wie die Unzufriedenheit der politischen Journalisten sich regelmäßig am politischen Gegenüber entlastet, so liefert eine von Jahr zu Jahr zunehmende Zahl von Kongressen den Medienmachern ein Ventil. Auf den Mainzer, Münchener oder Leipziger Medientagen von Verlegern, Fernsehmachern, Journalisten kreist die Branche um Internet, Online-Journalismus, Beschleunigung, Verflachung, Multimedia, Boulevardisierung, Personalisierung – um sich danach mit dem gleichen Schwung in die nächste Innovation zu stürzen, der sich bei der vorherigen als vorschnell oder sogar als Irrtum erwiesen hat.

In der Politik ist Medienkanzler Gerhard Schröder längst zu einem Dinosaurier geworden. Er hat das Fernseh-Duell der Spitzenkandidaten etabliert. Angela Merkel tritt an jedem Wochenende per Video-Podcast vor das Publikum. Sie braucht dafür als Vermittler keinen Journalisten, sondern nur das Bundespresseamt und eine bezahlte Agentur. Noch lächeln die Parlaments-Korrespondenten darüber leicht abfällig. Aber vermutlich wird sich dieses Format mindestens eine schöne Nische erobern, in der politische Kommunikation ohne Journalisten stattfinden wird – warum auch nicht? Schröder hat sich das Handy hinterhertragen und im Bedarfsfall reichen lassen. Merkel kommuniziert häufig und gern per SMS. Die Minister von der SPD hat das anfangs begeistert, weil sie auf diese Weise das Gefühl häufigen Kontakts mit der Kanzlerin haben durften. Nur zeitweise, als sich mit der Gesundheitsreform die ersten dunklen Wolken über der großen Koalition zusammenbrauen, ändert sich die Wahrnehmung: Die SPD-Minister, die ein Machtwort der Kanzlerin gegenüber den Unions-Ministerpräsidenten hören wollen, finden in einer zugespitzten Situation die Handy-Kommunikation läppisch: »Das nervt, dieses ewige Gesimse.« Aber »gesimst« wird weiter von und zwischen allen, und natürlich immer noch mit zunehmender Tendenz, zwischen Politik und Medien.

Die schnellen politischen Auftritte von Kanzlerin und Ministern vor Bundesadlern oder ähnlich geeigneten Kulissen in den eigenen Ministerien und Häusern sind normal geworden und regen, anders als Schröders Holzmann-Auftritt von 1999, kaum mehr auf. Denn sie liefern die Bilder, die von den elektronischen Medien gebraucht werden. Als Bilderlieferant kann, will oder muss sich in Berlin-Mitte fast jeder betätigen. Sachverständige, Wohlfahrtsverbände, Arbeitgeber, Gewerkschaftsführer halten zuerst ihre Gutachten oder Positionspapiere in die Kameras und stehen der Presse Rede und Antwort, dann folgt der Reigen der exklusiven Interviews für einzelne Sender, für die zusätzlich noch Schnittbilder produziert werden müssen.

Weil das Fernsehen Bilder braucht, sieht man in der »Tagesschau« oder in politischen Magazinen den Abgeordneten

Müller oder den Sachverständigen Meier erst auf der Spree-brücke stehen oder auf der Fraktionsebene im Reichstag ein-herschreiten oder grübelnd hinter den Akten an seinem Schreibtisch sitzen, bevor er drei Sätze spricht. In Berlin-Mitte wird jeder und jede zu »Germany's Model«. Auch viele Journalisten sind geübte Darsteller für authentizitätssteigern-de Bilder dieser Art. Als Vorsitzende der Bundespressekon-ferenz habe ich zum Beispiel gelernt, die bekannte Treppe im Haus der Bundespressekonferenz routiniert auf- und ab-wärtszugehen. Politiker lassen sich übrigens grundsätzlich nur treppauf filmen. Denn Abwärts-Bilder könnten uner-wünschte Nebenwirkungen entfalten, weil sie in Zeiten von Schwäche oder Krise einen negativen Trend illustrieren: »Der Abstieg von Minister Schulz«.

Es hat keine drei Jahre gedauert, bis Berlin-Mitte sich im dauerhaften Zustand ständiger Veränderungen eingerichtet hat, die schneller sind als die Reflektionsmöglichkeiten der Akteure, die mit ihnen umgehen müssen. Wie wir 2005 er-lebt haben, wechseln sogar Regierungen schneller.

## Leben in zwei Geschwindigkeiten

Willy Brandt konnte noch tagelang unbemerkt im Kanzler-amt grübeln. Gerhard Schröder und Angela Merkel stehen unter öffentlicher Dauerbeobachtung. Brandts neue Ostpoli-tik und ihre politische Durchsetzung sind für die Zeitgenos-sen (und erst recht in der Erinnerung) hochdramatische poli-tische Kämpfe, die fast jeden interessiert und die Gesellschaft polarisiert haben. Die Auseinandersetzungen der Gegenwart sind nicht von kleinerem Zuschnitt: die europäische Integra-tion, die Konkurrenz in der globalisierten Weltwirtschaft, das Klima, die Bedrohung durch den islamistischen Terrorismus. Sie beschäftigen die Gefühle und die Phantasie vieler Menschen, rühren an Ängste, beflügeln Ehrgeiz oder Gemeinsinn. Trotzdem hat das Ansehen »der Politik« bei den Regierten schwer gelitten. Über sinkende Wahlbeteiligung, Ansehensverlust für die Politiker, Schwund des Vertrauens in Parteien und Institutionen wird seit anderthalb Jahrzehnten diskutiert.

1969, als Brandt schon Kanzler ist, flimmert von Mitternacht bis 16 Uhr von den Bildschirmen noch das Testbild; dann geht es im Kinderprogramm los mit »Sport, Spiel, Spannung«. Mit Willy Brandt verbindet sich eine Fernseh-Innovation: Er macht 1967 – damals ist er noch Vizekanzler in der großen Koalition – mit einem Knopfdruck das Fernsehen bunt. Unter Helmut Kohl findet dann eine entscheidende Zäsur statt: 1984 wird das Fernsehen dual. Neben dem öffentlich-rechtlichen System etabliert sich das Privatfernsehen. Deutschlands Mediensystem gleicht sich damit dem der meisten westlichen Demokratien an. Kohls Modernisierungsleistung wird heute gerade in konservativen Milieus skeptisch betrachtet. Aber nicht nur dort gilt das Fernsehen als der größte Erziehungs- und Bildungsfeind im ganzen Land. Unbestritten ist jedenfalls, dass die Etablierung des privaten Fernsehens das gesamte Medium und im Gefolge dieser Entwicklung die politische Kommunikation tiefgreifend verändert hat.

Für Angela Merkels Kanzleramt wird in den frühen Morgenstunden nicht nur die traditionelle Presseübersicht zusammengestellt. Wachsame Augen beobachten, was die diversen Morgenmagazine an Stimmen, Themen, kleinen Katastrophen produzieren. Der Spruch, wonach nichts so alt ist wie die Zeitung von gestern, ist längst nicht mehr auf der Höhe der Zeit. Noch am gleichen Tag, für den Redaktionsschluss der Zeitungen oder die elektronischen Nachrichten am Abend, veraltet die Nachricht aus dem Frühstücksfernsehen. Der Abgeordnete vom linken SPD-Flügel,

der am Morgen angekündigt hat, er werde der Gesundheitsreform nicht zustimmen, muss am frühen Abend überboten
werden: Zum Beispiel durch einen Fraktionsvize aus der
gleichen Partei, der solchen Abgeordneten mit Disziplinie-
rungsmaßnahmen droht. Oder mit drei bis fünf weiteren Abweichlern von der Mehrheitsmeinung. Oder durch Stimmen
aus dem Lager des Koalitionspartners, die sich besorgt über
die neuerliche Uneinigkeit der SPD äußern. Allenfalls zweitrangig wären Kommentare aus den Oppositionsparteien.
Denn dass sie die fehlende Handlungsunfähigkeit der Regierungsparteien beklagen, fällt in die Kategorie des »Erwart-
baren«, das für die Medien grundsätzlich uninteressanter
ist als das Neue.

An der Gesundheitsreform selbst hat sich in diesen wenigen Stunden nichts geändert, und auch nicht an der Wahrscheinlichkeit ihrer Durchsetzung. Politik bleibt auch in Zeiten der schnellen Kommunikation das »langsame Bohren
dicker Bretter«, von dem Max Weber gesprochen hat. Die Prozesse und Prozeduren, die Adenauer Mitte der 1950er Jahre
bewältigen musste, bis die Rentenreform verabschiedet war,
unterscheiden sich wenig von denen, die Schröder oder Merkel bei der Renten- oder Gesundheitsreform zu beachten haben: Da müssen Abgeordnete, Fraktionen und Parteien überzeugt, Koalitionen auf Kompromisse verpflichtet, Mehrheiten
im Gesetzgebungsverfahren gefunden, Lobbyisten und Interessengruppen eingebunden oder neutralisiert werden.

Politik ist mit oder ohne stündliche Fernsehnachrichten
unvermeidlich ein langsamer Prozess. Jedes Thema, jedes
Gesetz, jede Reform braucht »seine Zeit«. Und jede Entscheidung erfordert tausend interne Beratungen, bevor sie
»spruchreif« ist. Adenauer, Brandt, Schröder, Merkel – alle
Spitzenpolitiker machen dabei mindestens einmal die Erfahrung: Man glaubt sich fast am Ziel – da passiert etwas Uner-
wartetes, und man muss von vorn anfangen.

Aber nur Schröder und Merkel müssen damit rechnen, dass jeder einzelne Schritt in solchen Prozessen in der Öffentlichkeit verhandelt wird, als ginge es um alles oder nichts. Denn das Tempo vermehrt zwangsläufig die schlechten Nachrichten: Zeitungsredaktionen, Online-Dienste, Fernsehsender wetteifern um Einwände, Blockaden, Hindernisse, Streit. Das jeweilige Sachthema allein kann die Maschinerie nämlich nicht füttern. Denn nichts entzieht sich den Medienmechanismen so gründlich wie Langsamkeit. Deshalb unterscheiden sich Adenauers Rente und die Sozialreformen von Schröder und Merkel nicht nur in der Substanz: Adenauer hat Zuwächse verteilen können, Schröder und Merkel müssen über Zumutungen reden. Die Beschleunigung verändert die Wahrnehmung dieses Prozesses grundlegend. Und weil die Kommunikation der öffentlichen Angelegenheiten, die Art und Weise, wie sich die Regierten und die Regierenden verständigen, ein Grundstoff von Politik ist, verändert das neue Tempo die Politik. Einwände, Kritik, Hemmnisse, institutionelle und machtpolitisch motivierte Blockaden sind ja unvermeidliche Begleiter jeder politischen Handlung, überhaupt von demokratischer Politik in einer offenen Gesellschaft. Und diesen Teil des politischen Prozesses laden die Medien zwangsläufig auf.

Denn der Hunger der Medien nach stets neuen Nachrichten ist durch Sachverhalte, bei denen sich manchmal über Tage und Wochen nichts Wesentliches bewegt, nicht zu stillen. Wer aber unter Politikern nach Streit und Kontroversen sucht, geht selten mit leeren Händen vom Schauplatz. Aus 600 Abgeordneten, fünf Fraktionen, den Parteien, Ministerien, aus Bund, Ländern und Gemeinden, nicht zuletzt den zahllosen Verbänden, Interessengruppen, der Selbstverwaltung der Sozialsysteme lässt sich stündlich Konfliktstoff generieren.

Die Methode hat einen unvermeidlichen Nebeneffekt, der wiederum die öffentliche Wahrnehmung beeinflusst. Online-Medien, Nachrichtenagenturen, Zeitungen und Sender werden mit Nachrichten und Informationen oft erst einmal gefüttert, bevor Zeit ist für die eigentliche journalistische Aufgabe, nämlich für die Fragen nach Relevanz und Einordnung der bereits vermeldeten Neuigkeiten. So entstehen Nachrichten mit geringer Verlässlichkeit. Für den Bürger ist es aber gleichgültig, ob es Medien oder Politiker sind, die ständig korrigieren, was gerade noch als wichtig und richtig galt. Wie der Chor der griechischen Tragödie begleiten diese Medienmuster mit durchdringend warnender Stimme jedwede Politik und jeden Politiker.

So ist Schröders »Basta« zur Stil-Ikone seiner Kanzlerschaft geworden. Wer erinnert sich schon noch daran, dass es zuerst zwecks Durchsetzung einer Reform der Rentensicherung gerufen worden ist, die von der öffentlichen Meinung dringend gefordert wurde? Und dass es adressiert war an eine Versammlung von Gewerkschaftern, die dieser öffentliche Mainstream als die schlimmsten Reformverweigerer angeprangert hat? Der politische Inhalt, um den es geht, verschwindet hinter dem »Basta«, weil es die tauglichere Symbolik liefert, die des Konflikts. Denn Konflikt verspricht, was die politische Sache selbst einfach nicht im Stundentakt bieten kann: neue Nachrichten, Veränderung, Wechsel – und Menschen aus Fleisch und Blut, Politiker, über die immer wieder die diabolische Seite des Politischen sichtbar gemacht werden kann: der Kampf um die Macht.

Welche Risiken und Nebenwirkungen solche Mechanismen für Politik und Politiker haben können, hat die rot-grüne Ära in aller Deutlichkeit gezeigt. Schröder hat öffentliche »Basta«-Inszenierungen auch immer wieder gesucht, weil sie das Bild vom tatkräftigen Machtmenschen gefördert – und das des orientierungslos tastenden Modernisierers, der er in erster Linie war, überdeckt haben. Wie kein anderer hat er damit auch herausgefordert, dass die Öffentlichkeit seine tatsächliche Macht immer wieder auf die Probe gestellt hat.

Vor allem nach der Wiederwahl 2002, aus der Rot-Grün mit einer sehr schwachen Bundestagsmehrheit noch einmal als Sieger hervorgeht, wird das Spiel mit den Abweichlern zur täglichen Übung. Es ist angesichts der Mehrheitsverhältnisse nicht unplausibel: Wenn ein Sender, ein Magazin, eine Zeitung zusätzlich zu Hans-Christian Ströbele von den Grünen und Ottmar Schreiner (SPD) noch zwei, drei, vier weitere Abgeordnete präsentieren kann, die ihr Nein ankündigen, dann ist die Frage erlaubt: Bundeskanzler ohne Mehrheit? Schröder gewinnt trotzdem alle wichtigen Abstimmungen im Bundestag. Seine schwache Macht gibt er am Ende, mit dem Rücken an der Wand, freiwillig preis.

Zwischen der Neuwahl-Ankündigung am Abend der nordrhein-westfälischen Landtagswahl und der Vertrauensfrage im Bundestag am 2. Juli, die den Weg zu Neuwahlen frei machen soll, liegen sechs Wochen. In dieser Zeit kann Schröder seiner Begründung vom Wahlabend, er wolle für seine Reformagenda eine Legitimation bei den Wählern suchen, öffentlich nichts hinzufügen, ohne die grundgesetzlich vorgeschriebene Schrittfolge zu verletzen. Die Medien füllen den leeren Raum mit Spekulationen über die Frage, ob die angekündigte Vertrauensfrage ein verfassungskonformer Weg zur Neuwahl sei.

In Zeitungen und Magazinen wird der Vorwurf formuliert und breit entfaltet: Schröder suche absichtsvoll und willkürlich den Nachweis, dass er das Vertrauen seiner rot-grünen Regierungsmehrheit nicht mehr habe. Die Medien, die drei Jahre lang immer wieder fehlende Bundestagsmehrheiten vorhergesagt haben, bezweifeln nun, nach einer verheerenden Wahlniederlage, Schröders Behauptung, dass er sich auf keine verlässliche Mehrheit mehr stützen könne. Es ist die Stunde der Heuchelei. Jeder politische Beobachter weiß: Nach dem Verlust der Hochburg Nordrhein-Westfalen steht Schröder vor einem Prozess der Zermürbung durch die eigene Partei, der in der Berichterstattung über die Schröder-Kritiker in der SPD und in unzähligen Kommentaren vor dieser Landtagswahl öffentlich vorhergesagt worden ist. Jetzt wollen viele Zeitungen ihren eigenen Berichten nicht mehr glauben. Nach der Neuwahlankündigung werden die Pro-Schröder-Bekenntnisse der rot-grünen Abgeordneten, die vor der Wahl immer wieder als Abweichler von Schröders Kurs aufgetreten sind, als Beweis für eine verlässliche Mehrheit genommen

Der zahlt übrigens mit gleicher Münze zurück. Das Dossier, das Schröder dem Bundespräsidenten vorlegt, um seine Sicht einer nicht mehr vorhandenen verlässlichen Mehrheit zu erklären, besteht fast ausschließlich aus Zeitungsausschnitten, die über den schwindenden Rückhalt für den Bundeskanzler in den rot-grünen Regierungsfraktionen berichten.

Angela Merkel lernt aus den Erfahrungen ihres Vorgängers. Die erste Bundeskanzlerin, die im Unterschied zu Schröder keinerlei Fernsehbegabung mitbringt, macht das Beste aus dem Überdruss an den rot-grünen Selbstdarstellern. Sie schwört jeder vordergründigen Inszenierung ab und betreibt mit Erfolg ihre eigene, die Stilistik der präsidialen Selbstbescheidung. Wenn eine Gesundheitsreform gemacht werden muss, setzen sich die öffentlichen Konfliktmechanismen zwar ebenso durch wie unter Rot-Grün. Aber weil Merkel selbst kein Getöse macht, provoziert sie auch keines. Das drosselt das Tempo. Deutsche Debatten füllen die Lücken: Dauerkontroversen um Rauchverbot und Tempolimit kann eine Regierungschefin, zumal eine, die bei Kohl gelernt hat, bequem aussitzen.

Doch bis heute findet die CDU-Vorsitzende Merkel keinen angemessenen Weg, in und mit ihrer Partei das schlechte Bundestagswahlergebnis der Union ernsthaft zu analysieren.

Denn unter der Hand ist für Merkel – wie für jeden anderen deutschen Parteichef – die Geschlossenheit der eigenen Reihen zum höchsten aller Werte geworden. Daran zeigt sich die paradoxe Macht der Medien. Vor ihrer Fähigkeit, jeden innerparteilichen Konflikt zum bedrohlichen Machtkampf aufzuladen, haben alle Politiker gehörige Angst.

Nicht anders, aber erfolgreicher als Schröder nutzt sie die Gesetze der Medien aber auch zur Reform der CDU: Wo öffentlicher Rückhalt zu erwarten ist, wie in der Familienpolitik, bewegt sie ihre Partei zu neuen Positionen, und das medientypische Streitmuster hilft dabei. Seit die Union und ihr kirchliches Umfeld den Medien schrillen Stoff bieten und zahllose Talkrunden deshalb über Wochen hinweg das Thema immer wieder neu bedienen, wird die Familienministerin zum Star – und avanciert so zum politischen Gewicht in der Union. Merkel schafft, was Schröder vergeblich versucht hat. Die Bundeskanzlerin verändert ihre Partei durch Regierungshandeln. Parteibeschlüsse sind nur Nachvollzug. Ähnlich erfolgreich wie in der Familienpolitik und womöglich noch weitreichender ist ihre Intervention zur Filbinger-Rede des baden-württembergischen Ministerpräsidenten Günther Oettinger. Merkel nutzt den öffentlichen Druck auf Oettinger zur öffentlichen Intervention, mit doppeltem Lohn. Sie zeigt erstens, wer in der CDU das Heft in der Hand hat. Und zweitens erzielt sie, mit der öffentlichen Meinung auf ihrer Seite, beträchtliche Wirkung auf die politische Ausrichtung ihrer Partei: So, wie Oettinger es versucht hat, wird die CDU ihren verlorenen rechten Rand künftig nicht mehr bedienen können.

Risiken hat diese Methode, Ereignisse zum Konflikt zu stilisieren, allerdings auch für die Medien selbst. Denn der Zwang zum immer Neuen hat eine Kehrseite: die Ermüdung. Wer zehnmal wegen eines politischen Konfliktes Macht- oder Personalwechsel suggeriert, die nicht kommen, vermag beim elften oder zwölften Mal kaum noch Interesse dafür zu wecken.

In der zweiten Wahlperiode von Rot-Grün wird die Kabinettsumbildung zum Dauerbrenner, an der sich bis hin zur *Frankfurter Allgemeinen Sonntagszeitung* alle beteiligen. Sie ist ein Beispiel für mediales Politikmachen. Oder besser gesagt: Politikmachenwollen. Die präsentierten Ministertableaus nähren sich zum geringsten Teil aus ernst zu nehmenden Quellen. Natürlich finden sich, vor allem nach der Ankündigung der Agenda-Reformen, in der aufgewühlten SPD-Fraktion genug Abgeordnete, die gedankliche Planspiele über die Frage anstellen, was Schröder unternehmen kann, um aus der Krise zu kommen. Es gehört keine Phantasie und wenig politische Bildung dazu: Neue Gesichter und Regierungsumbildungen sind Klassiker der Krisenbewältigung. Dass Abgeordnete über die Pläne und Absichten ihrer jeweiligen Spitzenleute spekulieren – in der Art, wie deutsche Stammtische in die Rolle des Bundestrainers schlüpfen und die Nationalelf aufstellen – ist, zumal in schwierigen Situationen, völlig üblich.

Wer es nur einmal erlebt hat, weiß, dass Abgeordnete so wenig Kanzler sind wie Stammtische Bundestrainer. Trotzdem wird mindestens sechsmal – das Thema hält sich jeweils für einige Tage – Schröders Kabinett umgebildet. Allerdings nur in den Zeitungen. Einen Tag vor der Landtagswahl in Nordrhein-Westfalen – zwischen Schröder und SPD-Chef Franz Müntefering ist die Neuwahl bereits besiegelt – wird die rot-grüne Ministerriege noch einmal erneuert: »Geheimplan! So bildet der Kanzler sein Kabinett um«, meldet *Bild* am 21. Mai 2005. Tatsächlich bleibt Schröders zweites Kabinett von ersten bis zum letzten Tag unverändert. Nur die grüne Verbraucherministerin Renate Künast legt ihr Amt vorzeitig nieder – nachdem die Neuwahl beschlossene Sache ist.

Nach dem Regierungswechsel zur großen Koalition zeigt sich eine interessante Kluft. Das Publikum ist erstaunlich zufrieden mit Merkels Koalition und der Bundeskanzlerin – die Medien verteilen schlechte Noten und finden ihre Rolle nicht. Erstaunlich ist die Zufriedenheit der Bürger nicht nur, weil ihre Urteile zur Sachpolitik im Einzelnen, zum Beispiel zur Gesundheitsreform, ziemlich schlecht ausfallen. Auch niedrige Wahlbeteiligungen bei Landes- und Kommunalwahlen oder das Verharren der Volksparteien im 30-Prozent-Getto deuten darauf, dass die große Koalition am grundsätzlichen Verlust des Vertrauens in die Politik nichts geändert hat.

Es könnte aber sein, dass die Bürger mit dieser Regierung nur deshalb zufrieden sind, weil die große Hektik aufgehört hat. Die große Koalition kann Abweichler in zweistelliger Größenordnung aushalten. Deshalb ist das Konfliktmuster der rot-grünen Zeiten nicht mehr anwendbar. Seit die Volksparteien in einer Regierung sitzen, funktioniert die öffentliche Dramaturgie nicht mehr, die Politik als einfaches Rollenspiel – Schwarz gegen Rot – aufführt. Vielleicht haben die gegensätzlichen Reaktionen der professionellen Öffentlichkeit und der Bürger die gleiche Quelle. Was viele Journalisten als zäh und langweilig empfinden, gefällt den Bürgern ganz gut: Es ist einfach mehr Ruhe und Nüchternheit eingekehrt.

Denn in zwei verschiedenen Geschwindigkeiten bewegen sich nicht nur Politik und Medien, sondern erst recht Medien und Bürger. Menschen aus allen Schichten können der Politik aus guten Gründen nur einen beschränkten Platz und wenig Zeit einräumen. Wer arbeitet, eine Familie, Kinder, Freunde oder Angehörige hat, wer Musik hört, Bücher liest, interessanten oder banalen Freizeitvergnügen nachgeht, konsumiert oder verfolgt die öffentlichen Angelegenheiten notwendigerweise anders als professionelle Politik-Teilnehmer – erst recht, seit das Phänomen der Beschleunigung ohnehin allen Menschen in vielen Lebensbereichen begegnet. Allein durch die Wissensexplosion und die technologischen Umwälzungen wird der Takt unserer Zeit immer schneller. Doch je mehr Flexibilität, Mobilität, Veränderungsbereitschaft die Verhältnisse den Bürgern abverlangen, desto weniger werden sie sich freiwillig auch noch der hektischen Abfolge von politischen Millimeterschritten aussetzen. Viele Bürger entziehen sich dem öffentlichen Tempo.

Was folgt daraus für die Politik? Wenn sie die Bürger noch interessieren soll, muss sie den öffentlichen Stoff als wichtig kenntlich machen. Was aber ebenso schnell verschwindet, wie es aufgetaucht ist, kann gar nicht wichtig sein. Die schnelle Abfolge von Konflikten, Themen, Zerreiß- und Machtproben, als die Politik in der Themenagenda der Medien erscheint, zerlegt langsame, widersprüchliche Prozesse in viele kleine Bilder. Niemand weiß – und erst recht kann niemand steuern –, wer wann welches dieser Einzelbilder wahrnimmt und wie es bewertet wird.

Auch für die Medien liegt die Gefahr auf der Hand: Das Tempo, das stündlich Neues bieten will, ist in Wahrheit ein großer Gleichmacher, wenn es um Fragen geht, die Wochen, Monate oder Jahre für ihre Entwicklung brauchen. Denn die Geschwindigkeit macht ununterscheidbar, was mehr, was weniger bedeutet, was feststehende Tatsache, was Spekulation ist. Das Tempo beraubt die Journalisten ihrer elementaren aufklärerischen Aufgabe: Informationen, Entwicklungen, Machtkämpfe nach ihrer Relevanz und Bedeutung auszuwählen, einzuordnen und zu vermitteln. Und das kostet Vertrauen bei Lesern, Zuhörern und Zuschauern. Sie spüren, dass immer unglaubwürdiger wird, was Zeitungen und Fernsehen ihnen vorsetzen.

# 6. Die Jagd nach Aufmerksamkeit

## Attention – Kampf um ein knappes Gut

Aufmerksamkeit ist zur entscheidenden Größe geworden, für alle, die ein Waschmittel, ein Sendeformat, eine Marke oder eine Botschaft im öffentlichen Bewusstsein platzieren wollen, bei Konsumenten, Zielgruppen, Aktionären oder Wählern. Denn man muss ja erst einmal durchdringen, im großen, unentwegten Rauschen der modernen Medienwelt. Es leuchtet ein, dass die Allgegenwart der elektronischen Massenmedien die ständige Steigerung der Aufmerksamkeitsreize geradezu zwingend verlangt. Und ebenso liegt auch auf der Hand, dass sich auf ein gefährliches Rennen einlässt, wer hier mitmacht. Denn jede ständige Steigerung, welcher Droge und Dosis auch immer, provoziert irgendwann das Gegenteil von Aufmerksamkeit, nämlich die Abstumpfung. Wenn die Ermüdung die Kehrseite des schnellen Tempos ist, dann ist Gleichgültigkeit die Kehrseite der Jagd nach Aufmerksamkeit.

Die Politik, die mit dem empfindlichen Gut Vertrauen handelt, ist deshalb in eine echte Zwickmühle geraten. Sie muss tatsächlich um Aufmerksamkeit kämpfen und begibt sich damit gleichzeitig immer in die Gefahr, ihre Bedeutung zu dementieren. Denn wer sich angleicht an die Muster und Mechanismen, mit denen für Deutschlands neuen Superstar, für Autos oder Investmentfonds geworben wird, kann nur schwer glaubhaft machen, dass es bei seiner Sache um das Gemeinwohl, die Zukunft, Krieg, Frieden und Gerechtigkeit, um höhere Werte geht.

Dem politischen Journalismus geht es nicht anders. Wie der Politiker in den Massenmedien kämpfen politische Journalisten in ihren jeweiligen Medien um den Platz für das Politische, der seit der Einführung des Privatfernsehens immer unbestimmter geworden ist. Und ihr Dilemma ähnelt dem der Politik. Politainment oder Infotainment sind gängige Begriffe geworden für die verschwommenen Grenzen zwischen E und U, zwischen Ernst und Unterhaltung. Politische Journalisten sehen wie Politiker ihr Problem: Kaum jemand widerspricht dem Befund einer allgemeinen Verflachung, eines Trends zu Sensation und Aufregung, zum schrillen Ton, zur Übertreibung. Unter Printjournalisten wird mit pessimistischem Unterton über das Überleben der Zeitung diskutiert, wobei auf das Bekenntnis, dass man an ihre Zukunft glaubt, fast immer die Klage folgt, dass diese von Verlegern, Chefs, Online-Moden, mit immer größeren Fotos und immer weniger Text, mutwillig aufs Spiel gesetzt werde.

Um das Politische muss in allen Medien gekämpft werden. Bei den Fernsehnachrichten der privaten Sender rangiert es ohnehin auf den hinteren Plätzen nach Katastrophen, Promis, Problem- oder Eisbären. Doch auch der *Spiegel*, über Jahrzehnte das Leitmedium für politischen Journalismus, hat schon seit einigen Jahren ein Identitätsproblem. Es spricht für sich, wenn *Bild* seit ein paar Jahren in Zeitungsredaktionen als das Leitmedium gilt, obwohl das nach der Untersuchung von Weischenberg eine Qualitätszeitung, nämlich die *Süddeutsche*, ist.

Politiker und politische Journalisten, beide angewiesen auf einen Ort für das Politische, machen aus ihren Nöten keine Tugend, sondern das Schlechteste: Sie begeben sich immer offensichtlicher gemeinsam auf die Jagd nach Aufmerksamkeit.

Politiker jeder Couleur und Bedeutung geben heute grollend an, sie seien doch die Deppen der Nation, die für eine vergleichsweise unterbezahlte 60-Stunden-Plackerei Undank und Beschimpfungen ernteten und die unter einer launischen öffentlichen Kontrolle stünden, die zudem von fragwürdiger Moral sei. Der latente Groll der Politiker auf die Journalisten und die Dauerklage der Journalisten über Politiker, deren einziges Bestreben es sei, sich in Szene zu setzen hat, ist der interne Grundton der Berliner Misstrauensgemeinschaft, die gleichzeitig ein Geschäft zum gegenseitigen Vorteil, nämlich dem der öffentlichen Präsenz, ist.

Denn natürlich stimmt es: In Berlin-Mitte gibt es keinen Politiker, der nicht schon die Erfahrung gemacht hätte, dass in irgendeiner Zeitung über ihn und seinen Verantwortungsbereich halbe Wahrheiten oder ganze Lügen gestanden haben. Doch andererseits hindert ihn das in aller Regel keineswegs, alle Schlechtigkeiten zu glauben, die über das konkurrierende politische Lager gemeldet werden. Und der vollständige Verlust des kühlen Kopfes tritt regelmäßig dann ein, wenn ein Politiker abfällige Äußerungen eines Parteifreundes über seine Person in einer Zeitung liest. »Parteifreund« ist bekanntlich die äußerste Steigerungsform von »Feind«. Selbst mit allen Wassern gewaschene Haudegen wittern eine planmäßige Verschwörung, wo Journalisten nur einen Halbsatz leichtfertig zur Schlagzeile gemacht haben. Deshalb kann sich jede steile Meldung schnell zum kleinen Machtkampf auswachsen. In der Mediendemokratie gibt ganz schnell ein Wort das andere. Politiker kommunizieren untereinander erstaunlich oft »über die Medien«. Sie glauben dort gemeldeten Kampfansagen und Intrigen manchmal eher, als zum Telefon zu greifen und den Parteifreund zu fragen, was es mit den Berichten auf sich hat.

Bei den Plagegeistern der Medien finden Politiker eben auch die Entschädigung für die schlecht bezahlte 60-Stunden-Woche: Bekanntheit. Bundestagsabgeordnete suchen bei Google oder in der Presseschau nach ihren Spuren in der Öffentlichkeit. Journalisten fragen »Läuft das?« und sehen in den Agenturen nach, ob ihre exklusiven Geschichten nicht nur ihre Leser erreichen, denen ja egal ist, ob der Abgeordnete Meier den Kanzler exklusiv beschimpft hat.

Die Ruhmsucht ist zur großen Versuchung für die Politik geworden. Die Verführung ist ein Kinderspiel, der Zugang zum Stoff jederzeit möglich, die öffentliche Darbietung das Gegenteil einer angemessenen Inszenierung. Denn hier sitzen Medien und Politik, die sich so oft gegenseitig die Verantwortung für Oberflächlichkeit und Verflachung geben, in einem Boot. Der offiziell verachtete Geltungsdrang der Politiker stillt den Nachrichtenhunger der Medien, und der wiederum schafft Politikern Gelegenheiten, sich öffentlich in Szene zu setzen. Der Politiker, den es auf den Bildschirm oder in die Zeitung drängt, findet immer einen Interessenten auf der Seite der Medien. Und die Medien finden immer Abgeordnete, innerparteiliche Konkurrenten, zurückgesetzte Altvordere, die ihren Kanzlerinnen, Fraktions- oder Parteichefs widersprechen, um öffentliche Aufmerksamkeit für ein Wort zu finden, aus dem sich eine steile These machen lässt. Man kann es als Politiker weit bringen, wenn man die Medien in dieser Weise bedient oder benutzt. Bekanntheit hat Höchstwert im öffentlichen Betrieb, und sie muss hart erarbeitet werden: gegen die unendliche Konkurrenz der Gesichter, die das Massenmedium Fernsehen präsentiert. Längst gibt es Sportler oder Entertainer, neuerdings auch Nachrichtensprecher und Polit-Talker, die viel bekannter sind als Bundesminister oder SPD-Chefs.

»Aufschwung, Sonne, Knut, geht's uns wirklich wieder gut?« heißt ein Sendetitel von »Christiansen« im März 2007. Auch die Medienstars müssen mithalten bei der Jagd um Aufmerksamkeit: Eingeladen sind unter anderem Sarah Wagenknecht, orthodoxer Flügel der Linkspartei, und Gabriele Pauli, die »schöne Landrätin« und Stoiber-Kritikerin aus Bayern. Von seinem Publikumsplatz aus nimmt der Pfleger von Knut, dem Berliner Eisbärenkind, teil. Es ist ein beinahe komischer Versuch, in der veränderten politischen Konstellation Aufmerksamkeit zu finden. Und wofür eigentlich? Für Pauli, für Knut, für Politik? Oder für Christiansen und für die Medien selbst?

Das Lamento des Polit-Talks über die reformunfähigen Deutschen ist in einer Krise. Sie wird vorerst durch permanente Beschäftigung mit sich selbst überdeckt: Wer folgt Christiansen, warum heißt »Berlin-Mitte« jetzt »Illner«, wie viel kostet Anne Will, wer hat Maischberger am besten vertreten? Die ARD entschließt sich nach wochenlangen Diskussionen über den Sendeplatz für »Hart, aber fair« mit Frank Plasberg für einen Schnitt ins Gefüge ihres politischen Informationsangebots: Die »Tagesthemen« müssen für den neuen Talk am Mittwochabend später anfangen als zur gewohnten Zeit. Dass Plasberg vom dritten ins erste Programm wandert, ist Ergebnis einer medialen Selbstsuggestion. Die ARD, von der Absage Günther Jauchs, der nicht die Nachfolge von Sabine Christiansen antreten will, überrascht und heftig in der öffentlichen Kritik, antwortet auf die öffentliche Blamage und den internen Konflikt um die Nachfolge mit einem Doppelschlag: Die renommierte Tagesthemen-Moderatorin Anne Will übernimmt am Sonntagabend Christiansens Sendung, aber auch der viel gelobte Plasberg soll ins ARD-Abendprogramm aufrücken. Wieder einmal soll die Jagd nach Aufmerksamkeit durch die Steigerung der Dosis gewonnen werden: mehr vom Neuen – in diesem Fall sogar zu Lasten der »Tagesthemen«, die immer noch jede private Konkurrenz schlagen. Der öffentliche Effekt schlägt die eigene Substanz.

Die ständige Jagd nach Aufmerksamkeit, die endlose Abfolge von schnellen und schnell vergessenen *quotes*, Stimmen und Einwürfen stumpft ab. Sie ist das Gegenteil eines öffentlichen Diskurses über Politik. Denn die Wirkung besteht in aller Regel nur in einer kurzen Erregung, bis – im Journalisten-Jargon – »die nächste Sau durchs Dorf getrieben wird«. Wieder schaffen Politiker und Medien in trauter Eintracht ein öffentliches Paradox. Die Aufmerksamkeit der Bürger, die durch Zuspitzung, Tempo und steile Thesen erreicht werden soll, diese Aufmerksamkeit wird durch ständigen Gebrauch abgenutzt und verspielt. Wer nur noch Säue durchs Dorf laufen sieht, kann doch gleich dorthin schalten, wo echte Unterhaltung geboten wird. Gegen Pamela Anderson, so lautet eine Weisheit aus der US-Wirklichkeit, gegen die Baywatch-Schönheit hat selbst Bill Clinton keine Chance. Beide, Politiker und Medien, sägen auf die Dauer am eigenen Ast, wenn Aufmerksamkeit zur ersten Währung gemacht und um jeden Preis gesucht wird.

## Politik als Bühne: Aussteiger und Rückkehrer

Sie müssten alle Lichtgestalten sein, die Politiker, um die an sie gerichteten Erwartungen erfüllen zu können. Aber Demokratien müssen auf die Normalsterblichen zurückgreifen. Genauer: auf die besondere Sorte Mensch unter den Normalsterblichen, die sich angezogen fühlt von der Sphäre von Öffentlichkeit und Macht, wo Gemeinsinn und Ehrgeiz, hehre Ziele und blanke Machtlust nahe beieinander liegen. Solche Menschen kommen, zum Beispiel, morgens ins Büro und fragen erst mal »Paperball«. So erfuhr der grüne Bundestagsabgeordnete Cem Özdemir über die einfache Eingabe Ö-z-d-e-m-i-r, was in den letzten 24 Stunden alles über ihn geschrieben oder zitiert wurde – und nebenher den neuesten Stand des türkischen Fußballs, denn seinen Namen tragen auch einige türkische Provinzfußballer. Özdemir kommt ins Gerede und verzichtet 2002 auf seine Bundestagsbewerbung, weil er sich mit dem Berater Moritz Hunzinger zu sehr einge-lassen hat, wie auch der ehemalige Verteidigungsminister Rudolf Scharping. Özdemir hat als Europaabgeordneter ge-lernt: Er hat sich nicht aus der Politik, aber aus ihrem Büh-nenlicht zurückgezogen.

Das Bedürfnis nach Medienpräsenz und -übersicht ist kei-neswegs Ausdruck außergewöhnlicher Eitelkeit. In der zwei-ten und dritten Reihe der Politik und erst recht auf den Hin-terbänken, da wird schon ordentlich beachtet, gesammelt und abgeheftet, was über die eigene Person geschrieben wird.

Heide Simonis, lange Jahre Ministerpräsidentin in Schles-wig-Holstein, wurde nach ihrer grausamen Niederlage im März 2006 mit zwei Aussagen immer wieder zitiert. »Ja, wo bleib' denn ich dabei«, hat sie, ganz aus dem Bauch, bei »Beckmann« geantwortet, als der unmittelbar nach der Land-tagswahl in Schleswig-Holstein die naheliegende Frage nach einer großen Koalition gestellt hat. Ihr forsches Wort, dass sie Depressionen bekommt, wenn sie fünf Minuten keiner grüßt, war nach ihrem Scheitern wie gemacht für Betrach-tungen über Politiker, die ohne die Macht nicht mehr leben können. Aus der anerkannten ersten Ministerpräsidentin, der im hohen Norden beliebten Rheinländerin mit den Hü-ten und der kessen Lippe, wurde kurzerhand »Pattex-Heide«.

Dass Politiker die Macht nicht loslassen, ist ein sattsam bekanntes Phänomen. Heide Simonis' Verweilen über die Zeit hinaus verblasst in dieser Hinsicht sogar vor anderen peinlich-eindrucksvollen Fällen. Kurt Biedenkopf, ein voraus-blickender Kopf, hat versucht, fünf vor zwölf seinen einst-mals von ihm selbst designierten Nachfolger Georg Milbradt zu meucheln, der es dann trotzdem wurde. Helmut Kohl wie-derum ernennt Wolfgang Schäuble 1997 huldvoll und beiläu-fig zu seinem Erben – nachdem er klargestellt hat, dass er selbst auch noch die nächste Kanzlerrunde anvisiert. Schäu-ble hat gerade in Leipzig eine Parteitagsrede gehalten, die weitaus stärker beachtet worden ist als die des Kanzlers, und die meisten Delegierten und Journalisten sind schon abgereist, als Kohl seinen Wunsch verkündet, »dass Wolfgang Schäuble einmal Bundeskanzler wird«. Selbst Adenauer ist schließlich der Versuchung erlegen. Als seine Kanzlerzeit unwiderruflich zu Ende ist, macht er noch den vergeblichen Versuch, Bundespräsident zu werden.

Sie alle konnten von der Macht nicht lassen. Doch Simonis bringt ein neues Phänomen auf den Punkt: Sie kann von der öffentlichen Beachtung nicht lassen. In den Generationen von heute gilt das Beharrungsvermögen auf den politischen Posten oft nicht den Dienstwagen, dem Amt, der Macht, sondern der öffentlichen Aufmerksamkeit. Um Aufmerksamkeit wird gekämpft, für Aufmerksamkeit wird sogar politische Wirkung geopfert. Das zeigt das Beispiel des grünen Bundestagsabgeordneten Oswald Metzger, der als ausgesprochener Medienliebling die wirtschaftspolitische Vernunft der Grünen personalisiert, darüber aber den Rückhalt bei den eigenen Leuten verliert. Denn nach deren Gefühl kämpft er nur öffentlich, nicht aber in den grünen Gremien um die Mehrheitsfähigkeit seiner Position. Das zeigt sich, wenn der »Seeheimer Kreis« der SPD-Bundestagsfraktion sich, entgegen dem eigenen Profil als Ordnungsfaktor in der Fraktion, sich mit Johannes Kahrs einen Sprecher leistet, der als hochgradig unseriös gilt. Kahrs schafft es mit seinen schrillen Interventionen, dass die »Seeheimer«, um die es ziemlich still geworden war, wieder ein Begriff in der Öffentlichkeit werden.

Die Verschiebung zwischen Macht und Ruhm zeigt sich an den Großmeistern der dramatischen Rückzüge. Der spektakulärste politische Verantwortungsflüchtling ist und bleibt auf absehbare Zeit Oskar Lafontaine. Seit 1999 sucht er die Öffentlichkeit, ohne Rücksicht auf den Einfluss, den er damit gewinnt oder verspielt. Als er noch in der SPD ist, schreibt er eine Dauerkolumne in *Bild* – der sicherste Weg, sich in der SPD auch die letzten Sympathien zu verscherzen, denn Sozialdemokraten kritisieren ihre Kanzler und Minister nicht über Springer-Medien. Eine scharfe Attacke gegen Gerhard Schröder reitet Lafontaine 2004 im *Spiegel*, als die SPD wegen der Reformagenda ins Tief rutscht. Das Interview erscheint mitten im saarländischen Landtagswahlkampf; Lafontaine verspielt damit in »seiner« Saar-SPD sein immer noch hohes Ansehen, weil er der jungen SPD-Mannschaft, die ohnehin auf aussichtslosem Posten kämpft, aus offenkundigen Eigennutz das Leben noch schwerer macht. Seine Rückkehr in die Politik ist in erster Linie eine Rückkehr ins Rampenlicht. Als Lafontaine auf einem Wahlkampfplakat den Wählern direkt in die Augen, Gregor Gysi jedoch neckisch-devot zu Lafontaine aufblickt, ist das eine öffentlich bekundete Verstimmung zwischen den beiden wert. In der Bundestagsfraktion der Linkspartei teilen sich die beiden die Macht problemlos – für beide jeweils ein Halbtagsjob, bei dem sie sich nicht ins Gehege kommen.

Getragen und motiviert durch öffentliches Renommee, nicht aus Ämtermacht bestreitet Horst Seehofer (CSU) seit langer Zeit seine Kämpfe. In der Kohl-Ära Bundesgesundheitsminister, muss er in der ersten Phase der Oppositionszeit der Union sein angestammtes Feld in der Fraktion räumen. Denn es entspricht dem Komment, dass ein Ex-Minister seinem Nachfolger im Amt nicht als Sprecher der Opposition gegenübersteht. Doch alle Versuche, die Sozialpolitik der Union nach Norbert Blüm neu zu definieren, scheitern – an Seehofer. Seine Stärke ist sein Ruf als letzter aufrechter Sozialpolitiker der Union, den er mit seiner ganzen Erfahrung einsetzt, im Vorder- und im Hintergrund. Es ist mehr als peinlich, es ist kompromittierend, wenn dem *Spiegel* bekannt wird, dass die jungen, neoliberalen Vorwärtsstürmer aus der CDU sich in Gesundheitsverhandlungen mit dem Regierungslager auf Papiere aus der Pharmaindustrie stützen. Die jungen Vorwärtsstürmer vermuten Seehofer als Quelle der *Spiegel*-Erkenntnisse. Seehofers Nachfolger in der Fraktion, Hermann Kues, kommt nicht vom Fleck. Er gibt die sozialpolitische Erneuerung der Union und sein Amt auf. Nicht viel weiter bringt es eine CDU-Sozialkommision unter Leitung des niedersächsischen Ministerpräsidenten Christian Wulff.

Angela Merkel, inzwischen CDU-Parteichefin, arbeitet schließlich mit den allerhöchsten Autoritäten: Erst die Kommission unter Alt-Bundespräsident Roman Herzog leitet den energischen Reformkurs bei Rente und Gesundheit ein, den Merkel im Jahr 2004 gegen heftige Widerstände in der ganzen Union durchsetzen will. Seehofer bildet in diesem Prozess die Speerspitze der CSU unter ihrem Chef Edmund Stoiber, dem Merkels Eifer zu weit geht.

Kurz vor den Parteitagen der beiden Schwesterparteien steigt der Druck zu Einigung und Kompromiss. Und es steigt die Publizität des kampferprobten Seehofer, der sein Strategierepertoire für öffentlich inszenierte Konflikte voll ausreizt: Nie zuvor wurde über Seehofer so viel geschrieben, spekuliert und geschwärmt. Er ringt einsam mit sich; für die Fraktion, sogar für Stoiber ist er tageweise nicht erreichbar, für die Medien immer. Er ist der Robin Hood des deutschen Sozialstaats und der lebendige Kontrast zu den Niederungen der Normalpolitik. Ergebnislose Experten- und Spitzentreffen von CDU und CSU zeigen die Politik wieder von ihrer schlechtesten Seite: nicht nachvollziehbares Gekungel um faule Kompromisse, Zögern bei Stoiber, kaltes Beharren bei Merkel, Unterordnung der sachlichen Fragen unter persönliche Machtinteressen. Neben diesen Niederungen steht Seehofer für eine gute, für seine Sache: einer, dem es nicht nur um die kleinen Leute geht, sondern auch darum, dass Politiker zu ihren Grundsätzen stehen und Überzeugungen nicht Kompromissen opfern.

Der Gesundheitskompromiss von CDU und CSU wird schließlich doch gefunden; aber nicht, wie viele professionelle Beobachter vorher vermutet haben, mit Seehofer an der Spitze – schließlich hätte seine Zustimmung auch den letzten Zweifler überzeugt, dass die Lösung akzeptabel sein muss. Als das Gesundheitsthema einen neuerlichen Machtkampf zwischen den beiden Vorsitzenden der Unionsparteien zu provozieren droht, wird Seehofer zum Gefangenen seiner Dramaturgie. Denn für Stoiber, Merkel und die Medien steht nun ein anderes Stück auf dem Plan. Es geht nicht mehr darum, ob Seehofer und die CSU gegenüber der CDU etwas mehr Soziales durchsetzen. Die Machtfrage schiebt sich vor die Sachfrage. Wer führt die Union?, fragen die Medien. Merkel und Stoiber müssen als Parteichefs beweisen, dass sie die Schwesterparteien einigen können. Stoibers sozialer Vorposten Seehofer wird zum Störfaktor – und wird geopfert. Seehofer kann wirklich nur noch Ja oder Nein sagen, nachdem er mit großer öffentlicher Begleitmusik gefordert hat, die Rede der Politik müsse »Ja, ja« oder »Nein, nein« sein. Mit einem Ja hätte er sich um den Ruf gebracht, mit dem er diese Auseinandersetzung über Wochen hinweg bestritten hatte. Stoiber und Merkel einigen sich auf einen Kompromiss, für den sie sich scharf kritisieren lassen müssen. Seehofer kann dabei zwar nicht Gesundheitsexperte der Fraktion bleiben, wohl aber öffentlicher Held. Bald darauf ist er wieder Bundesminister und ein Faktor in der CSU, mit dem trotz vieler Niederlagen jederzeit zu rechnen ist.

Dasselbe Drama von Rücktritt und Rückkehr auf die politische Bühne zelebriert auch Gregor Gysi, heute neben Lafontaine das bekannteste Gesicht der neuen Linkspartei. Gysi gehört in die Rubrik der »Stars« unter den deutschen Politikern; er fällt schon auf, wenn man ihn nur an der politischen Kultur seiner Partei misst. Wie kaum ein anderer lebt er von einer medialen Schnittigkeit, die vielen ostdeutschen Politikern abgeht.

Ein Teil dieser Fähigkeiten kommt geradewegs aus der DDR-Kultur. Denn Gysi hat neben einem beachtlichen Witz die Fähigkeit, ganz unbefangen im Freund-Feind-, Ja-Nein- oder Schwarz-Weiß-Muster zu agieren, das die schnellen Medien lieben. Und er hat es instinktiv immer verstanden, sein öffentliches Bild so zu zeichnen, dass er, der Mitbegründer der staubgrauen SED-Nachfolge-Partei, für die bundesdeutsche Öffentlichkeit interessant wird und bleibt. In den frühen 1990ern löst er mit Brille und einer Kopfbedeckung, die an das Outfit der jüdischen Kommunisten der 20er Jahre erinnerte, die romantische Assoziation des linken Intellektuellen aus, dem die Rolle der verfolgten Unschuld zufällt. Später spielt er die Rolle des mutigen PDS-Reformators, der – Auslöser seines ersten Rückzugs – als einsamer Kämpfer an der Borniertheit der eigenen Leute scheitert. Die PDS muss ihn laut zurückrufen, als 2001 die Regierungsbeteiligung in Berlin in greifbare Nähe rückt.

Gysi ziert sich und heizt damit die öffentliche Aufmerksamkeit für seine Kandidatur auf – ebenso wie er sich dann später beim Projekt Linkspartei ziert. Das Comeback wird schließlich in himmlischen Sphären verkündet, am Alexanderplatz hoch über den Dächern von Berlin. Gysi tritt auf, als könne er, gäbe es nur eine Direktwahl, der eigentliche Regierende Bürgermeister von Berlin werden. Er wird Wirtschaftssenator, ein mühseliger und undankbarer Posten in dieser Stadt, die jeden Investor auf Knien bitten muss. So glauben bis heute denn auch viele, dass er 2002 gar nicht wegen der Bonusmeilen zurückgetreten ist, die einer der zahlreichen Polit-Skandale im Bundestagswahlkampf waren. Wie andere Politiker hat er die Bonusmeilen dienstlicher Flüge privat genutzt. Nicht wegen dieses Fehlverhaltens, wird in seinem Umfeld und öffentlich spekuliert, ist Gysi zurückgetreten, sondern aus Langeweile und wegen seiner Abneigung gegen Akten. Gysi-Kenner nennen einen dritten Grund, der in Kombination mit dem zweiten einleuchtet: eine Neigung zur Selbstüberhebung, die Gysi in diesen Fall einflüstert, dass er, selbst von seinem Fehler überrascht, der einzige Politiker ist, der daraus die großartige Konsequenz des Rücktritts zieht. Es ist nicht zu bestreiten: wieder einmal ein spektakulärer Zug.

Den Christsozialen Seehofer und den Sozialisten Gysi verbindet übrigens nicht nur das Erlebnis einer schweren Erkrankung, sondern auch die Art, wie sie damit umgehen. Sie haben sich darüber ausgetauscht, wie wenig die Erfahrungen aus dem politischen Betrieb helfen, wenn ein Mensch völlig auf sich selbst zurückgeworfen wird. Aber die öffentliche Sphäre ist eben ihr Lebenselixier: Der Austausch darüber erfolgt auf großer Bühne, per Interview im Millionenmagazin *Stern*.

# 7. Entgrenzungen

## Alles online oder: Im Reich der neuen Möglichkeiten

Der Diskurs über die Mediendemokratie artikuliert entweder ein kulturpessimistisch gefärbtes Unbehagen oder das Gegenteil, eine faszinierte Begeisterung für die neuen Möglichkeiten im Reich der neuen Technologien. Mitte und Maß zwischen diesen beiden Polen gibt es nicht. Die zahlreichen Kongresse, Konferenzen, Medientage, Publikationen und Events im Zeichen der jeweils neuen Trends sind ohne Weiteres in der Lage, kritische Nebenbemerkungen der Pessimisten und Skeptiker zu integrieren. Es gibt einige Medientage, Publikationen, Konferenzen, bei denen sich das Verhältnis von Kritik und Begeisterung umkehrt. Der MainzerMedien-Disput oder die Jahrestagungen des »Netzwerk Recherche«, das der Journalist Thomas Leif gegründet hat, sind verdienstvoll – den Trend bestimmen sie leider nicht.

Die Digitalisierung, nach der Etablierung des Privatfernsehens in den 80ern die eigentliche »kommunikative Revolution«, wird von ihren begeisterten Protagonisten als grundsätzlich »demokratisch« gefeiert: ein Befund, dem auch die Kulturpessimisten nicht widersprechen, obwohl er ein Bluff ist. Das Netz, das World Wide Web, ist tatsächlich offen, zugänglich für jede und jeden, unabhängig von Alter, Geschlecht, ethnischer oder sozialer Zugehörigkeit, Ort und Zeit. In deutlichem Widerspruch zur Demokratie-These steht schon die Art, wie auf den einschlägigen Konferenzen über diese Medien verhandelt wird, die für alle da sein sollten: in einem Avantgarde-Stil, der im wörtlichen Sinne exklusiv ist.

Allein durch die Sprache wird ausgeschlossen, wer nicht unmittelbar den inneren Zirkeln angehört.

Dort, am Drücker, sitzt natürlich eine kleine Gruppe: Vorstände und Manager der großen Medienhäuser, Geschäftsführer und Vorstände von kleinen und größeren Neugründungen. Unter ihnen: Online-Pioniere in den Redaktionen und Geschäftsführungen traditioneller Medien, die Macher und Redakteure der neuen Online-Medien, schließlich die neue Szene der Blog-Aktivisten oder anderer Communities, die zugleich Nutzer und Produzenten sind. Ganz von fern erinnern manche Medientage von heute an die Teach-Ins der revoltierenden Studenten in den 60er Jahren. In beiden Fällen geht die Sache »die Massen« zweifellos etwas an – aber der Digi-Sprech von heute ist nicht weniger weit von ihnen entfernt als der Dutschke-Sprech von damals.

Süffisant beschreibt zum Beispiel die *Frankfurter Allgemeine Zeitung* im April 2007 nach einem Blogger-Kongress in Berlin die Dominanz der »prominenten A-Blogs« – auch in dieser jungen Szene gibt es schon Alphatiere. Sie drehten sich »derart raumgreifend um sich selbst, dass für die anderen kein Vorbeikommen ist«. Man reibe sich an einem gemeinsamen Gegner, den Printmedien – im Bloggerjargon »Holzmedien« genannt –, von denen die Szene allerdings in Wahrheit vorläufig noch hochgradig abhängig ist. Im »Blog-Olymp«, schreibt die Zeitung, »dort kennt man sich, man zitiert und kommentiert sich, spricht denselben Jargon, schreibt über sich und die Medien und bleibt so konsequent unterhalb der Aufmerksamkeitsschwelle all jener Leser, die ihr Leben nicht im Netz verbringen.« Und »nicht im Netz« leben, wenn wir ehrlich sind, eigentlich alle Leser, Zuhörer, Zuschauer.

Es geht in der Welt der Blogger, einer Speerspitze des medialen Avantgardismus, nicht anders zu als in den traditionelleren Medien. Denn die Beschreibung der Szenerie trifft auf nahezu jeden Kongress der Medienbranche zu. Zwar unterscheiden sich die kulturellen Codes, vor allem die Sprache. Doch in dieser Neigung gleichen sich Fernseh-, Magazin-, Zeitungs- und Online-Debatten: Sie sind selbstbezogen. Das Berliner Blogger-Treffens heißt ambitioniert: »re:publica«. Doch zu den öffentlichen Angelegenheiten ist man dort ebenso wenig gekommen wie bei den einschlägigen Medientagungen in der ganzen Republik. Medien reden derzeit über Medien, über Netze, Plattformen, das Web 2.0 und was danach kommen könnte.

Ein Orkan fegt durch die Landschaft, er verheißt neue Welten, den Untergang der alten, märchenhafte Gewinne. Die Digitalisierung der Verbreitungswege von Nachrichten, Information, Unterhaltung, Lebenshilfe und Waren entgrenzt die gewohnten Formate und Formen aller Medien, ob nun Zeitschrift, Zeitung oder Fernsehen. Alle müssen sich durchlässig machen zum Netz, in immer neuen Varianten, die häufig korrigiert werden müssen, weil die technologischen Möglichkeiten sich verändern.

»Blätterwald, der nicht mehr raschelt«, »Der Heuschrecke schmeckt Papier sehr gut«, »Print-Prognose: ein Dutzend weiterer Übernahmen?« oder »Kampf um Standards und fehlende Lizenzen« lauten die Überschriften über den Pressemitteilungen der Münchener Medientage 2006. Das World Wide Web, das »als größtes und bedeutendstes Massenmedium« noch ganz am Anfang stehe, wie es beim »Zukunftsgipfel« der Veranstaltung richtig heißt, fordert alle bisherigen Medien heraus, sich neu zu sortieren.

Fest steht dabei nur eins: Die Vernetzung durch das Internet verändert alle festen Formen. Was eine Zeitungs- oder Fernsehredaktion recherchiert und produziert, wird für die Zeitung oder den Sender auch für andere Medien – Internet, Video, Audiomedien – aufbereitet und verwertet. Möglich, dass der Beitrag des Redakteurs das Publikum seines Senders oder seiner Zeitung erreicht, möglich aber auch, dass seine

Leistung in voller Länge nur noch im Internet abrufbar ist – wer immer sie dort sucht.

Das Panel 10.5 der Münchener Medientage 2006 diskutiert über »Weblogs, Podcasts und Communities – Verändert sich der Journalismus?«. Von Anfang an müsse man »an allen Wasserlöchern präsent sein«, bringt ein Zeitungsmann, der in seinem Blatt fürs Elektronische zuständig ist, die Sache auf den Punkt. Er trifft damit eine Stimmung der »Mainstreammedien«, die von der Angst getrieben sind, den Anschluss an den Medienkonsum und damit die Medienmärkte der Zukunft oder auch nur des nächsten Jahres zu verpassen. Den Begriff der »Mainstreammedien« für Magazine, Zeitungen, Fernsehen verwendet in dieser Diskussionsrunde ein Vertreter der »Social media«, der, als hätte Loriot ihn geschickt, Wolfgang Lünenbürger-Reidenbach heißt, sich selbst zum »Chief Blogging Officer« ernannt hat und außerdem den Titel des »Director Online Conversations« trägt. Sein Selbstbewusstsein speist sich aus dem Argument, das Chefredakteure, Verlagsleiter und Fernsehintendanten seit geraumer Zeit das Fürchten lehrt: »Wenn die herkömmlichen Medien so weitermachen,«, sagt der Chief, »werden sie von den kommenden Generationen nicht mehr wahrgenommen.«

Ob aus der Generation der heute 14- bis 29-Jährigen, die mit dem Internet aufwachsen, noch genug Leser und Abonnenten hervorgehen werden, um die Zukunft der Zeitungen zu sichern, diese Frage treibt alle Zeitungsverlagsleiter und Chefredakteure um.

Zeitungsleute wissen, dass junge Erwachsene selten Abonnenten sind. Bisher hat es immer funktioniert: Der feste Arbeitsplatz, die Familiengründung machen aus einer hinreichenden Zahl erwachsener Menschen Leser und Abonnenten der überregionalen und regionalen Blätter, die in Deutschland eine besonders große Rolle spielen. Ob dieses alte Gesetz bei den Schülern, Studenten, jungen Erwachsenen, die heute in aller Regel ihren Eltern und Lehrern als User von Internet und Handys auf dem jeweils neuesten Stand weit voraus sind, wirksam bleibt, das ist sehr ungewiss geworden.

Die Zeitungsverlage haben sich erholt nach der großen Krise der Jahre 2001 bis 2003. Doch ihre Welt wird nicht wieder wie vorher. Der Anzeigenumsatz, das ökonomische Standbein der freien Presse, ist von 2000 bis 2003 um fast ein Drittel, von 6,6 Milliarden Euro im Jahr auf 4,5 Milliarden, gesunken. Die Auflage deutscher Tageszeitungen, die im Jahr 1993 bei 25,8 Millionen lag, liegt 2005 bei 21,7 Millionen. Der Anteil der Printmedien am Anzeigenmarkt schrumpft von 31,8 % im Jahr 1993 auf 22,8 % im Jahr 2005. Das große Geschäft der Zeitungen, die Rubrikenanzeigen für Autos, Immobilien, Stellenangebote, ist ins Internet gewandert, zum Teil als Online-Angebot von Zeitungen – aber neben ihnen haben sich andere Anbieter fest etabliert.

Ob die Zeitung Zukunft hat, ist keine rhetorische Frage. Die kollektive Angst aller Zeitungsmacher ist echt und nicht unbegründet. Redakteure, Journalisten, Korrespondenten trösten sich gelegentlich auf philosophisch-historischem Niveau. Die Verantwortlichen in der Verlagsgeschäftsführungen suchen nach ökonomischen Krücken. Die visionäre verlegerische Antwort lautet: Die Zukunft der Zeitung ist digital. Es wird sie geben, vielleicht nicht auf gedrucktem Papier, aber online, auf dem jeweils aktuellsten Stand ausgedruckt auf E-Paper, auf elektronischem Papier, das die Branche seit einigen Jahren in einigen Jahren erwartet.

Philosophisch-historisch hat die Zeitung Zukunft, weil die bisherige Mediengeschichte besagt, dass ein neues Medium noch nie ein altes verdrängt hat. Die mündliche Erzählung ist nicht ausgestorben, als Gutenberg den Buckdruck erfunden hat, die schnellen Zeitungen haben nicht das Buch und das Fernsehen nicht die Zeitungen erledigt – folglich wird die Zeitung auch nicht durch das Internet sterben.

Die ökonomischen Krücken der letzten Jahre sind segensreich, für Zeitungsmacher und Konsumenten. Die *Süddeutsche Zeitung* machte es 2004 aus Existenznot vor, viele andere haben nachgezogen: das Neben- und Zusatzgeschäft mit Buch- oder DVD-Editionen. Zwanzig Nebengeschäfts-Editionen wurden Mitte 2005 gezählt: von der »Management-Bibliothek« des *Handelsblattes* über die Hörbuch-Reihe von *Brigitte*, die Volksbibel von *Bild* bis zum *Zeit-Lexikon* und der *Welt- und Kulturgeschichte in 20 Bänden* der *Zeit*.

Doch das erfolgreiche Nebengeschäft ist nur Zubrot, kein ausreichender Ersatz für die verlorenen wirtschaftlichen Bastionen. Und die historische Erfahrung mit der bisherigen Mediengeschichte ist keine Gewissheit: Schließlich passiert alles irgendwann zum ersten Mal. »Zeitung online 2007« heißt das Thema der Jahrestagung des BDZV, des Bundesverbandes der deutschen Zeitungsverleger. Crossmedia oder Online ist der überwältigende Trend im Zeitungsgewerbe. Folgen ihm die Leser? Die neuen Online-Ausgaben und andere Internet-Experimente der Zeitungen sind eine zweifelhafte Gratwanderung. Man will die Leser damit an die Zeitungen binden – und steht gleichzeitig vor der Frage, ob das schnelle Online-Angebot die eigene Zeitung nicht kannibalisiert, weil es schon konsumiert ist, bevor das gedruckte Blatt erscheint.

Ganz besonders bedrängt fühlt sich vom veränderten Medienkonsum der Heranwachsenden aber auch das Fernsehen, zumal das öffentlich-rechtliche – nicht nur, weil das Durchschnittsalter seiner Zuschauer hoch ist: Beim ZDF liegt es derzeit bei 58 Jahren. ARD, ZDF, *Phoenix* oder *Arte* finanzieren sich aus allgemeinen Gebühren, etwas verkürzt gesagt: einer Art Steuern. Ihre grundsätzliche Legitimation gerät in Gefahr, wenn ganze Bevölkerungsgruppen ihnen den Rücken zukehren. Dagmar Reim, Intendantin des RBB, kontert in München den Eindruck, die öffentlich-rechtlichen Sender würden von »Quotenjunkies« regiert, mit dem Argument, ARD und ZDF hätten gegenüber dem Gebührenzahler den Auftrag, auf eine gewisse Akzeptanz ihres Angebots zu achten. Die Heimatmusik wird gebraucht, weil ihre Zuschauerzahlen die Existenzberechtigung der öffentlich-rechtlichen Sender nachweisen.

Über Technologien, Plattformen, Netze wird deshalb allenthalben diskutiert. »Triple Play TV – Fernsehen nach der dritten TV-Revolution« ist der Titel von Panel 5.1 in München, das wieder einmal den Konsumenten zum Sieger des Wettbewerbs ausruft, der um die Plattformen für »Telefon-, Internet- und TV-Dienste über einen Zugang« geführt wird. Die Konkurrenten schwelgen in Wachstumserwartungen, die in den Worten ausgedrückt werden: »Wir freuen uns auf den Krieg mit den DSL-Anbietern.« Dass einige der neuen Wege sich als verlustreiche Sackgasse erwiesen haben, dämpft die Euphorie nicht. Schlechte Erfahrungen werden einfach umgemünzt: Angesichts der neuen Netze müssten die Anbieter sich »ständig neu erfinden«. Der Geschäftsführer der Strategie- und Technologieberatung Booz Allen Hamilton sagt in München voraus: Der Konkurrenzkampf im deutschen TV-Markt werde »brutal«. Der Grundsound ist, trotzdem und deswegen, offensiv. Wie in großen Konzernen unter Rationalisierungsdruck heißen Probleme »Herausforderungen« und auch Strukturveränderungen, die zahlreiche Entlassungen zur Folge haben können, nur »Chancen«.

Revolutionen sind unberechenbar, auch technologische. Welcher Motor setzt sich durch, siegt das Hochrad oder das Zweirad? Die Medienmanager von heute sind nicht dümmer oder klüger als die Pioniere der Industriezeit. Nur wer die ständige Veränderung zum Grundsatz macht, kann mit dem Takt der technologischen Innovation mithalten. Weil der viel schneller ist als zur Zeit der Dampfmaschine, wird nach den materiellen und immateriellen Kosten und Konsequenzen nicht einmal dann gefragt, wenn die Veränderung sich als Irrweg erwiesen hat – und nur noch durch die nächste korrigiert werden kann.

Im Wettlauf um die neuen Plattformen und Verbreitungswege bleibt wenig Kraft und Zeit für Ideen, was denn eigentlich auf ihnen verbreitet werden soll. Auf den Inhalt kommt es nicht mehr an. »Wenig Neues also an der Programmfront«, vermelden die Münchener Medientage aus einer Diskussionrunde, in der es darum geht, was in der weiten Welt der Netze verbreitet werden soll. Seltsam matt, verglichen mit dem Schwung der Medienmacher, wenn es um Kabel, Netze, Märkte geht. Die Verschiebung von Inhalt zu Technologie illustriert der Geschäftsführer der Düsseldorfer Medienagentur beim »Zukunftsgipfel« mit der Bemerkung, die These vom »Content als King« habe nur beschränkte Haltbarkeit. Der Vizepräsident von Discovery Networks beschreibt die Entwicklung seines Hauses vom »reinen Inhalteproduzenten zum breit aufgestellten Multimedia-Anbieter«.

Wie also steht es um die Inhalte? Bei der Frage, was das Publikum lesen, hören und – im traditionellen oder Triple Play TV – sehen will, bewegen sich die Macher nicht in Quantensprüngen, sondern »in Millimeterschritten«, wie Panel 5.4 »Auf der Suche nach neuen Programmtrends« feststellt. Die Sender und Produzenten feilen nur an längst bekannten Formaten. Eventfernsehen, eben noch auf der Erfolgswelle, ist jetzt schon unter Druck, weil es für den Produzenten ohne massive Unterstützung eines Senders zu teuer wird. Die Zusammenfassung von Panel 5.4: »Traumverwirklichungsfernsehen« im Stil der Telenovelas, Reality-TV und Doku-Soaps mit Promis in der Hauptrolle, Show-Highlights wie »Wer wird Millionär« werden durch Specials aufgepeppt, Casting-Shows erreichen das Tanzparkett ... Mit anderen Worten: noch mehr Dieter Bohlen oder Heidi Klum, Gerichts-Shows und Prominente in Koch- oder Tanzwettbewerben – und dazu mit Prominenten, die das nur sind, weil sie bekannt sind, und nicht, weil sie irgendetwas Besonderes geleistet hätten.

Will das Publikum nichts anderes sehen? Einen »brutalen Quotengehorsam« hat der Schauspieler Edgar Selge dem Fernsehen vorgehalten: »Es gibt ganze Senderflure mit Leuten, die im Voraus befinden, was Quote bringt und was nicht«, sagt er in *Hörzu*. »Der Fehler liegt darin, vorher zu manipulieren. Dass Publikum wird weit unterschätzt, und wir müssen aufpassen, dass Fernsehen nicht zu einer gewaltigen Verdummungsmaschinerie wird gegenüber einem Publikum, das sich ganz gern wecken lassen würde.«

Die Werbung, also der ökonomische Zweck, folge den Nutzern, lautet der unbestreitbare Befund in München. Honoriert der Nutzer die Programmarbeit in Millimeter-Schritten? Die Inhalteproduzenten wissen darüber wenig, »außer vielleicht der Erkenntnis, dass die Zuschauer immer selektiver fernsehen«. Sender- und Programmbindung gingen verloren, der Rhythmus werde immer schneller. »Die Leute pflücken sich ihr Programm wie Trüffelschweine zusammen, oft im Minutentakt«, sagt Fernsehproduzent Nico Hoffmann, als Produzent von »Sturmflut« oder anderen Fernsehevents ein Schwergewicht der Branche. Wenn er recht hat, gehen alle, die in der digitalen Welt Geld verdienen wollen, einen schwierigen Weg. Die Anbieter müssten sich »künftig aus mehreren, kleineren Erlösquellen finanzieren«, warnt in München der Vize-Chef von Discovery Networks.

Für Politiker oder Journalisten, die professionellen Gestalter, Beobachter und Kontrolleure der öffentlichen Angelegenheiten, stellen sich ernstere Fragen als die nach den ökonomischen Risiken. Im Netz wählen die Nutzer das Angebot nicht nur selbst aus, sie werden zusehends selbst zu Inhalteproduzenten. Es ist nur noch eine Frage der Zeit, bis das Internet praktisch der gesamten Bevölkerung zugänglich ist wie das Fernsehen. Ist das Netz wirklich »demokratisch«? Kaum, denn das Volk herrscht dort offenkundig nicht. Demokratie beruht auf Regeln und Verfahren, die Machtausübung legitimieren und begrenzen. Was ein demokratisches Gemeinwesen will oder nicht, vermittelt und entscheidet sich über die öffentliche Debatte. Wo ist der Ort der Politik, wenn Medien nicht mehr Mittel zum Zweck, sondern zum Selbstzweck geworden sind?

»Keine Demokratie kann sich das leisten«, steht über dem Essay von Jürgen Habermas, den die *Süddeutsche Zeitung* im Mai 2007 veröffentlicht hat: keine alarmistische, eine treffende Überschrift. Der Philosoph sorgt sich um die Zukunft der Qualitätszeitungen, die er als Motor und Leitmedium des öffentlichen Diskurses betrachtet. Den Anlass für seinen Text hat eine Nachricht über die *Süddeutsche* gegeben: Die Mehrheit ihrer Gesellschafter will sich von ihren Anteilen an der Zeitung trennen und sucht Käufer. Die Wirtschaftsredaktion der *Zeit* fragt: »Kommt die Vierte Gewalt unter den Hammer?« Denn es ist zu befürchten, dass, wie in den USA zu beobachten ist, die alten Verlegertraditionen abgelöst werden. Die *Zeit* bringt die US-amerikanischen Verhältnisse auf die Formel vom »Kampf von Finanzmanagern der Wall Street gegen die Presse der USA«.

Die Befürchtung, dass die Qualitätszeitungen unter dem Druck hoher Rendite-Erwartungen zusammenbrechen (nicht also, weil sie keinen, sondern weil sie zu wenig Gewinn abwerfen), treibt Habermas zu der radikalen Frage, ob die Presse zukünftig das duale Organisationsprinzip des Fernsehens braucht, eine öffentlich finanzierte neben der privatwirtschaftlich betriebenen Zeitungslandschaft. Sein Grundargument: Information ist nicht irgendeine Ware, sondern ein öffentliches Gut. Seriöser Journalismus ist unentbehrlich für die Demokratie – und kostet Geld: »Denn die öffentliche Kommunikation büßt ohne den Zufluss von Informationen, die sich aufwändiger Recherche verdanken, und ohne die Belebung durch Argumente, die auf einer nicht gerade kostenlosen Expertise beruhen, ihre diskursive Vitalität ein. Die Öffentlichkeit würde den populistischen Tendenzen keinen Widerstand mehr entgegensetzen und könnte die Funktion nicht mehr erfüllen, die sie im Rahmen eines demokratischen Rechtsstaats erfüllen müsste.«

Das ist nun wirklich ein erschreckender Gedanke: Die unabhängige Presse, staatlich alimentiert. Denn der Markt hat, wie Habermas schreibt, »die Bühne gebildet, auf der sich subversive Gedanken von staatlicher Unterdrückung emanzipieren konnten«. Einst, fügt er dazu. Denn der Markt könne diese Funktion nur so lange erfüllen, »wie die ökonomischen Gesetzmäßigkeiten nicht in die Poren der kulturellen und politischen Inhalte eindringen, die über den Markt verbreitet werden«. *Zeit*-Chefredakteur Giovanni di Lorenzo antwortet auf Habermas: »Zeitungen, die am Tropf hängen, müssen in aller Regel mehr Rücksichten nehmen als wirtschaftlich prosperierende Publikationen in der Hand eines Verlegers.« Tatsächlich sind Zeitungen wie die *Süddeutsche* oder die *Zeit* auch wirtschaftlich erfolgreiche Blätter: Print ist unter Druck, aber nicht ohne Hoffnung. Man muss Habermas' Gedanken nach staatlichem Schutz für die Qualitätspresse also nicht folgen. Die »argwöhnische Beobachtung«, zu der er auffordert, »weil sich keine Demokratie ein Marktversagen auf diesem Sektor leisten kann«, ist jedoch mehr als angemessen. Es wäre schön, wenn di Lorenzo recht behalten würde mit seiner Prognose, dass gute Journalisten und Verleger das »jeden Tag aufs Neue verhindern«. Der *Zeit*-Chefredakteur weist aber auch auf etwas anderes hin: »Was die Zukunft des gedruckten Wortes zusätzlich belastet, ist leider selbstverschuldet. Das sind zum einen Verleger und Manager auch profitabler Zeitungen und Zeitschriften, die den Eindruck erwecken, als gehörte allein ihren (noch unrentablen) Online-Angeboten die Zukunft, während Print eine aussterbende Gattung sei –

eine wirklich famose Werbung für ihre Blätter, auf die sie noch lange angewiesen sein werden.«

## Verlust des gemeinsamen Ortes

Die Klagen über die allgemeine Verflachung der politischen Diskussion, das quotensüchtige Fernsehangebot oder machtversessene Politiker haben fast unvermeidlich einen nostalgischen Unterton. Doch früher war natürlich nicht alles besser, und vor allem: In der Vergangenheit ist noch nie so wenig Orientierung für die Zukunft zu finden gewesen wie bei den hier diskutierten Fragen. Als Willy Brandt im August 1967 bei der Internationalen Funkausstellung in Berlin den roten Knopf drückt, der die schwarz-weißen Bildschirme bunt macht, ist nicht nur der Knopf eine Attrappe. Die Inszenierung – Brandt trägt eigens eine groß gemusterte Krawatte – geht außerdem schief, weil die Techniker das Farbsignal zu früh schalten. Und ARD und ZDF begehen die Einführung des Farbfernsehens keineswegs mit Polit-Magazinen. Das ZDF zeigt die 25. Ausgabe der Fernsehshow »Der goldene Schuss«, die ARD präsentiert den »Galaabend der Schallplatte«. In ganzer Breite setzt sich die neue Technologie erst 1974 richtig durch: Die Fußballweltmeisterschaft wird zum Durchbruch für den Farbfernseher.

Zeitungsabonnenten sind auch zu Adenauers Zeiten eine Minderheit des Wahlvolks. In deutschen Wohnzimmern sind nie Parteiprogramme studiert worden, um sich vor der Wahl zu vergewissern, wo das Kreuz gemacht werden soll. Politik fesselt Menschen auch vor der Erfindung des Privatfernsehens nicht nur durch Wort, Argument und Rationalität, sondern durch die Mobilisierung von Gefühlen und durch ihren Unterhaltungswert. Nicht nur die Parteien mit ihren Programmen, sondern auch ihre Spitzenpersonen schaffen enge Bindungen von Wählerschichten und Milieus an eine politische Richtung, an das Gemeinwesen überhaupt. Adenauer ist ganz und gar Respektsperson, ein Politiker, zu dem man aufsieht, auch wenn man ihn ablehnt. Aber ganz dosiert erlaubt auch er schon einen Blick auf den »privaten« Kanzler. Es sind allgemein bekannte Bilder, wie »der Alte« in Rhöndorf Rosen züchtet und alljährlich im Sommer in Cadenabbia mit den Dorfbewohnern Boccia spielt. Willy Brandt überlässt sein öffentliches Bild nicht dem Zufall, im Gegenteil: Er inszeniert sich mit seiner eleganten Frau – sie ist, wie man weiß, nicht seine erste – im offenen Wagen, gibt sich volkstümlich, schickt seinen Wahlkampfmanager, den späteren Regierenden Bürgermeister von Berlin, Klaus Schütz, in die USA, um das Duell Kennedy contra Nixon zu studieren. Persönliche Inszenierungen, bildhafte Botschaften, Politik als Unterhaltung – alles keine Erfindungen der letzten Jahre. Sogar das Private ist damals schon politisch instrumentalisierbar, jedenfalls ist es einen Versuch wert. Adenauer ist sich nicht zu fein, mit Brandts unehelicher Herkunft sein politisch-demagogisches Spiel zu treiben. Ausgerechnet am Tag nach dem Mauerbau spricht er von »Herrn Brandt alias Frahm«.

Politisierter als die politikverdrossenen Bürger von heute waren die ersten Generationen der alten Bundesrepublik sicher nicht. Im Gegenteil: Ihre demokratische Folgsamkeit und Passivität hat einen Generationenaufstand, den der 68er, provoziert. Der »Goldene Schuss« oder der »Galaabend der Schallplatte«, der 1967 über die Farbfernseher flimmert, ist für die junge Generation ein Beweis für das unpolitische Bewusstsein der »schweigenden Mehrheit«.

Doch anders als heute ist diese »schweigende Mehrheit« eben noch eine Rundfunk- und Fernsehnation. Denn Politik, Gefühl und Rationalität, E und U, Ernst und Unterhaltung, haben damals einen festen Platz im Leben der Bürger, im wirklichen wie im virtuellen.

Ludwig Erhards Rede über das Maßhalten und Gürtel-enger-Schnallen hören die allermeisten noch im Radio. Mauer-bau, Kuba-Krise, Kennedy-Mord konsumiert und kommuni-ziert die Nation gemeinschaftlich – Nachrichten, Standpunkte und Meinungen des Fernsehabends sind die Grundlage für die nachfolgenden Gespräche im Büro, im Betrieb oder der Schule. Selbst der politische Normalfall ist zwangsläufig Ge-meinschaftserlebnis. Die Fernsehnation sieht zusammen den neuesten »Durbridge«, das Länderspiel – und das politische Magazin oder die »Tagesschau«. Nicht unbedingt aus Interes-se: Bis in die 1980er Jahre haben die Bürger einfach keine Wahl. Wenn sie fernsehen wollen, und das wollen die meisten, sitzen sie dann und wann vor politischen Sendungen. Man kann noch nicht wegzappen, wenn »Monitor« oder »Panora-ma« zu langweilig sind. Im Fernsehen wird einfach nichts an-deres geboten.

Dies- und jenseits des Politischen verändert die Vervielfäl-tigung der Fernsehkanäle die Kommunikation. Solange Me-dieninhalte mehr oder weniger von allen konsumiert werden, sind sie auch außerhalb der Medien allgemeiner Gesprächs-stoff. Für Gewerkschaftsversammlungen, Parteigliederungen oder Schulklassen liefern Zeitungen oder Fernsehen eine überschaubare Zahl von Anknüpfungspunkten für das direk-te Gespräch. Früher haben sich Lehrer beklagt, wenn ein gan-zer Schulvormittag vom Fernsehereignis des Vorabends be-herrscht war. Aber immerhin konnten Schule und Lehrer sich an der Verarbeitung von Medienerlebnissen beteiligen. Heute scheitert die Erziehung zum mündigen Umgang mit den Medien in Klassenzimmern, weil am Vorabend alle an den Bildschirmen etwas anderes gesehen, erlebt oder ge-macht haben: den türkischen Sender, das perfekte Dinner, die Mädchen Germany's Next Top Model, die Jungen das Län-derspiel, Deutschland sucht den Superstar, Chatten im Inter-net, Recherchieren bei StudiVZ.

Die Gemeinsamkeit der »Fernsehnation« ist für die Politik unwiederbringlich verloren. Realität sind die »zerstreuten Öffentlichkeiten«, die schon 1999 einer Konferenz des Bundespresseamts den Titel gegeben haben.

Politiker, politische Journalisten, die Politik müssen sich Gehör verschaffen in einem stets präsenten unpolitischen medialen Umfeld: Die Jagd nach Aufmerksamkeit ist unvermeidbar, und sie ist gleichzeitig gefährlich, weil sie die Akteure über ihre Sache stellt. Wenn am Anfang stets das Bild des Politikers, der Moderatorin, des Journalisten steht, kann leicht verwechselt werden, ob die Jagd dem Gemeinwohl dient – oder dem Jäger. Die Bürger erkennen in den Anstrengungen um den Platz in der Öffentlichkeit offenbar immer weniger das Bemühen um »ihre« Angelegenheiten. Sie nehmen eitle Politiker oder Journalisten wahr, die vor allem auf sich selbst aufmerksam machen.

Schon 1992 ist »Politikverdrossenheit« zum Wort des Jahres avanciert. Die demoskopischen Befunde sind seitdem von Jahr zu Jahr beunruhigender geworden. Die große Koalition und die Kanzlerin erhalten gute Noten, aber parallel dazu weisen Meinungsumfragen sogar auf eine wachsende Skepsis gegenüber der Demokratie und ihren Institutionen hin. Unerfreulich bleibt das Bild der Politiker. Die Erwartungen der Bürger an die Politiker und das Urteil über sie klaffen weit auseinander. Weitblickend, bürgernah, vertrauenswürdig, ehrlich, glaubwürdig, so wie sich die Bürger ihre Politiker wünschen, sind sie nur für ein Viertel oder ein Drittel der Bevölkerung. Persönlicher Ehrgeiz oder parteiübergreifende Profilneurosen werden ihnen von Mehrheiten bescheinigt. Als typisch bezeichnet das Meinungsforschungsinstitut Dimap nach einer bundesweiten Repräsentativerhebung den Satz, dass Politiker sich zu sehr mit sich selbst und ihren Parteien beschäftigen und deshalb keinen Blick mehr haben für die Bevölkerung.

## Medienmacht – was ist das eigentlich?

Als mächtig gelten Medienbetriebe, Verleger oder Journalisten seit jeher, als Kontrollinstanz für die Politik und weil sie mit ihren Mitteln Einfluss auf die Köpfe und Herzen von Millionen Menschen nehmen können. Heute sind Medien allgegenwärtig, im öffentlichen wie im privaten Leben. Trotzdem – oder gerade deswegen – verbinden sich mit dem Begriff der »Medienmacht« höchst diffuse, über die formalrechtlichen Zuschreibungen – Pressefreiheit, Vierte Gewalt – hinausgehende Vorstellungen.

Öffentlichkeit ist die entscheidende Grundlage demokratischer Politik. Diese muss sich aus Entscheidungen der gesamten Bevölkerung legitimieren und folglich mit Millionen Menschen kommunizieren. Für Politik und Politiker geht ohne Medien, schlicht gesagt, gar nichts. Auf die Spitze getrieben lässt sich die Frage nach der gegenseitigen Abhängigkeit damit beantworten, dass die Medien in Zukunft theoretisch ohne Politik, die Politik aber keinesfalls ohne Medien existieren kann. Eine andere Übertreibung stimmt aber mittlerweile auch: Politik kann man sich durchaus ohne politischen Journalismus vorstellen, politische Journalisten aber sind nicht denkbar ohne Politik und Politiker.

Im 20. Jahrhundert stürmen Revolutionäre und Umstürzler die Rundfunkhäuser, um die eroberte Macht zu etablieren. Der »Volksempfänger« in den Händen von Joseph Goebbels hat nachhaltige Wirkung auf die Nachkriegsordnung der Bundesrepublik: Die westlichen Besatzungsmächte, Verleger und Journalisten der ersten Generation legen allergrößten Wert darauf, für Zeitungen und Rundfunkhäuser staatsunabhängige Strukturen zu schaffen. ARD und ZDF, das öffentlich-rechtliche System sind das Ergebnis der historischen Lektion: Der Staat sollte nicht wieder über den Rundfunk verfügen. Die Bundespressekonferenz wird als Zusammenschluss der Parlamentskorrespondenten in Bonn gegründet, weil die Journalisten der Nachkriegszeit sich nicht am staatlichen Gängelband führen lassen wollen. Sie ist, anders als ihr Name vermuten lässt, keine staatliche Institution.

Medienmacht ist immer auch verdächtig, denn sie ist nicht demokratisch legitimiert; für die Kontrolleure gibt es keine Instanz, die über sie wacht. Unkontrollierte politische Einflussnahme auf Zeitungen, Verlage, Sender wird in der Geschichte der Bundesrepublik immer wieder zum Thema. Das öffentlich-rechtliche Fernsehen wird schon in den 50er Jahren als »Adenauer-Fernsehen« kritisiert, weil es angeblich oder tatsächlich zu regierungsfromm ist. Der WDR, nicht nur der größte Sender der ARD, sondern einer der größten in Europa überhaupt, muss viele Jahre mit dem bezeichnenden Spottnamen »Rotfunk« leben. Legendär bis heute ist die Auseinandersetzung der außerparlamentarischen Opposition und der 68er-Bewegung mit dem Springer-Verlag: eine nachhaltige öffentliche Medienkritik, die noch im Jahr 2005 ein *Spiegel*-Gespräch zwischen Springer-Chef Mathias Döpfner und Günter Grass wert ist. Sie wird wieder gegenwärtig, als Wolf Biermann 2007 Ehrenbürger von Berlin wird, der nach dem Attentat auf Rudi Dutschke gedichtet hat, dass eine Kugel aus dem Springer-Verlag gekommen sei.

Springer steht unter »Rechts«-Verdacht, es gibt aber auch den umgekehrten, den »Links«-Verdacht gegen Medien: In den 70er Jahren versucht Elisabeth Noelle-Neumann vom Allensbacher Institut für Meinungsforschung den Nachweis, dass eine »Schweigespirale« der Medien den CDU-Kandidaten Helmut Kohl illegitim um seine Chancen gebracht habe. Dass die Politik-Redaktionen in Deutschland mehrheitlich rot-grün denken, unabhängig von der Richtung ihrer Verlage, wird im Umfeld schwarz-gelber Politik so beharrlich angenommen, wie Schröder am Ende seiner Amtszeit ein »Medien-Kartell« gegen Rot-Grün wittert. Er vermutet dort Medien wie *Stern* oder *Spiegel*, die vormals Willy Brandt unterstützt haben.

Schröders Vorwurf, es habe eine einseitige Kampagne gegen die rot-grüne Bundesregierung oder für eine schwarz-gelbe Koalition gegeben, ist zu Recht zurückgewiesen worden. Als Kritik an einer Anmaßung der Medien bleibt Schröders Kritik jedoch interessant. Medien machen Kampagnen – aber keine mehr für ein politisches Ziel.

Von großer »Medienmacht« gehen heute in seltener Übereinstimmung Bürger, Politiker, Wissenschaftler und natürlich die Medienmacher selbst aus. Aber Skepsis und Kritik verdient diese Macht nicht mehr in erster Linie deshalb, weil sie politische Meinungen in die eine oder andere Richtung beeinflusst. Seit der Auflösung der Fernsehnation überschätzen Medienmacher ihren Einfluss auf Köpfe und Herzen der Bürger. Dass niemand weiß, wie sich deren Meinungen bilden, haben die beiden letzten Bundestagswahlkämpfe gezeigt: 2002 hat der Medien-Mainstream Schröder hart dafür kritisiert, wie er den Konflikt mit den USA um den Irak-Krieg geführt hat – aber gerade das hat den Ausschlag für seinen nicht mehr erwarteten Wahlsieg gegeben. Noch deutlicher ist die Abfuhr der Vorwegnahme eines schwarz-gelben Wahlsiegs 2005 durch die Medien. Bei der letzten französischen Präsidentschaftswahl haben einige Chefredakteure Empfehlungen ausgesprochen, die den Lesern ihrer Zeitungen wenig Eindruck gemacht haben. Ein verblüffendes Ergebnis hat dagegen der Linguist Jean Véronis präsentiert. Er hat in sieben überregionalen Zeitungen die bloßen Nennungen der Kandidaten nachgezählt, unabhängig davon, ob sie kritisch oder positiv waren: Seine Statistik hat das Ergebnis der ersten Wahlrunde präzise und die zweite annähernd getroffen. Mehr als die Bewertung durch die Medienmacher entscheidet die Zahl der Nennungen über den Erfolg.

Wie zweifelhaft der inhaltliche Einfluss von Medien ist, zeigt in Deutschland die Reformdiskussion. Der öffentliche Grundsound von Zeitungskommentaren und Fernseh-Talk, der seit Jahren den Stillstand beklagt, für mehr, schnellere, schmerzhaftere Reformen plädiert, hat die Mehrheit der Bürger nicht überzeugt. Man kann sogar behaupten: ganz im Gegenteil. Sie wollen nicht die schärfste Reform, sondern dass beim Reformieren Gerechtigkeit herrscht. Mit der großen Koalition haben sich die Deutschen eine Konstellation gesucht, die Reformen ermöglicht, aber solche mit garantiertem Augenmaß.

Unübersehbar ist aber: Die Massenmedien verändern die politische Kommunikation so massiv, dass sie die Politik und die Politiker selbst verändern. Professionelle Kommunikationsstrategien der Politik ziehen deshalb zuerst da ein, wo es ums Ganze, um die Macht geht: in die Wahlkämpfe. Und dort sammeln die Wahlstrategen der Parteien harte Erfahrungen mit den Fußangeln der Medienmacht.

Stoiber-Berater Spreng nennt 2002 als Gründe für die Niederlage nach einer perfekten Kampagne: das Fehlen eines weiteren inhaltlichen Themas, was am Ende zur Ermüdung am Kompetenz- und Wirtschaftswahlkampf führte, die fehlende »Schlussemotionalisierung« und die »nicht kommunizierbare« Position der Union zum Irakkrieg und zur Finanzierung der Flutschäden. Mit anderen Worten fehlte es also erstens an Abwechslung, zweitens an Emotion, und drittens finden sich für komplizierte Sachverhalte keine medientauglichen Vereinfachungen. Stoibers Wahlkampf, eine sehr gut durchdachte Inszenierung, ist in die Fallen der massenmedialen Kommunikation gelaufen.

Die aus der Sicht des SPD-Wahlkämpfers von 1998 und 2002, Matthias Machnig, »entscheidende Veränderung« ist, »dass wir nunmehr wirklich in der Medien- und Informationsgesellschaft angekommen sind«. Seit einigen Jahren könne man beobachten,»dass die Medien anderen gesellschaftlichen Funktionssystemen ihre Ästhetik und ihre eigene Prozesslogik aufdrängen«. Politische Vorgänge, die nicht durch die Medien und im Einklang mit deren Regeln transportiert würden, seien für die Bürger nicht existent.

»Ein Thema setzen«, um Meinungsführerschaft, Deutungshoheit, Mehrheiten zu erobern, um Entscheidungen treffen zu können, ist ureigene Sache der Politik und von Politikern. Sich durchsetzen – und erst recht bei den Menschen ankommen – muss ein Thema nach den Regeln der Medien. Die aber haben sich ganz und gar verändert, seit Adenauer Rosen gezüchtet und Brandt Kinderköpfe gestreichelt hat.

Medien bestimmen, wie Niklas Luhmann sagt, die »Aufmerksamkeitsregeln«. In ihrer Logik ist Aufmerksamkeit die härteste Währung; deshalb hat das Bild größere Wirkung als das Wort, Gefühl wirkt stärker als Rationalität, Skandalisierung mehr als differenzierte Argumentation, Personen schlagen Sachverhalte. Wenn man Spreng folgt, können sich differenzierte Positionen zu elementaren Themen wie Krieg oder Flut nach diesen Regeln als »nicht kommunizierbar« erweisen.

Die Aussage, dass Medien irgendwann auch ohne Politik, die Politik aber keinesfalls ohne Medien existieren kann, ist natürlich nur eine theoretische Überspitzung. Aber sie drückt eine Wahrheit aus. Die Medien haben sich von der Politik, mit der sie auf der öffentlichen Bühne lange als unzertrennliches Paar aufgetreten sind, gelöst. Zeitungen, Rundfunk, Fernsehen, die modernen Massenmedien, sind aus politischen Motiven entstanden. Ehrgeiz, Neugier, die konkrete Arbeit ihrer Gründer und Macher waren auf die öffentliche, politische Sphäre gerichtet – umso besser, wenn sich damit auch noch Geld verdienen ließ. Nostalgische Gefühle verdient übrigens auch diese Vergangenheit nicht: Schon 1919 klagt Max Weber in seinem Vortrag *Politik als*

*Beruf* darüber, dass »der journalistische Arbeiter immer weniger, der kapitalistische Pressemagnat immer mehr politischen Einfluss gewinnt«.

Heute ist dieser alte Kampf entschieden. Politik ist in der gegenwärtigen Medienwelt zu einer Ware neben vielen anderen geworden, mit denen man schneller und vor allem viel mehr Geld verdienen kann. Ruhm bringt mehr ein als Macht – die Quoten für Madonna, Bohlen, Gottschalk werden immer höher sein als die für Schröder oder Merkel. Der moderne Medienmagnat pflegt sein Ego nicht mehr in erster Linie, wenn er auf Augenhöhe mit Kanzlern spricht, sondern wenn er backstage bei den Superstars dabei sein darf.

Die Zeiten sind vorbei, in denen Medienmacher von der Eitelkeit getrieben wurden, als Meinungsmacher Minister zu stürzen, Kanzler zu machen, die soziale Marktwirtschaft oder die neue Ostpolitik durchzusetzen. Analog zu den politischen Parteien haben von Adenauer bis Kohl *Bild* oder *Spiegel* in medialer Lagerordnung um die Köpfe und Überzeugungen gestritten. Im öffentlich-rechtlichen Fernsehen sorgte der viel geschmähte Proporz für die Balance der Mittel und der Positionen. Die Medienlandschaft war eine Verlängerung, ein Teil und Spiegelbild der Parteiendemokratie. Dieses Gefüge hatte seinen Preis, zum Beispiel die manchmal klebrige Nähe einzelner Medien oder Journalisten zu Parteien oder Politikern. Wenn mit der Nähe professionell umgegangen wurde, hatte sie ihre Vorteile: Politiker hatten in den ihnen nahestehenden, aber von ihnen unabhängigen Journalisten oft ihre besten Kritiker und interessantere Streitpartner als in den eigenen Parteien.

Der größte Vorteil der medialen Lagerwelten aber war der garantierte Pluralismus der öffentlichen Meinung. Alle Kanzler und Bundesregierungen bis Kohl hatten in den Medien Unterstützung und Gegnerschaft. Die großen Zeitungsgründer der Bundesrepublik haben sich nicht nur als Kontrolleure der Macht verstanden. Sie haben sich ausdrücklich auch für politische Ziele eingesetzt: Axel Springer für die deutsche Einheit, Rudolf Augstein oder Henri Nannen für die neue Ostpolitik von Willy Brandt. Die Springermedien und die linksliberalen Hamburger Blätter, *Spiegel*, *Stern* und *Zeit*, haben dem Streit um politische Meinungen Form und Ordnung gegeben. Sie waren ein politischer Faktor – eine Rolle, die das Bundesverfassungsgericht in seinem ersten Fernsehurteil bestätigt hat: Medien seien nicht nur »Medium«, sondern auch »eminenter Faktor« der öffentlichen Meinungsbildung. Davon kann heute keine Rede sein. In zehn, zwanzig, fünfzig Fernsehkanälen wird Politik zum Konsumgut neben vielen anderen, der Souverän, von dem die Staatsgewalt ausgeht, zum Nutzer oder Konsumenten der Polit-Ware. Nicht der Einfluss darauf, wie die Bürger über SPD oder CDU denken, über Staat oder Eigenverantwortung, über Irakkrieg und Auslandseinsätze, macht heute die Macht der Medien aus. Ob und in welcher Tiefe sich die Bürger überhaupt auf das Politische einlassen, darüber entscheiden mit ihrer »Logik« die elektronischen Massenmedien und, in ihrem Sog, Zeitschriften, Zeitungen, Magazine.

Es ist nur eine schöne Illusion (der vor allem die politischen Journalisten unter den Medienmachern verfallen sind), dass die unbestreitbare Macht der Medien über die öffentliche Agenda zugleich eine über Meinungen, Köpfe und Herzen ist. Die »Aufmerksamkeitsregeln« haben einen hohen journalistischen Preis, der Zwang zum schnellen Themenwechsel und zur Reizsteigerung hat nicht nur die Kehrseite von Ermüdung und Abstumpfung. Schon lange ist die Formel von der »veröffentlichten« und der »öffentlichen« Meinung gängig, also dem Unterschied, manchmal einer regelrechten Kluft zwischen den Orientierungen, die in den Zeitungen stehen, und dem, was »die Leute« denken. Wen wir erreichen, das lässt sich noch ermitteln, was wir aber im Bewusstsein der Menschen bewirken, ist vollkommen unklar geworden. Die beiden letzten Bundestagswahlkämpfe haben das eindrucksvoll bestätigt. Das Volk denkt sich offenbar »seinen Teil« und weicht vom Mainstream der veröffentlichten Meinung gern ab. 2002 hat der knappe Vorsprung für Rot-Grün, 2005 das unerwartet schlechte Ergebnis für die Union gezeigt, dass mediale Meinungsführerschaft nicht auch Hegemonie über die Volksmeinung sein muss. Worin besteht die politische Macht der Medien wirklich? Das Urteil ist bitter. Sie besteht in der latenten Abwertung des Politischen, in einem unangemessenen Einfluss auf die »Logik« der Politik, die immer noch treffend und gültig beschrieben ist als ein »langsames Bohren dicker Brettter«. Sicher ist nur: Wenn der Preis nicht reflektiert wird, den die Anpassung der Politik an die Medienlogik verlangt, wird sie alle Akteure entwerten, die sich in Parteien, Institutionen, Regierungen, Parlamenten und in den Medien selbst mit Politik befassen.

## Auflösung der Lager

Plakat, Versammlung, Rede – viel mehr mussten die Parteizentralen nicht regeln, um ihre eigenen Reihen in Stellung zu bringen, den Spitzenkandidaten zu präsentieren, ihre Wähler zu mobilisieren. Denn die meisten Wähler waren wirklich noch »ihre« Wähler. Weil die SPD in den 50er Jahren hoffnungslos abgeschlagen hinter CDU und CSU rangierte, war es nicht zufällig Kanzlerkandidat Brandt, der seine Wahlstrategen in die USA schickte, wo Kennedys Kampagnenleiter ein Konterfei des schlecht rasierten Präsidentschaftskandidaten Richard Nixon gerade mit der berühmt gewordenen Frage präsentiert hatten:»Würden Sie von diesem Mann einen Gebrauchtwagen kaufen?«

Brandt will in den USA siegen lernen. Als er es geschafft hat und die Union folglich nicht mehr sicher sein kann, wen »ihre« Wähler wählen, setzen sich in allen Parteien professionell geführte Wahlkampagnen durch. Aber die 70er und 80er Jahre sind noch weit entfernt von der SPD-Kampa des Jahres 1998, die zum nächsten, tiefen Einschnitt wird.

1980 schreibt der CDU-Wahlstratege Peter Radunski, heute ein bekannter Politik-Berater, ein Buch mit dem Titel *Wahlkämpfe*. Untertitel: *Moderne Wahlkampfführung als politische Kommunikation*. Das Arsenal der Begriffe hat sich seitdem nicht sehr verändert. Die »Personalisierung der Politik« beschäftigt den Autor schon im ersten Kapitel; Massenmedien, Werbekampagnen und US-amerikanische Erfahrungen spielen eine zentrale Rolle – allesamt also keineswegs beklagenswerte Erscheinungen der letzten Jahre. Doch schon auf der dritten Seite schreibt Radunski eher beiläufig einen Satz, der diese Zeit von der nach 1990 vollständig unterscheidet. Eine Grundbedingung für alle Wahlkämpfe lautet damals nämlich noch:»Auch weiß man, dass 80 % der Wähler zu Beginn des heißen Wahlkampfs bereits entschieden sind und sich somit ihre Meinung über die Politik bereits gebildet haben.«

Zwei Jahrzehnte später räumt der Politikberater Radunksi zwar ein, dass es eine Übertreibung sei, wenn Kommunikationsprofis das feste Potenzial der Parteien heute nur noch bei 20 Prozent ansiedelten. Aber Politiker und Demoskopen wissen, was die Wahlergebnisse regelmäßig ausdrücken: wie »volatil« die Wähler geworden sind. Sie entscheiden, laut Radunski »ungebundener, wechselhafter, enthaltungsfreudiger und differenzierter, als das in vergangenen Jahrzehnten der Fall war und die Parteien ein hohes Stammwählerpotenzial hatten«. In der SPD erzählt man sich, dass Franz Müntefering blass geworden sei, als er Mitte der 90er Jahre nach seiner Wahl zum Bundesgeschäftsführer die Zahlen über die verbliebene Stammwählerschaft der SPD zur Kenntnis nehmen musste. Machnig nennt als Ergebnis einer im Jahr 2000 durchgeführten Repräsentativbefragung über die Stammwählerschaft der Volksparteien folgende Zahlen: Der Anteil der SPD-»Kern«-Wählerschaft, also der Menschen, die immer SPD gewählt haben und das auch in Zukunft wollen, liegt bei 13 Prozent, dazu kommen 12 Prozent »Rand«-Wähler, also Personen, die mit hoher Wahrscheinlichkeit SPD wählen. Nicht besser geht es der CDU, die auf 12 Prozent »Kern«- und 11 Prozent »Rand«-Wähler kommt. Das sind wirklich »tektonische« Veränderungen.

Ein für heutige Betrachter erstaunliches Schaubild zeigt Radunskis altes Buch über die Wahlprognosen und -ergebnisse von 1957 bis 1976: Das Allensbacher Institut trifft mit seinen Vorhersagen fast durchweg exakt die tatsächlichen Ergebnisse. Denn die Wähler sind berechenbar. Heute ist das Identifikationspotenzial von Parteien und Programmen dramatisch geschrumpft, und das nicht in erster Linie, weil Parteien, Programme, Politiker dümmer oder die Bürger unpolitischer geworden wären. Der wichtigste Grund ist die Auflösung der sozialen Strukturen und historisch gewachsener Milieus, die zwischen Parteien und Bürgern früher wie von selbst Bindungen hergestellt haben. Sozialer Status, regionale und religiöse Zugehörigkeit haben die politische Landschaft und das Wählerurteil geformt.

»Man fühlt sich offenbar wohler, wenn um einen herum die gleiche politische Meinung herrscht«, beschreibt Radunski 1980 den Prozess politischer Zuordnung, die sich überwiegend über familiäre, private Gruppen und über die soziale Umwelt herstellt. Nach der Bundestagwahl 1976 analysiert das Allensbacher Institut je drei Merkmale, die eine Entscheidung für CDU/CSU oder SPD bewirken: Union wählt, wer in die Kirche geht, nicht Arbeiter und nicht in der Gewerkschaft ist. Für die SPD entscheiden sich die Nichtselbständigen, die kein Wohneigentum besitzen und nicht regelmäßig zur Kirche gehen. Eine Infas-Untersuchung über die Wahl 1976 ermittelt zwei große Wählerblöcke: Unter Unions-Einfluss stehen der katholische Bereich und die alte Mittelschicht, unter SPD-Einfluss die Arbeiter und der linke Zwischenbereich. Die beiden Lager sind mit 43 und 44 Prozent fast gleich groß.

Radunski schränkt 1980 die Aussagekraft dieser Untersuchungen ein, und zwar mit dem Hinweis, dass zu den politischen Erfahrungen der familiären und sozialen Umgebung »hinzukommt«, was die Menschen aus den Massenmedien erfahren. »Die Massenmedien geben zu den Meinungsbildungsprozessen in diesen Primär- und Sekundärgruppen Anstoß, so dass die Wirkung ihrer Homogenität auf den Einzelnen bestärkt werden kann.« Die Massenmedien von 1976 waren ARD und ZDF.

2004 schreibt Radunski: »Das Fernsehen hat die Struktur der Kommunikation geprägt. Politik muss visualisiert, emotional unterhaltend und anschaulich inszeniert sein. Tempo, Bilder, Botschaften und Unterhaltung sind der Rohstoff effektiver Kommunikation.«

Nicht weil die Deutschen politischer gewesen wären, Wahlaufrufe studiert und in ruhiger Überlegung ihre Entscheidung getroffen hätten, war die Wahlbeteiligung hoch und die Verdrossenheit gering. Politische Bindung war vorgegeben durch Herkunft, sozialen Status, religiöse Bindungen. Dazu kam der gemeinsame Ort für Politik in den Medien, der als Verstärker von ohnehin vorhandenen Bindungen wirkte. Wer Union, SPD oder FDP zuneigte, verhielt sich wie Eltern und Kollegen; die politische Bindung erwuchs fast nebenher aus den Koordinaten, die im sozialen Umfeld Gültigkeit hatten.

Heute wählt der Betriebsrat vielleicht noch SPD, sein akademisch gebildeter Sohn ist Wechselwähler geworden. Der Zahnarzt entscheidet sich interessenbedingt für die FDP, während seine Frau zu den Grünen neigt. Überhaupt: Wer weiß schon noch, was die Kollegin, der Kollege wählt, man müsste bei jeder Wahl neu fragen. In der Generation der Eltern oder Großeltern hielt man viel auf das Wahlgeheimnis. Aber es war das immer gleiche Geheimnis, nach dem man gar nicht fragen musste, weil meistens auf der Hand lag, was der Werftarbeiter in Hamburg oder der Bäckermeister in Reutlingen wählte.

Politische Meinungsbildung in und über die heutigen Massenmedien verläuft nicht nur flüchtiger. Sie muss auch den Verlust des natürlichen Unterhaltungswertes kompensieren, den die Politik in festen sozialen und kulturellen Lagerwelten hatte. Sie hat nämlich immer auch Spannung erzeugt, mindestens bei Wahlen. Die Identifikation mit SPD oder Union, Brandt oder Barzel, Schmidt oder Strauß garantierte eine emotionale Wahrnehmung, nach den Mustern von Gut und Böse, Freund oder Feind, von Siegern und Verlierern. Politik in den alten Lagerwelten hatte den Unterhaltungswert eines sportlichen Zweikampfs. Die »Schlussemotionalisierung«, die Edmunds Stoibers Wahlkampf 2002 gefehlt hat, musste sich damals noch kein Wahlstratege ausdenken. Je näher der Wahltag rückte, desto mehr erhitzten sich die Gemüter an der schlichten Frage: Gewinnen wir oder die anderen?

Die Zeiten sind vorbei, als noch an jedem einzelnen politischen Vorschlag, ob über Wirtschaft, Außenpolitik, Familie oder innere Sicherheit, zu erkennen war: Das kommt von den Schwarzen, das von den Roten. Längst hat eine SPD-geführte Regierung Sozialreformen angepackt, die sich die Union unter Kohl nicht zugetraut hat. Unter einer christdemokratischen Kanzlerin wird sich das offizielle Familienbild ändern. Auch die Tatsache, dass die erste Frau an der Spitze nicht aus dem feministisch angehauchten politischen Lager kommt, sondern aus der eben noch männerdominierten CDU, zeigt die Auflösung alter Muster.

Die Unterschiede zwischen den großen Lagern haben sich langsam – und dann ganz rapide nach 1989 – abgeschliffen; die politischen und kulturellen Haltungen in der Bevölkerung differenzieren sich mit dem sozialen Wandel. Die Wähler werden, vor allem gegenüber den 40-Prozent-Volksparteien, untreu und launisch. Union und SPD, die deutschen Volksparteien, dümpeln seit geraumer Zeit beharrlich im 30-Prozent-Getto. Es ist nicht einmal mehr auszuschließen, dass sogar die CSU ihre bayerische Sonderrolle bald verloren haben könnte. Demokratische Politik lebt vom Faktor Vertrauen. Die Legitimation von Macht erwächst nicht aus einer bloß rationalen Aneignung sachlicher Positionen und politischer Programme – und auch nicht die Akzeptanz politischer Entscheidungen. Denn nicht einmal Berufspolitiker oder hauptberuflich mit Politik Beschäftigte, wie etwa Journalisten, können komplexe Vorgänge wie die Gesundheitsreform, die Klimapolitik, die Erbschafts- oder Unternehmenssteuer in jeden Fall so gründlich durchdringen, dass sie davon ihr politisches Urteil abhängig machen könnten. Gewählt wird ohnehin nicht nach einzelnen Sachfragen; die Wahlentscheidung ist eine Investition von Vertrauen, das sich aus vielen Quellen speist. Wenn die Unterscheidbarkeit der Parteien und die durch Herkunft, Status und Konfession vorgegebene Identifikation der Bürger mit ihnen schwindet, dann werden Persönlichkeit und Charakter der Spitzenpolitiker zur wichtigsten Quelle für die Fragen nach Glaubwürdigkeit und Identifikation.

# 8. Personalisierung

## Der Politiker ist die Botschaft

»Der oder ich«, hat Schröder im Bundestagwahlkampf 2002 aufgetrumpft, als die Zeichen auf das Ende seiner Kanzlerschaft deuteten. Diese ganz und gar unverhüllte Personalisierung bekommt ihm scheinbar nicht gut. Seine Partei, die SPD, fühlt sich von ihrem Vorsitzenden wieder einmal nicht ernst genommen. Und für die Journalisten bedient der Bundeskanzler einmal mehr das Urteil, dass es Schröder immer auf dasselbe ankommt, nämlich auf Schröder.

Es ist allerdings nur der Teil der Öffentlichkeit, die in diesem wie schon im vorhergegangenen Bundestagswahlkampf die Rolle des intelligenten Theaterkritikers einnimmt. Grob gesagt: die Qualitätszeitungen und -magazine. Die Massenmedien hingegen verlangen das Muster des »Der oder ich« geradezu, das die journalistischen Theaterkritiker dem Politiker Schröder vorhalten. Es sei daran erinnert: Der Bundestagswahlkampf 2002 etabliert das Fernsehduell der Spitzenkandidaten, das mittlerweile auch zum Standard vieler Landtagswahlen geworden ist. Selbstverständlich personalisieren auch Stoibers Wahlstrategen: Stoiber soll den »ernsten Politiker für ernste Zeiten« verkörpern, gegen den Luftikus an der Spitze der rot-grünen Koalition. Ein erheblicher Teil ihrer Anstrengungen zielt darauf, Stoiber vom Image des »blonden Fallbeils«, des ehemaligen Strauß-Mannes aus Bayern zu lösen. Durchaus mit Erfolg: Die Gegenkampagne der SPD vom »Wolf, der Kreide gefressen hat«, verfängt monatelang nicht.

Schröder ist nicht nur als Kanzler der verspäteten Sozialstaatsreform ein Prototyp; er ist es auch auf dem Experimentierfeld der personalisierten Politik. Als Aufsteiger, Ministerpräsident, Kanzler sucht er die öffentliche Bühne. Man kann sagen, dass er der erste deutsche Spitzenpolitiker ist, der seine Medienpräsenz und Popularität zum entscheidenden Machtfaktor im innerparteilichen Durchsetzungskampf macht. Angefangen hat es mit den nächtlichen Streifzügen des jungen Abgeordneten mit Bonner Journalisten: Schröder gibt den Medien die ganze Hand.

Angela Merkel ist überhaupt nicht, was man landläufig »telegen« nennt. Schröder wirkt im direkten Gespräch und im Fernsehen gleich. Er kann seine sympathischen oder staatsmännischen Eigenschaften hier wie dort verströmen, jedenfalls wenn er will, und im Fernsehen will er das immer. Die Merkel der kleinen Runden nimmt ihre Gesprächspartner mit Witz und Freundlichkeit ein, die Fernseh-Merkel ist eine spröde Person. Bis jetzt wird die Frage nach ihrer persönlichen Wirkung als Spitzenkandidatin im letzten Bundestagswahlkampf von ihr selbst und der CDU noch vorsichtiger gemieden als die Analyse des Wahlergebnisses. Doch die kluge Merkel hat auch in diesem Punkt von Schröders Fehlern gelernt. Die Bundeskanzlerin weiß, dass man im Zeitalter der elektronischen Massenmedien die politische Person nicht verstecken kann. Sie reicht den Medien den kleinen Finger, mehr nicht.

Politik ist natürlich immer »personalisiert« worden. In den Zeiten der guten und der schlechten Fürsten, der Sonnenkönige und Diktatoren ohnehin. Sie haben ihre Macht bildhaft inszeniert. Daher rührt auch der Vorbehalt, das ungute Gefühl, dass der Personalisierung von Politik etwas grundsätzlich Fragwürdiges anhaftet: Wenn Herrschaft auf eine Person zugeschnitten wird, dann kann es mit der Demokratie nicht weit her sein.

Aber auch das demokratisch legitimierte und durch Zeit-
fristen begrenzte Führungspersonal übt Macht aus. Nicht nur
in Kriegszeiten brauchen demokratische Nationen deshalb
Führungsgestalten, dem der Souverän diese Macht, verbunden mit einem gesunden Schuss Argwohn, vertrauensvoll in
die Hand legen kann. Die Stabilität der deutschen Nachkriegs-
demokratie ist nicht nur dem Wirtschaftswunder und der
D-Mark, sondern auch der Tatsache zu verdanken, dass mit
Adenauer und Brandt für die erste und die zweite Gründungs-
phase der Republik ungewöhnlich starke politische Persön-
lichkeiten an der Spitze standen. Beide zeichneten sich nicht
nur durch sachliche Fähigkeiten aus, mit denen sie hoch-
umstrittene Weichenstellungen wie Westbindung, Marktwirtschaft, neue Ostpolitik durchgesetzt haben. Ihre Biografien,
ihr Charakter, ihr Naturell lieferten reichlich Stoff für politische Betrachtungen, für Assoziationen und Identifikation. Ihr
ereignisreiches Leben liefert die Erzählung über ein Land, das
nach einer Katastrophe seinen Weg finden will.

Helmut Kohls Ansehen erreicht diese Sphäre erst nach
über acht Kanzlerjahren. Im Wahlkampf von 1994 lief, von
der Agentur Coordt von Mannstein konzipiert, die erste
Wahlkampagne, die den Spitzenmann vor seine Partei stellt.
Das zentrale Wahlplakat zeigt Helmut Kohl in einer anony-
men Menge – ohne ein einziges Wort, ohne Motto oder auch
nur das Parteilogo der CDU.

Doch die öffentliche Inszenierung der Person Kohl hält
sich noch in Grenzen: Bekannt ist, wie die Kriegserfahrung,
der gefallene Bruder, den Politiker Kohl geprägt hat. Dass
sein Talent zur Macht schon in Schülerzeiten sichtbar wird,
als er mit dem Kaffeewärmer auf dem Kopf sich als Kardinal
huldigen lässt, hat uns seine Schwester erst in der letzten
Runde seiner Kanzlerschaft verraten.

Schröders Kindheitsbilder sind früh öffentlich. Dass er als
Sohn einer Putzfrau und Abiturient des zweiten Bildungs-

wegs in seiner Person den bundesdeutschen Aufstieg geradezu verkörpert, diese Geschichte umweht ihn, wie Kohl nach 1990 in den »Mantel der Geschichte« gehüllt ist. Über die mit Auskünften über ihr nicht-politisches Leben sparsame Angela Merkel ist die Herkunft aus dem ostdeutschen Pfarrershaus natürlich allgemein bekannt. Aber auch die kleine Geschichte, dass sie als Kind ein Problem mit Treppen hatte, nämlich motorische Schwierigkeiten beim Abstieg. Für solche Bilder ist jeder Journalist dankbar, der über eine Politikerin im Aufstieg schreiben muss.

Adenauer und Brandt standen als politische Führungsgestalten auf starken Fundamenten, auf denen des kollektiven Vertrauens zu ihren jeweiligen Parteien. Komplexe Gesellschaften sind selbst von solchen Fundamenten aus schwer zu führen; schon Brandts Kanzlerschaft fiel in die Anfangszeit der Auflösung der starken sozialen und politischen Bindungen. Kohl, und im anderen politischen Lager der Erfinder des »Wir«-Gefühls, Johannes Rau, dürfen als große Vorläufer personalisierter Politik und deren bewusster Inszenierung gelten.

Aber verglichen mit ihnen stehen Schröder und Merkel auf Sand. Was tritt an die Stelle der verödeten Lager, der fad gewordenen Programme, der Parteien, die sich so ähnlich sehen? Es ist der Spitzenpolitiker, der diesen leer gewordenen Raum ausfüllen muss. Er ist nicht mehr Botschafter seiner Partei; erst in seiner Person entstehen Programm und Partei. Glaubwürdigkeit, Tatkraft und Charakter der Spitzenpolitiker sind ausschlaggebend geworden für die Überzeugungskraft politischer Konzepte und Ideen.

Und immer sind zwei Aufgaben zugleich zu lösen: Die Frau oder der Mann an der Spitze muss zeigen, was die eigene politische Strömung will und was sie von der anderen unterscheidet – und zwar in einer Öffentlichkeit, in der die elektronischen Massenmedien mit ihren Regeln bestimmen, was und wer wahrgenommen wird.

Personalisierung wiederum ist für diese Medien der Rohstoff des Politischen. Denn sie leben vom Eindruck des Authentischen. Das gedruckte Wort hat Raum und Zeit überwunden, es kann dazu beitragen, dass die Bürger sich ein Bild machen von Politikern und Politik. Das Fernsehen vermittelt durch Gleichzeitigkeit und die bewegten Bilder darüber hinaus das Gefühl, als sei man selbst dabei; seine Suggestivkraft ist höher als die von Wortmedien. Aber der »Politiker zum Anfassen«, der sich im Fernsehen präsentiert, ist natürlich nur ein Bild vom Politiker zum Anfassen, wie das Authentische nur ein Eindruck des Authentischen ist. Die Vorstellung, über die Kameras könne jemand eine Person werden, die im »War Room« der Wahlstrategen kühl entworfen worden ist, ist nicht weniger naiv als die, gerade im Fernsehen würde der falsche Schein eher entlarvt als im Zeitungsinterview, weil seine Bilder die Körpersprache mitlieferten. Fernsehen ist grundsätzlich trügerisch. Es ist eine Versuchung, der Politiker nicht ausweichen können.

## Schröder experimentiert – Merkel lernt

Schröder ist ein Naturtalent seines Medienzeitalters; das zeigt der Anfang. Er findet im Dunkeln, ohne Kameras, statt und schafft über Weitererzählungen ein Bild. Schröder rüttelt am Zaun. Wahr, mit der Kraft, die nur Legenden entwickeln können, ist sie ganz sicher, die Geschichte vom nächtens durch das verschlafene Bonn ziehenden Bundestagsabgeordneten Schröder, der trunken an den Gitterstäben des Kanzleramtes rüttelt und ruft: »Ich will hier rein.« Oder auch: »Hier will ich rein.« Journalisten sollen und wollen dabei gewesen sein. Sie sind in diesen Jahren die abendlichen Begleiter unseres Führungspersonals von heute, von Schröder, Fischer und Co., die in der Bonner Kneipe »Provinz«

Ministerposten am Biertisch vergeben und ganze Kabinette zusammenstellen. Otto Schily ist noch grün. Joschka Fischer trägt noch Turnschuhe. Gerhard Schröder zählt zum linken Flügel der SPD. Die frühe Geschichte passt zu unserem späteren Bild von Gerhard Schröder, der die Macht so liebt. Wir wollen sie glauben. Aber gerade deshalb ist sie eigentlich zu schön, um wahr zu sein – respektive: um wirklich stattgefunden zu haben. Ein Zeuge für die Sache mit dem Zaun hat sich bis heute nicht gefunden, der mit geradem Blick in die Augen seines Gegenübers sagt: So war es, und ich war dabei. Nur viele Zeugen, die irgendwie dabei waren, und ein Bundeskanzler, der die Anekdote nicht dementiert, sondern in einer aufgeräumten Stunde launig bemerkt, dass es wohl so gewesen sei. Was macht das schon, ob das Ereignis wirklich stattgefunden hat oder nicht? Schließlich würde es auch zum Bild dieses Bundeskanzlers passen, wenn der am Zaun rüttelnde Sozialdemokrat eine bloße Legende, oder, unhöflich gesagt, einfach erfunden wäre. Eine gewissermaßen nachgetragene Inszenierung, die ihren Zweck erfüllt. Sie zeichnet Schröder als einen Charakter, der unbedingt an die Macht und auf diesem Weg starke Hindernisse überwinden will.

Die Legende vom Zaun gibt aber auch eine Auskunft über die Medien, die sie immer wieder transportieren. Wo es kein nachprüfbares Bild gibt, machen wir uns eines, im Zweifel knapp neben der Wirklichkeit. Und dieses Bild erzählt nicht nur etwas über Schröder. Es zeigt auch Traum und Trauma einer ganzen politisch-publizistischen Generation. In Gestalt eines Bundestagsabgeordneten, der am Zaun des Kanzleramtes rüttelt, verabschieden sich die 68er, die Schröders journalistische Wegbegleiter werden, vom großen Traum der Weltverbesserung zugunsten der schnöden, starken Wirklichkeit. Nicht ohne Schauder vor der vulgären Macht, nicht ohne Faszination für einen, der sich rückhaltlos dazu bekennt.

Die Wahlkampfreden, die der Kanzlerkandidat Schröder 1998 hält, sind zu Recht dem Vergessen anheimgefallen. Regelmäßig ist es SPD-Chef Oskar Lafontaine, der als Schröders Vor- oder Nachredner die sozialdemokratische Anhängerschaft in Begeisterung versetzt. Unvergessen aber bleibt, wie Schröder sein Geschick auf dem Weg ins Kanzleramt ausreizt, die inszenierte »Männerfreundschaft« mit dem Rivalen Lafontaine eingeschlossen. Die Coups mit den überraschenden neuen Gesichtern sind Mediencoups: Für die Wirtschaft den jungen Millionär vom amerikanischen Typus, Jost Stollmann, der ein Jahr später schon vergessen ist. Oder, ganz neu, ein Staatsminister für Kultur, Michael Naumann, das intellektuelle Glanzlicht für Schröders Wahlkampagne. Der Wechsel liegt in der Luft, die Hauptstadt wird bald nach Berlin ziehen. Der künftige Kanzler umgarnt die Journalisten, die vom ewigen Kohl so übersatt sind wie das ganze Land, aus politischen und unpolitischen Motiven.

Mit Schröder zieht der Überschwang ins Kanzleramt ein. Die SPD-Bundestagsfraktion schreibt das Motto »Regieren macht Spaß« auf ihre Fahnen. Die Neuen wollen den Staub von 16 Jahren in wenigen Wochen austreiben. Joschka Fischer im Weißen Haus, Gerhard Schröder bei Tony Blair. Neuer Glanz im alten Bonn: Kanzler, Vize-Kanzler und Finanzminister Oskar Lafontaine präsentieren sich und ihre Frauen im November beim Bundespresseball. Der dritte sozialdemokratische Kanzler raucht Zigarre und posiert im Januar 1999 für *Gala,* im eleganten Brioni-Mantel.

Im März, als die Bilder veröffentlicht werden, haben Schröders Vertraute nachgerade vergessen, dass der »Brioni« auch noch ins Haus steht. Er kommt gar nicht gut an. Man streitet sich über sperrige Themen wie das 630-Mark-Gesetz. Oskar Lafontaine hat dem Kanzler einen Brief auf den Schreibtisch gelegt, der ihn in minutenlanger Erstarrung einfrieren lässt. Die SPD hat keinen Parteivorsitzenden mehr, der Kanzler keinen Finanzminister. Die Zeit des Übermuts ist vorbei. Das öffentliche Bild des Bundeskanzlers, den der *Spiegel* in einer üppig bebilderten Geschichte als »Partykanzler« präsentiert hat, muss korrigiert werden.

Bis zum Ende seiner Amtszeit wird Gerhard Schröder den Ruf nicht los, dass er auf der Jagd nach Aufmerksamkeit vor nichts haltmacht. Seit 1999 sind Zigarre und Brioni aus der Öffentlichkeit verschwunden. Doch die Bilder haften. Das kleinste Zeichen handwerklicher Fahrlässigkeit – und davon liefert die rot-grüne Bundesregierung genug – reicht, und der »Brioni« erlebt eine unerwünschte Wiederauferstehung in Berichten und Kommentaren. Der Stoff, den der »Partykanzler« geliefert hat – vom Fußball-Länderspiel bis »Wetten, dass ...« – war so reichlich, dass er jederzeit aktiviert werden kann. Schröder und seine Berater finden nun, dass Kanzlerwürde und »Wetten, dass ...« sich grundsätzlich nicht vertragen. Der Bundeskanzler verteilt seine Fernsehgunst sparsam: Höchstens einmal im Jahr »Kerner«, einmal »Beckmann«.

Aber es ist kein Kraut dagegen gewachsen, dass die Medienmaschinerien die boulevardesken Anteile solcher Auftritte bis zum letzten Tropfen auspressen. *Bild* reproduziert und variiert regelmäßig die Fernsehformate für ein weiteres Millionenpublikum. Dann spielt Adoptivtochter Viktoria, die im Fernsehgespräch nur kurz vorkommt, die Hauptrolle. Doris Schröder-Köpfs eigenartige Nebentätigkeit in Hannover wird ausführlich ausgebreitet: Sie entwirft Hundemobiliar für eine Supermarktkette in Hannover. Da fällt uns gleich wieder ein, wie Doris und Gerhard den Hund unter großer öffentlicher Anteilnahme als neuen Hausgenossen zu Tochter Klara ins neu erworbene Hannoveraner Reihenendhaus gebracht haben. *Bild* informiert uns regelmäßig über das Schicksal der Gans Dora, die als Weihnachtsschmaus im Hause Schröder vorgesehen war, von der mitleidigen Klara aber gerettet wurde. Und *Bild* hat schließlich das Foto, das nach offiziellem

Kanzler-Willen niemand haben sollte: Schröder allein am Grab seines ihm unbekannten gefallenen Vaters.

Professionelle Beobachter wittern einmal mehr das Zusammenspiel zwischen dem Kanzler und dem Boulevardblatt, bei dem seine Frau und sein Regierungssprecher einmal gearbeitet haben. »*Bild,* BamS und Glotze«, die man laut Schröder zum Regieren braucht, bleiben dem frühen Schröder treuer, als es dem Staatsmann Schröder recht ist. Für das Wort von »*Bild,* BamS und Glotze« gibt es übrigens so viele Augen- und Ohrenzeugen wie für das Rütteln am Kanzleramtszaun.

Die Aufsteigerin Angela Merkel hat es dagegen sehr schwer: Was immer sie macht, wird mit dem Etikett »zu« versehen. Wartet sie eine politische Entwicklung ab, zeigt sie zu wenig Führungskraft und ist zu zögerlich. Wenn sie vorprescht und handelt, ist sie zu schnell, zu kalt und kennt ihre eigene Partei zu wenig. Als Frau ist sie in den eisigen Höhen der Spitzenpolitik ohne Vorbild und Muster, an denen sie sich orientieren könnte. Das trägt zur Verwirrung der innerparteilichen Konkurrenten bei, von denen sie lange unterschätzt wird. Es hat allerdings den Nachteil, dass es die CDU-Basis, die Wähler und die Medien genauso irritiert. Ihr Habitus und ihr Auftreten sprechen ohnehin nicht dafür, dass sie zu den Naturtalenten öffentlicher Selbstdarstellung gehören könnte.

Es stimmt zwar nicht mehr ganz, dass nur Frauen in der Politik sich Fragen über Kleidung und Frisur gefallen lassen müssen, auch über Scharpings Bart und Schröders Haarfarbe wurde durchaus diskutiert. Aber die öffentlichen Betrachtungen über Merkels Frisur und Aussehen schlagen jede Konkurrenz. Noch im Jahr 2005, ausgerechnet im Anschluss an eine Diskussion über die CDU-Frauenpolitik im Berliner Adenauer-Haus, rückt ihr eine junge Fernsehreporterin mit Mikrofon, Kamera und der Frage zu Leibe, ob sie mit ihrem neuen Augen-Make-up ihre Chancen für die Kanzlerkandidatur verbessert hat.

Und damit erweist sich Merkel wieder einmal als unterschätzt – und als eine Politikerin, die meisterhaft mit dieser Unterschätzung zu spielen versteht. Als sie Bundeskanzlerin ist, bricht eine regelrechte »Merkelmania« aus, vor allem in den Medien. Weder Kohl noch Schröder haben das Kunststück geschafft, in den ersten drei Monaten bei den Journalisten und, darüber hinaus, über zwei Jahre beim Publikum mit Spitzenwerten zu glänzen. Tiefpunkte der großen Koalition wie die Gesundheitsreform werfen keinen Schatten auf das öffentliche Bild der Bundeskanzlerin.

An Merkels Machtwillen kann so wenig gezweifelt werden wie an dem ihres Vorgängers; in Fragen der Machtinszenierung liefert sie das Gegenteil. Fast scheint es, als habe Merkel gegenüber den Medien den Spieß umgedreht. Während Schröder wegen des übermütigen Anfangs den Grundverdacht der Journalisten nicht abschütteln kann, es gehe ihm nur um Selbstinszenierungen, erledigt die Bundeskanzlerin alle bisherigen Zweifel an ihrer Person mit den Mitteln der Kanzlermacht. Im Regierungsamt findet Merkel binnen eines Vierteljahres ihr »Gesicht«. Das Bild der ersten Bundeskanzlerin ist nach der ersten Runde der Antrittsbesuche in Paris, Moskau, Washington fixiert, als sei sie schon Jahre im Amt – und es gibt nichts daran auszusetzen. Man weiß – und das wird in den 100-Tage-Texten über sie auch geschrieben –, dass morgens eine Visagistin zu ihr kommt und sie auf ihren Reisen begleitet. Kein Aufreger, nicht einmal für die *Bunte*: Merkels Äußeres ist kein Thema mehr. Ebenso erstaunlich ist das öffentliche Desinteresse an ihrem Beziehungs- und Beratungsnetz. Schröders »frogs«, die »friends of Gerhard«, seine formellen und informellen Beziehungs- und Beraternetze, werden erst mit seiner Kanzlerschaft für mediale Durchleuchtungsversuche richtig interessant. Noch nach

Ende seiner Amtszeit prozessiert er darüber, ob seine Frau ausschlagend für die vorzeitige Neuwahl war, wie im *Stern* behauptet worden ist. Die Fragen nach Merkels »girls camp« werden weitaus dringlicher gestellt, als sie noch Oppositionsführerin ist. Das Interesse an den Küchenkabinetten der Kanzlerin hält sich in Grenzen.

Es ist bekannt, dass auch Merkel Deutschland nicht ununterbrochen selbstlos dient, sondern sich von Thomas Heilmann, dem Vorstandsvorsitzenden der großen Werbeagentur Scholz & Friends, über Fragen der Kanzlerinnen-Auftritte beraten lässt. Ihr Gatte, Joachim Sauer, für den es kein männliches Vorbild gibt wie für die Kanzlerin kein weibliches, sitzt nicht auf der Bundestagstribüne, als sie zur Kanzlerin gewählt wird, und verweigert auch sonst die öffentliche Rolle. Aber nicht einmal die Boulevard-Medien kommen richtig auf den Appetit, wenn er dann doch mit zum US-amerikanischen Präsidenten oder zu Tony Blair reist oder beim Europa-Gipfel am Damenprogramm teilnimmt. Wenn Schröder ausgerechnet Bayreuth und die Wagnerfestspiele zum Ort einer Spitzenrunde gemacht hätte, um über den ersten deutschen Militäreinsatz in Nahost zu beraten, hätten ihn vermutlich eine lange Diskussion und leidenschaftliche Leitartikel über seine außenpolitische Instinktlosigkeit erwartet. Bei Merkel findet das kritische, aber doch beiläufige Erwähnung.

Es ist bei den Medien angekommen, Merkels Wort von der pragmatischen Regierungsarbeit, die nicht den großen Auftritt sucht, sondern bescheiden kleine Schritte gehen will. Auch sie platziert bestimmte Auftritte sehr gezielt; als Inszeniererin interessiert sie trotzdem nicht. Wenn sie sich Oskar Kokoschkas Adenauer-Porträt ins Dienstzimmer hängen lässt, ist *Bild* dabei, ebenso wie bei dem Rundgang der ersten Bundeskanzlerin mit Amtsvorgänger Helmut Kohl durch das Berliner Kanzleramt, das Kohl geplant, aber nie bezogen hat.

Ihr öffentliches Bild entsteht in erster Linie in der Amtsausübung, und fast ausschließlich darüber kann Merkel die Besonderheit ausspielen, die sie bei ihrem Aufstieg klein gehalten hat: eine Frau an der Macht. Der französische Präsident Jacques Chirac kann ihr gar nicht oft genug die Hand küssen; als sein Nachfolger Sarkozy sie in Berlin aufsucht, weist die herzliche Umarmung darauf hin, dass nunmehr Merkel einen in den Kreis der Großen aufnimmt. Die Mächtigen der Welt, ob Bush oder Putin, stehen bei den ersten Begegnungen neben ihr und verbreiten den Eindruck einer leisen Verunsicherung darüber, wie man sich in dieser Konstellation richtig benimmt. Das Bild der Bundeskanzlerin von der Europafeier in Berlin, die Gastgeberin in Orange, umringt von 26 Herren in dunklen Anzügen, schafft das unverwechselbare Image, das der Oppositionsführerin immer gefehlt hat. Alice Schwarzer beginnt ihr jüngstes Buch mit der Bundeskanzlerin auf Staatsbesuch in Saudi-Arabien: »Da steht sie in ihrem festen Schuhwerk und dem schwarzen Anzug und reicht den Scheichs selbstbewusst die Hand.«

Die erste Bundeskanzlerin braucht den Vergleich mit einem Vorbild nicht mehr, der das Bild politischer Aufsteiger illustriert und formt. Schröder hat auf dem Weg an die Macht ein solches Muster vorgegeben. Er nennt Altkanzler Helmut Schmidt als politisches Leitbild. Der Pragmatiker Schmidt passt zu dem Selbstverständnis, dass Schröder für sich entwirft: oberster Manager der Deutschland AG. Merkel kann man schlecht mit Adenauer, Erhard oder Kohl vergleichen. Ein Bild ist zur Hand, als die CDU-Vorsitzende im Herbst 2003 in ihrer Partei einen entschiedenen Reformkurs durchsetzt. Aber in Deutschland ist es alles andere als schmeichelhaft, mit Margaret Thatcher verglichen zu werden – und für die Vorsitzende der christdemokratischen Volkspartei schon gar nicht. Die »Eiserne Lady« gilt als Inbegriff sozialer Kälte. Die Unionsparteien in die Nähe der britischen Konservativen zu rücken, ist eine Lieblingsübung der SPD oder der Grünen: Wenn Fischer oder Schröder »die Konservativen« sagen, dann ist das die suggestive Verengung der christlichen Volkspartei auf eine reaktionäre Richtungspartei: rhetorischer Ersatz für die Trennschärfe zwischen den Volksparteien, die in Wahrheit längst verloren gegangen ist. Trotzdem zuckt die CDU-Vorsitzende immer gelassen mit den Schultern, wenn sie in dieser Zeit gefragt wird, ob der Thatcher-Vergleich sie störe. Es gebe eben keine Vorbilder für ihre Rolle: »Die Medien können mich ja schlecht als neue Indira Gandhi bezeichnen.«

Merkel gewinnt bei den Medien durch diese Zurückhaltung nicht nur, weil es zu ihr besser passt als Schröders »Hoppla, jetzt komm' ich« oder weil sie als erste Frau das mediale Bedürfnis nach dem Neuen ohne jede weitere Zutat bedienen kann. Und auch nicht nur, weil nach Rot-Grün, nach Schröders Experimenten nach dem Prinzip von Trial and Error, unübersehbar ist, dass es für die politische Person an der Spitze auf die richtige Dosis ankommt. Der Bundeskanzlerin kommt auch der Mechanismus der Ermüdung entgegen. Nach sieben Jahren mit Schröder und dem großen Selbstdarsteller Joschka Fischer wird Abwechslung dringend verlangt. Wenn er schon nicht in der politischen Substanz stattfindet, dann ist doch in der Stilistik ein Wechsel hochwillkommen. Merkel setzt Schröders Reformpolitik fort, einschließlich der berühmten handwerklichen Fehler. Aber sie führt ihr Stück anders auf. Sie kommt damit nicht nur bei der veröffentlichten Meinung gut an, sondern auch bei den Bürgern. Aber die bleiben wankelmütig und treulos, wenn es ums Wählen geht. Dieser Ernstfall steht Merkel noch bevor.

## Personen, Parteien, Bindungen

Nachdem Schröder im Sommer 2005 die Vertrauensfrage gestellt hat und die Neuwahl terminiert ist, klettert die Union in den Umfragen zeitweilig sogar in die Sphären der absoluten Mehrheit, während die SPD mit Zahlen in der 20-Prozent-Region hoffnungslos abgeschlagen scheint. Am Wahltag erreichen Union und SPD bekanntlich eine nahezu gleiche Stimmenzahl. Unabhängig davon, wie falsch oder richtig die Meinungsforscher mit ihren frühen Umfragen gelegen haben – es steht fest, dass der Wahlkampf das Kräfteverhältnis zwischen Union und SPD verschoben hat.

Die CDU-Vorsitzende und Kanzlerkandidatin Merkel hat in diesem Wahlkampf Fehler gemacht; der Übermut eines sicher geglaubten Sieges gehört sicher nicht dazu. Als Wahlkämpfer hat Schröder sich 2002 nachhaltigen Respekt im Lager der Union verschafft, auch bei Merkel. Nicht ohne Grund besteht sie darauf, gegen Schröder nur ein einziges Fernseh-Duell zu bestreiten; Stoiber und Schröder sind 2002 zweimal gegeneinander angetreten. Wie ein Bundeskanzler in der Wahlkampfarena eine Atmosphäre schaffen konnte, in der die Union gemessen und gewogen wird, als wäre sie an der Regierung, das wird in der CDU und von Merkel nachträglich als letztes wahlpolitisches Kunststück Schröders anerkannt.

Schröders Wirkung in diesem Wahlkampf entsteht auch aus seiner Fähigkeit, in die Kerben zu schlagen, die aus Schwächen der Union, der Kanzlerkandidatin und insbesondere ihres Finanzexperten Paul Kirchhof entstehen. Aber das ist nicht der entscheidende Effekt: Schröder bringt bei jedem seiner Auftritte, ob bei Kundgebungen oder Fernsehauftritten, die in Zeiten der allgemeinen Politikverdrossenheit ungewöhnliche Geschichte eines Politikers mit, der sein politisches Schicksal existenziell mit seiner Politik verknüpft hat. Sein Wahlkampf lebt von einer »Power of Goodbye«, aus der weder in der Wahlkampagne aus der SPD-Zentrale noch in seiner Rede Worte gemacht werden. Schröder, der große Inszenierer, erzielt in diesem Wahlkampf Wirkung auf eine andere Art als der frühe Kanzler, der einmal als »Brioni« und »Partykanzler« angefangen hat. Er steht auf den Wahlkundgebungen als einer, der von seiner Sache so überzeugt ist, dass er dafür sogar aufzugeben bereit ist, was ihm immer das Wichtigste war: die Macht.

Diese Erzählung wirkt, weil sie stimmt. Tatsächlich hat Schröder seine Macht immer wieder auf eine Karte gesetzt und in sieben Jahren aufgebraucht. Er teilt sie mit Lafontaine, um Kanzler zu werden. Mit einer Vertrauensfrage erzwingt er 2001 die hauchdünne Zustimmung seiner Koalition zum Afghanistan-Einsatz. Er gibt den SPD-Vorsitz auf, als die SPD dem Reformkurs nur widerwillig folgt, um diesen Kurs als Kanzler fortsetzen zu können. Der nach der verlorenen Europawahl im Sommer 2004 spontan gesagte Satz »Ich kann keine andere Politik« ist die nachhaltigste Selbstinszenierung eines Politikers, der als personifizierte Beliebigkeit galt: Jetzt steht er da und kann nicht anders.

Schröder kann den Abstand zwischen Union und SPD verringern, weil die Bürger als schlichte Tatsache anerkennen, was den Medien in Berlin-Mitte mit ihrer Neigung zum Machtzynismus entgeht: Der Bundeskanzler hat die Kanzlermacht aufgegeben und es den Wählern in die Hand gelegt, darüber zu bestimmen.

Schröders Aufstieg und seine Kanzlerschaft zeichnen sich durch eine ausgeprägte Ambivalenz im Verhältnis zu seiner politischen Heimat aus. Er ist als politische Person viel weiter von seiner Partei entfernt als alle Kanzler vor ihm. Sein Weg zum SPD-Vorsitz und der spektakuläre Rückzug davon kennt kein Vorbild.

Die schwerste Niederlage in der Zeit des Aufstiegs rechnet Schröder falscher Parteiraison zu. Der damals noch eher als

links geltende Ministerpräsidentenkandidat ist davon überzeugt, die niedersächsische Landtagswahl von 1986, nach
Tschernobyl, nur mit einer Orientierung auf eine rot-grüne
Koalition gewinnen zu können – eine Option, die zugleich
eine Vorreiterrolle in der SPD bedeutet hätte. Schröder vollzieht aber nach Anfangserfolgen im Wahlkampf einen
Schwenk. Er will den Konflikt mit der Bundespartei und
Kanzlerkandidat Johannes Rau nicht wagen, der mit Abstand
zu den Grünen und dem eigentümlichen Motto von der »eigenen Mehrheit« in die Bundestagwahl geht. Schröder fügt
sich zähneknirschend – und verliert. Danach wird es geradezu zu einem politisch-persönlichen Markenzeichen Schröders, dass er gegen den Stachel seiner Partei löckt. Fern von
Bonn, von Hannover aus, ist Schröder auch der Erste, der solche Auseinandersetzungen über die Medien führt.

Gleichzeitig trifft auf Schröder zu, was für Politiker seiner
Generation zum Regelfall geworden ist. Er zählt zum Typus
des Berufspolitikers, der seine »Geschichte« fast ausschließlich
aus der Welt der Politik bezieht. Aber doch nur beinah: Er
stammt aus bedrängten Verhältnissen, ist über den zweiten Bil-
dungsweg Rechtsanwalt geworden und damit ein Prototyp sozi-
aldemokratischer Aufstiegsvorstellungen. Seine politische Laufbahn macht er als klassischer Parteipolitiker: Juso-Vorsitzender,
Bundestagsabgeordneter, Oppositionsführer und Regierungschef in einem Bundesland, schließlich Bundeskanzler.

Sozial und emotional ist Schröder entgegen mancher Annahme Sozialdemokrat vom Scheitel bis zur Sohle. Keiner
kann wie Schröder SPD-Versammlungen mit dem Satz in
Wallung bringen, dass es nie mehr vom Portemonnaie der Eltern abhängen darf, ob jemand studieren kann. Hier deckt
sich eine Urformel sozialdemokratischen Emanzipationsden-
kens – Wissen ist Macht – mit dem individuellen Lebensweg.
In diesem Fall ist das Private politisch und bedarf keiner
überlegten Inszenierung.

141

Schröders »Abstand« zur SPD ist hingegen Entscheidungssache und in Szene gesetzt. Wer in der Ära Kohl die Mitte erobern will, muss Distanz zu einer SPD zeigen, die sich in der Opposition eingerichtet hat. Schröder macht das demonstrativ und gekonnt, weil es ihm leicht fällt. Denn so sehr er nach Herkunft und Gefühl Sozialdemokrat ist, so deutlich trennen ihm vom Milieu der Ortsvereine und Bezirksversammlungen sein ausgeprägter Machtwille und tausend »feine Unterschiede«. Die Zigarre, die der »Genosse der Bosse« bis zum Jahr 1999 öffentlich geradezu zelebriert, hat diese Differenz mit dem Holzhammer präsentiert – was darauf hindeutet, wie rabiat der noch nicht angekommene Aufsteiger Schröder auf Distinktionsgewinn aus war.

Angela Merkels Abstand von der CDU liegt ausschließlich in ihrer Biografie. Sie ist eine echte Quereinsteigerin in die Parteipolitik. Doch obwohl die Medienöffentlichkeit nach diesem Typus immer wieder laut ruft, trägt dieser Werdegang Merkel nur den Dauerverdacht ein, sie sei fremd in der Union und verstehe ihre eigene Partei allenfalls mit dem Kopf. Ostdeutsch, evangelisch, Frau, Naturwissenschaftlerin – ein gewaltiger Abstand zur westdeutschen, katholischen, männlichen Union. Dabei ist Merkel, die eine klassische bundesdeutsche Parteikarriere gar nicht machen konnte, von musterhafter Parteiloyalität. Schröder sagt schon immer: »Ich«. Merkel hat ihr ostdeutsch geprägtes »Man« noch benutzt, als sie schon Parteivorsitzende war. Sie dient der CDU, als stellvertretende Vorsitzende, als Ministerin und Generalsekretärin, während Schröder als böser Bube vom Dienst ständig gegen die guten Sitten seiner Partei verstößt. Merkels Weg an die Spitze der CDU folgt dem Trümmerfrauen-Muster. Als die Zeiten wegen der Spendenaffäre schlecht sind, ruft die Parteibasis nach einer Frau – die sich zu diesem Zeitpunkt allerdings klug in Stellung gebracht hat.

Schröder und Merkel kommen in jeder Hinsicht aus zwei

Welten. Doch ohne ihre Parteien sind beide unvorstellbar. Das Verhältnis kann sein, wie es will, ein Nicht-Verhältnis darf es nicht sein. Schon die Sprache verrät: Familienbande fesseln die Spitzenkräfte von SPD und Union an ihre Parteien. Der Aufsteiger Schröder zählt zu den »Enkeln« Willy Brandts, während Merkel ihren steilen Weg nach oben als Helmut Kohls »Mädchen« beginnt. Als Angela Merkel im November 2004 nach der kräftezehrenden Schlacht mit der CSU um die Gesundheitsreform vor den CDU-Parteitag tritt, legt sie in ihrer Rede ein großes Bekenntnis zu Traditionen und Werten der Union ab. Der aufmüpfige Ex-Juso macht als Kanzler Ende 1999, nach einem chaotischen ersten Regierungsjahr, einen Diener vor einem SPD-Parteitag. Seiner Frau Doris läuft eine echte und in *Bild* beachtete Träne über die Wange, als Schröder im März 2003 zum letzten Mal als SPD-Vorsitzender vor den Parteitagsdelegierten steht. Und erstaunlich: die Emotionen dieses Parteitags sind bei Schröder, nicht bei seinem Nachfolger Franz Müntefering, dem Spezialisten für die sozialdemokratische Seele.

Personalisierte Politik kommt in Deutschland ohne Bindungen an die politischen Stammlager nicht aus. Bei den Landtagswahlen in Schleswig-Holstein und Nordrhein-Westfalen 2005 haben die amtierenden Ministerpräsidenten mit ihren persönlich hohen Umfragewerten gegen den Vertrauensverlust der SPD nichts ausrichten können. Schröders Mediengeschick ist nichts wert, als sein Agenda-Kurs in der SPD und ihrer Anhängerschaft als unsozialdemokratisch, als Anleihe beim Neoliberalismus aufgenommen wird. Merkels in allen Medien hoch gelobter Mut zur radikalen Reform der sozialen Sicherungssysteme hilft der Kanzlerkandidatin wenig. Die CDU und noch mehr die CSU fühlen sich von ihren sozialpolitischen Traditionen abgehängt. Dagegen helfen wohlwollende Kommentare aus neoliberalen Wirtschaftsredaktionen nichts.

Das Spitzenpersonal in der Politik muss seinen Ruhm anders erobern und behaupten als die Stars in Kunst, Sport und Entertainment. Nicht Einmaligkeit und strahlende Individualität machen Politiker zum Objekt von Träumen und Projektionen. Sie müssen immer auch Repräsentanten von Tradition, Herkunft, Bindungen sein, die sie in ihrer Person darstellen und gerade insoweit brechen dürfen, dass eine Aura der Distanz, des Überlegenen, des zur Führung des ganzen Landes berufenen Spitzenpolitikers glaubhaft wird, der über seine Partei hinaus denken und handeln kann.

## Das Private – Risiken und Nebenwirkungen

Im März 2005 hält der Bundeskanzler auf der Cebit in Hannover strahlend einen Laptop in die Fernsehkameras. Darauf prangt Doris Schröder-Köpf, die zur »Frau des Jahres« gekürte Kanzlergattin. Für einen Moment lachen sie beide in die deutschen Wohnzimmer, der Kanzler durch die Tagesthemen-Kamera, seine Frau als doppelt elektronisch übermitteltes Bild, gewissermaßen mega-virtuell.

Sieben Jahre Rot-Grün, das sind auch sieben Jahre über Politiker-Frauen, -Kinder, -Hunde. Rudolf Scharping mit seiner Neuen, der Gräfin, am Swimming-Pool, eigens dargeboten für die *Bunte*, schafft es als »Rudolf, der Eroberer« auf den Titel des *Spiegel*. Sein Versuch, sein persönliches Profil durch das öffentlich inszenierte Private neu zu definieren, scheitert kläglich, am Ende scheitert der Politiker Scharping. Politiker-Inszenierungen sind nicht ohne Risiken und Nebenwirkungen, vor allem dann, wenn das Private politisch instrumentalisiert werden soll.

Merkel hat dem Fernsehen ihr Wochenenddomizil in der Uckermark geöffnet und in den Wochenendferien an der Ostsee im Freizeit-Look mit ihrem Ehemann für Fotografen posiert. Wenn selbst diese Kanzlerin die *Bunte* in ihre Wohnstube lässt, dann ist das ein Zeichen dafür, dass sich die Grenzen zwischen der privaten und der öffentlichen Person verschoben haben. Dazu beigetragen haben Politiker und Medien, denn beide Seiten haben ein Interesse an der öffentlichen Darstellung der »menschlichen Seite« der Mächtigen. Deckungsgleich sind die Motive natürlich nicht: Während die Politiker sich stets positiv dargestellt sehen wollen, können die Medien mit den »guten« und »schlechten« Meldungen Quote machen, und mit denen aus der menschlichen Grauzone die höchste. Patricia Riekel, die erfolgreiche Chefredakteurin von *Bunte*, gibt schon 2001 zu Protokoll, dass ihr Blatt sich zunehmend mit Politikern befasst, weil ein »people's magazine« wie die *Bunte* Prominenz braucht. Und Politiker sind in Deutschland, das mit echten Stars nicht gesegnet ist, als Promis willkommen – wenn auch, sieht man von den Kategorien Bundespräsident oder Kanzlerin ab, nur als solche zweiter Wahl. Zu den B-Promis aus der Politik gesellen sich als taugliche Objekte für mehr oder weniger harmlosen Klatsch mittlerweile auch Journalisten. Sieht man von den Christiansens oder Jauchs ab, rangieren sie allerdings nur in der Kategorie der C-Promis.

Wenn Gerhard Schröder die Frau wechselt oder Sabine Christiansen den Mann, wenn Christian Wulff eine neue Freundin hat, dann stehen sie gleichermaßen vor der Frage: Setze ich mich einer Dauerbelagerung aus oder liefere ich freiwillig begrenzte Einblicke und Fotos, um den Boulevard zu füttern? Schröder, Christiansen und Wulff haben sich jeweils für die Gewährung des begrenzten Einblicks entschieden. Das nichteheliche Kind von CSU-Generalsekretär Markus Söder erscheint jedoch gegen dessen Willen auf dem Titel von *Gala*.

Nicht nur diese Beispiele zeigen, dass man mit puristischen Haltungen schnell in die Zonen der reinen Lehre gerät, die für das wirkliche Leben nicht taugen. Die Grenze ist zweifellos überschritten, wenn *Bild* über das Berliner Privatleben von Verbraucherschutzminister Horst Seehofer in einer Weise berichtet, die nach dem freiwilligen Pressekodex der Zeitungen eindeutig unerlaubt ist. Doch im Großen und Ganzen herrschen in den deutschen Medien noch keine britischen Verhältnisse. Das Privatleben der Politiker ist immer noch fast tabu, wenn sie nicht selbst Fenster und Türen öffnen.

Doch wenn es zutrifft, dass für die Urteils- und Willensbildung der Bürger der Wert der Persönlichkeit steigt, dann wollen die Bürger in gewisser Weise zu Recht wissen: Was ist das für ein Mensch, dem sie die Regierungsgeschäfte anvertrauen? Und woran erkennt man ihn? Kann Charakter vorgegaukelt werden, den es gar nicht gibt?

Vermintes Gelände. Zum rot-grünen Übermut gehörte der freimütige Umgang mit den individualisierten Lebensformen, die parallel zur Auflösung fester Lager und sozialer Bindungen das Bild der Republik formen. Es sind die Protagonisten der postmateriellen Werte, die 1998 antreten, 1999 den ersten deutschen Kriegseinsatz beschließen und schließlich ernst machen müssen mit der Reform des Sozialstaats.

Für die Medien und ihren neuen Hunger nach Personality, nach Fleisch und Blut, nach Geschichten und Geschichtchen werden die rot-grünen Selbstverwirklicher zum idealen Partner. Auf politische Richtung kommt es dabei nicht an: Die linke Grünen-Vorsitzende Claudia Roth ist für die Medien stets interessant; sie stimmt nicht nur ihre Kleidung bei Parteitagsreden auf die Farben der Bühne ab, sie ist bunt und laut, immer ein Farbklecks für die bildhaften Medien. Der ebenfalls linksgrüne Umweltminister Jürgen Trittin taugt in dieser Hinsicht gar nicht, denn er hat einen hohen Zaun gezogen zwischen dem Politiker und dem Menschen Trittin, einen Zaun, den Journalisten nur unter offenem Bruch ihrer Berufsregeln überwinden können – was allerdings vorkommt. Trittin wird zum besonderen Objekt der Beobachtung von *Bild*, das dabei mit unlauteren Mitteln arbeitet.

Genial für die Medien ist Außenminister Joschka Fischer, der diesseits und jenseits des Politischen eine intensive Beziehung zu Journalisten pflegt, die von Zu- und Abneigung gleichermaßen geprägt ist. Im Herbst 2005 steigt Fischer vor den Augen vieler Journalisten auf der Fraktionsebene des Reichstags in den Fahrstuhl. Die Tür schließt sich, und Fischer verabschiedet sich von der Macht mit einem sanften »Ciao, ragazzi«.

Fischer hat die Öffentlichkeit mit privaten Bekenntnissen nie verschont; er ist das schlagende Beispiel dafür, dass die Neugier auf das Privatleben der Mächtigen keineswegs sinkt, wenn der Bildungsgrad des Publikums steigt. Der Ex-Sponti ist eine ideale Projektionsfläche für Mittelschichtklatsch. Wie er nach der dritten gescheiterten Ehe zum langen Lauf zu sich selbst antritt, ist ihm ein ganzes Buch wert, dessen Erscheinen allerdings wegen des dazwischenkommenden Kosovo-Kriegs etwas verschoben werden muss. Weil Diäten und Sport in Fischers Wählermilieu eine gängige Therapie nach persönlichen Lebenskrisen sind, findet das Buch weite Verbreitung, die manchmal verschämt mit der Bemerkung gerechtfertigt wird: »Ich lese aber nur die Lauf-Kapitel.«

Als Fischer von der *Bunten* mit seiner neuesten Freundin auf einem Berliner Wochenmarkt erwischt und fotografiert wird, greift der Außenminister zum Telefon und bittet die Qualitätsblätter um Rücksichtnahme. Die Sorge ist in jeder Hinsicht überflüssig. Die Neue wird schnell bekannt, von einem Schaden für den Minister kann keineswegs die Rede sein. Als »Manu« in seinem Leben auftaucht, wiegen Vertraute zwar die Köpfe und sagen: »Wir hoffen ja nur, dass er sie nicht gleich wieder heiratet.« Aber das hätte auch keinen größeren Aufruhr ausgelöst als der gemeinsame Auftritt mit der Freundin beim Bundespresseball. Drei Tage lang bewegt *Bild* auf der ersten Seite die Frage, warum »ausgerechnet« – Fischer hat sein mageres Erscheinungsbild schon wieder hinter sich – der Außenminister immer die schönsten Frauen bekomme. Es ist sicher nicht übertrieben, dass *Bild* bei den weiblichen Mitgliedern deutscher Zeitungsredaktionen in diesen Tagen tatsächlich die Rolle des Leitmediums spielt. Unter den zahlreichen Stellungnahmen zum Thema besticht am nachdrücklichsten die Erklärung, die natürlich von einer Frau stammt, dass Frauen sich eben jeden Mann schön denken könnten, während Männer bekanntlich nur imstande seien, sich jede Frau schön zu trinken.

Geschadet haben diese Debatten aus dem Unterhaltungsfach dem Ansehen des Außenministers überhaupt nicht. Gesunken sind seine Popularitätswerte wegen einer ernsten politischen Affäre, der um den Visa-Erlass.

Die öffentlichen Darbietungen des Privaten kann man für peinlich, rührend, aufdringlich, glaubhaft oder lächerlich halten. Nur eins sind sie nicht: berechenbar. Die öffentliche Inszenierung des Privaten unterliegt schon deshalb nicht der Kontrolle der politischen Akteure, weil ihre Wirkung beim Adressaten nie eindeutig ist. Zumal in der Anhängerschaft der Volksparteien werden Geschichten von Kindern und Frauen immer auf ein geteiltes Echo stoßen. Was in Hamburg-Steilshoop die Gemüter rührt, wird in Eppendorf als hochgradig peinlich empfunden. Was nach einer gewonnenen Wahl als neuer politischer Stil erfrischt, wirkt mitten in einer schwierigen Rentendebatte völlig deplatziert. Ein Sozialdemokrat als Weinkenner? Er kann von der gleichen Öffentlichkeit als weltgewandter Antitraditionalist gelobt oder als Leichtfuß ohne Bodenhaftung verdammt werden, je nach Zeitgeist und Konjunktur. Zur kaum kalkulierbaren Wirkung bei den Adressaten kommt der nicht kontrollierbare Umgang der Medien mit dem veröffentlichten Privaten: Wer bei »Kerner« oder »Maischberger« auftritt, muss mit Weiterverwertung rechnen, in den Boulevard-Blättern, Agentur-Meldungen und seriösen Zeitungen – und mit der jederzeit möglichen Wiedervorlage von alten Bildern in veränderten Zeiten. Der altbekannte Politiker-Zynismus »Was schert mich mein Geschwätz von gestern« kann im Umgang mit Fotos und bewegten Bildern schwer ins Auge gehen. Denn die verweigern sich der biblischen Weisheit, wonach Jegliches seine Zeit hat. Das Fernsehen kann Jegliches zur Unzeit erneut zur Aufführung bringen, in endlosen Wiederholungen.

Gewiefte Spitzenpolitiker mögen sich wünschen, dass nichts dem Zufall überlassen bleiben soll, wenn es, das Private eingeschlossen, um ihr öffentliches Bild geht. Angesichts der Eigengesetzlichkeit der Medien erweist sich das immer wieder als Illusion. Doris Schröder-Köpf setzt den Einblicken in ihre Ehe und Familie Grenzen, anders als Schröder in seiner vorherigen Ehe. Während die Töchter der dritten Ehefrau öffentlich gezeigt wurden, gibt es von Schröder-Köpfs Tochter Klara kein einziges Foto, abgesehen von einem fast rituellen, das sie während der alljährlichen Sommerurlaube von hinten zeigt. Nach konsequenten Strafandrohungen haben die Yellow-Magazine, die sogar den Schulhof erreicht hatten, die Jagd auf die Tochter eingestellt.

Doch in der öffentlichen Wahrnehmung instrumentalisiert dieser Kanzler auch noch die Adoption der Tochter Viktoria politisch. Unmöglich aufzuklären, welche der spärlichen Informationen über Viktoria aus der Kanzler-Umgebung stammt – Regierungssprecher Bela Anda deklariert das ganze Kapitel ebenso wie das Grab des gefallenen Vaters als »privat, und dazu äußert der Kanzler sich nicht«. Man erfährt das kleine Detail, dass Doris, Klara und Viktoria, genannt »Dascha«, Franz Müntefering zum 65. Geburtstag telefonisch ein Ständchen singen. Der Grundverdacht bei den seriösen Medien bleibt: Schröder setzt die Familie politisch ein. Den Boulevard-medien hingegen reicht nie aus, was Schröder liefert.

Wie das große Publikum den Menschen im Politiker hört, liest, sieht und versteht, das gehört ins weite Feld der Spekulation. Natürlich bewegen sich die politischen Akteure und ihre medialen Vermittler auf schmalem Grat, wenn sie dem Publikum Einblicke in Naturell, Charakter und Privatleben geben. Doch der Manipulation und Gaukelei sind enge Grenzen gesetzt, denn jede Botschaft von Kindern und Katzen wird durch die Lebenserfahrung der Betrachter gebrochen. Schließlich weiß jeder Mann und noch mehr jede Frau, dass die nach außen gezeigten Seiten einer Ehe und Familie immer nur Teilwahrheiten sind und dem schönen Schein nur in Maßen zu trauen ist.

Was sagt Schröders Geschichte mit seiner Frau Hillu wirklich über den Kanzler oder Fischers dramatischer Gestaltwandel nach Ehe Nummer drei über den Außenminister? Doch keine Alpha-Tiere, wenn der eine sich zu Hause die Curry-Wurst verbieten lässt und der andere als verlassener Ehemann die klassische Musik entdeckt? Oder sind sie nicht einfach nur wie der eine oder andere beruflich erfolgreiche Mann in unserer näheren Umgebung, der sich um Frau und Kinder kaum kümmert und trotzdem von seinem familiären Hinterland so abhängig ist, dass der Verlust sentimentale Krisen auslöst? Was kommt beim Bürger an, wenn der fast 60-jährige Schröder vor Gericht zieht, um die Behauptung zu unterbinden, sein erstaunlich dunkles Haar sei gefärbt? Wenn Doris Schröder-Köpf sich öffentlich entrüstet, weil die CDU ihren Mann in der Anmutung von Verbrecherfotos plakatieren will? Natürlich ist die Sache mit den Haaren hochgradig albern, aber wissen wir nicht auch, dass viele Männer auf harmlose Art nicht ganz zurechnungsfähig sind, wenn es um ihre Haare geht? Der wutentbrannte Bundeskanzler Helmut Kohl, den gerade ein Ei am Kopf getroffen hat, der durch keinen Bodyguard und keine Absperrungen zu bremsen ist und auf den Eierwerfer losgehen will, wirkt alles andere als staatsmännisch – aber absolut authentisch.

Präsidenten küssen seit jeher die Kinder der Witwen, und die »First Lady« ist eine demokratische Institution. Doch einen festen Rahmen, den Komment, der festlegt, wie das Emotionale sich öffentlich zeigen darf, den gibt es nicht mehr. Das ist nur in Maßen den Politikern anzukreiden. Ihre Botschafter sind Medien, deren Bedarf an Klatsch unbegrenzt ist. Adressaten sind die Bürger einer permissiven Gesellschaft, die sich seit zwei Generationen in einem Prozess befindet, in dem sich Normen und Werte, Rollen und Verantwortlichkeiten verschieben. Unser Begriff davon, was geht und was nicht geht, verliert seine Verbindlichkeit. Schließlich läuft man heute schon mit der Frage nach dem Befinden der Gattin Gefahr, ins Fettnäpfchen zu treten. Die allgemeine Verunsicherung der Gesellschaft macht auch vor dem Spitzenpersonal nicht halt.

Fischer und Schröder, *Bild*, BamS, Glotze, *Zeit* und *Spiegel* – das war eine politisch-mediale Symbiose ohne Vorbild. Die Popularität der beiden Politiker hat sich gegen die medialen Kampfpartner behauptet und mit ihrer Hilfe entwickelt. Von den Geschichtchen über Ehefrauen, Diäten, Zigarren ist nichts geblieben.

Die Person an der Spitze kann in der politischen Debatte aber behaupten, was die schnellen Medien ihr entreißen: Kontinuität. Fischer und Schröder haben in ihrer Person eine Erzählung über die Bundesrepublik verkörpert: der eine die des verlorenen Sohnes, der geläutert heimkehrt, der andere den bundesdeutschen Traum vom erfolgreichen Aufstieg aus bedrängten Verhältnissen. Die erste Bundeskanzlerin überzeugt als anerkannte Repräsentantin des Landes. Eine Erzählung, an der abzulesen wäre, wofür sie steht, verkörpert Merkel noch nicht.

# 9. Umfragen

## Wir kennen unser Volk

Am 22. September 2005 präsentiert das ZDF das neueste »Politbarometer«. Wie üblich folgt auf die Zahlen zur »politischen Stimmung« die bekannte Formel: »Wenn am nächsten Sonntag wirklich Bundestagswahl ...« Und wie üblich trägt die Redakteurin die Ergebnisse für die Parteien mit jenem bedeutungsschweren Ernst vor, mit dem ARD, ZDF, andere Sender und Zeitungen regelmäßig Meinungsumfragen präsentieren, um aus ihnen Aussagen über den Volkswillen herauszudestillieren.

In diesem Fall hatte das Volk am Sonntag zuvor seinen Willen verfassungsgemäß ausgedrückt, an den Wahlurnen. Das Ergebnis dieser Bundestagswahl ist die große Koalition, ein Nebenergebnis der Ärger über die Demoskopen. Ein CDU-Politiker grollt am Wahlabend: »Da gibt man eine Menge Geld für die Meinungsforschung aus, und dann kommt so ein Ergebnis dabei raus.« Die seit Wochen auf allen Kanälen verbreitete Erwartung eines politischen Wechsels zu Schwarz-Gelb hat sich als falsch erwiesen. Vor allem die CDU ist weit überschätzt worden. Die Medien haben mit ihrer umfragegestützten Vorwegnahme einer schwarz-gelben Mehrheit Schiffbruch erlitten.

Es ist ein Vorgang von schauerlicher Komik, wenn nur fünf Tage später ausgerechnet aus einer Umfrage Erkenntnisse darüber abgeleitet werden, was das Volk denn wohl gemeint haben könnte mit dem Ergebnis. Doch in den ersten beiden Wochen nach der Bundestagswahl debattieren Zeitungen und Sender in größter Selbstverständlichkeit über Neuwahlen, weil, siehe Umfragen, viele Wähler ihre seltsame Entscheidung eigentlich schon bereut hätten. Das ist nicht nur komisch, weil die Bundestagwahl gerade den Nachweis erbracht hat, dass falsch liegen kann, wer sich auf Umfragen stützt. Es ist bedenklich, wenn die professionelle Öffentlichkeit den Unterschied zwischen Wahlen und Umfragen auf diese Weise unbedacht kleinredet. In Wahlen übt das Volk die Staatsgewalt aus, die laut Grundgesetz von ihm ausgeht. Es delegiert auf diesem Weg Macht, die durch Recht, Gesetz und den nächsten Wahlgang begrenzt ist – aber keineswegs durch die nächste Umfrage. Wahlen schaffen Fakten, die bis zur nächsten Wahl bindend sind und Mehrheiten legitimieren. Wöchentliche Momentaufnahmen, selbst wenn sie sehr genau wären, haben in der Ordnung einer repräsentativen Demokratie keinen Rang, der irgendetwas oder irgendwen legitimiert. Die Sonntagsfrage ist eine Momentaufnahme, und je weiter die nächste Wahl entfernt ist, desto unzuverlässiger ist sie. Die seit einiger Zeit übliche öffentliche Dauerpräsenz von Umfragen ist ein Beitrag zur unterschwelligen Delegitimierung gewählter Regierungen.

Ob die Demoskopie unerlaubten Einfluss nimmt auf die Demokratie, ist ein altes Thema. Viele Länder schränken die Veröffentlichung von Umfragezahlen bei Wahlen ein, um eine Beeinflussung des Ergebnisses kurz vor Toresschluss zu verhindern. In Deutschland werden bis unmittelbar zu den Wahlen Erhebungen durchgeführt, aufgrund einer freiwilligen Vereinbarung aber in der Vorwoche einer Wahl nicht mehr veröffentlicht. Nach den Bundestagswahlen von 2002 und 2005 sind, zum wiederholten Mal, Vorschläge diskutiert worden, ob die umfragefreie Zeit kurz vor Wahlen nicht ausgedehnt werden sollte.

Ohne Ergebnis. Die Demoskopie zählt zu den Faktoren moderner Massengesellschaften, denen man sich ebenso wenig entgegenstellen kann wie dem Fernsehen oder dem Internet. Ob sie, wie Umfrage-Pionier George H. Gallup pathetisch eine Einführung in die Demoskopie betitelte, *The Pulse of Democracy* messen, also die Demokratie stärken, weil sie die Verständigung zwischen Politik und Bevölkerung verbessern, oder ob sie ein fragwürdiges Instrument unkontrollierter Einflussnahme sind, wird debattiert, seit es Umfragen gibt. Theoretisch ist der Streit nicht zu entscheiden, praktisch durchaus: Über die Wirkung von Umfragen entscheidet, was die öffentlichen Akteure aus ihnen machen.

Jeder Zeitungsleser und Fernsehzuschauer kann es regelmäßig sehen: Das Interesse an den Befunden der Demoskopie wächst, bei Politikern nicht anders als bei Zeitungen und Sendern. Und was in der Welt ist, wird meist auch bekannt, wie der Wahlabend der französischen Präsidentschaftswahl illustriert hat. Weil vielerorts die Wahllokale länger geöffnet waren, durften in Frankreich die 18-Uhr-Prognosen nicht veröffentlicht werden. Aber im deutschen Fernsehen. Im Zeitalter der digitalen Gleichzeitigkeit heißt das natürlich, dass sie jedem interessierten Franzosen auch bekannt werden konnten.

Nach dem September 2005 haben die Meinungsforscher auf die Kritik an ihren Erhebungen geantwortet, dass ihre unmittelbar vor der Wahl erhobenen Zahlen, die nicht mehr veröffentlicht werden durften, durchaus treffend waren. Tatsächlich entscheiden immer mehr Wähler in letzter Minute. In den Umfragen, die Wochen oder Monate vor Wahlen veröffentlicht werden, steigen deshalb die Unsicherheitsfaktoren. Schon immer galt, dass die unvermeidliche Unschärfe und Fehlertoleranz jeder sozialwissenschaftlichen Erhebung die Aussagekraft von Umfragen grundsätzlich relativiert. CDU 38 , SPD 31 Prozent – die nackten Zahlen, die in Sendern und Zeitungen präsentiert werden, stimmen nie präzise. Bei kleinen Parteien können schon die üblichen Abweichungen den wahlentscheidenden Unterschied des Scheiterns an oder Überwindens der 5-Prozent-Hürde ausmachen; bei den großen kann ein scheinbar deutlicher Vorsprung für die eine Partei sich in ein Kopf-an-Kopf-Rennen verwandeln, wenn man die Fehlertoleranzen in Rechnung stellt. Der zusehends »volatile« Wähler erhöht diese Risiken zusätzlich und beträchtlich. Denn die ermittelten Daten werden »gewichtet«, was heißt: Sie werden von den Meinungsforschern interpretiert. Die Zahl der bis kurz vor der Wahl Unentschiedenen steigt aber nicht nur von Wahl zu Wahl. Die Erfahrungswerte, nach denen gewichtet wird, wie diese Unentschiedenen sich vermutlich verhalten, verfallen auch, sie verändern sich ebenfalls. Was im 21. Jahrhundert vier Wochen vor einer Wahl veröffentlicht wird, ist weitaus spekulativer als entsprechende Daten von 1969 oder 1972. »Nein, mein Fehler war ganz klar ein Interpretationsfehler«, sagt Manfred Güllner, Chef des Meinungsforschungsinstituts Forsa, bei einer Diskussionsrunde des »MainzerMedienDisput« nach der Wahl 2005. »Wir sind uns ja einig, dass das, was wir messen, nicht die Realität ist, sondern nur Näherungswerte an die Realität sind. Da ist dann doch der Forscher mit seiner Interpretation gefragt. Mein Fehler war es, nicht gesehen zu haben, dass in der Endphase des Wahlkampfes ein Teil der Unionsanhänger zwar Rot-Grün weghaben wollte, aber wegen der großen Vorbehalte gegen Merkel doch nicht CDU oder CSU gewählt haben.« Auch Dieter Roth, langjähriger Leiter der Forschungsgruppe Wahlen, die für das ZDF das »Politbarometer« erarbeitet, sieht in Mainz »kein Debakel der Wahlforschung«. Denn Wahlforschung sei eine »eher erklärende Wissenschaft und nicht eine voraussagende. Eine Voraussage ist eher ein Beiprodukt unserer Daten.« Wer zwei bis drei Monate vor dem Wahltermin eine Prognose wage, bewege sich auf sehr glattem Untergrund. »Das liegt nicht an den Instrumenten, die funktionieren sehr gut. Aber die Parteien verlangen eine

Präzision, die wir erst bei einer Befragung am Wahltag erreichen könnten, nicht aber Wochen oder Monate vorher.«

Recht präzise sind die Prognose-Zahlen, die an Wahlsonntagen vor den Wahllokalen erhoben werden und Punkt 18 Uhr von ARD und ZDF für die Zuschauer veröffentlicht werden dürfen. Sie kursieren schon vorher in den Parteizentralen, im Kanzleramt, in Ministerien, unter Journalisten, in Redaktionen. Schröder und Müntefering wussten am Nachmittag des Wahltages nicht nur, dass die Landtagswahlen in Nordrhein-Westfalen für die SPD verloren waren. Sie wussten auch, dass es sich um eine verheerende Niederlage handelte, deren dramatische Konsequenz, die vorgezogene Neuwahl, Müntefering der überraschten Öffentlichkeit kurz nach Schließung der Wahllokale mitteilen konnte.

Es ist eine große Personengruppe, der Stunden vor der Schließung der Wahllokale bekannt ist, wie die Bürger abgestimmt haben. Ginge es nur um die Beachtung einer Übereinkunft, wären Veröffentlichungen während einer laufenden Wahl nur noch eine Frage der Zeit. Aber Umfragen sind auch ökonomisches Gut: Es käme jedes Medium teuer zu stehen, sie zu veröffentlichen, bevor der Auftrageber sie mit seinem Namen verbreiten kann.

Künftig werden wir eher mit mehr als mit weniger Umfragedaten, auch im unmittelbaren Umfeld von Wahlen, zu rechnen haben, einfach weil in Parteien und Medien der Bedarf ständig wächst. Die Begrenzungsdiskussion ist aber nicht nur unrealistisch. Sie trifft auch nicht mehr den entscheidenden Punkt. Denn der unerlaubte Einfluss, den Umfragen möglicherweise auf den Wahlausgang nehmen könnten, ist vergleichsweise harmlos. Abgesehen davon, dass er empirisch nicht nachgewiesen werden kann, relativiert sich die Gefahr, weil der wankelmütige Wähler nicht nur Parteien und Medien, sondern auch den Demoskopen unberechenbare Streiche spielt. Er antwortet auf die Sonntagsfrage vermutlich inzwischen so taktisch, wie er an der Wahlurne taktisch wählt: Nicht die Partei seines Herzens, die gibt es ja nur noch für wenige, sondern die des geringsten Übels.

Viel problematischer ist mittlerweile die Wirkung von Umfragen auf die normale politische Debatte, vom ersten bis zum letzten Tag gewählter Parlamente und Regierungen. Umfragen haben sich einen Platz erobert, der Momentaufnahmen und Stimmungen die Bedeutung einer harten Tatsache oder eines sachlichen Arguments zuweist.

Das liegt nicht am guten oder schlechten Handwerk der Meinungsforscher, oder jedenfalls nur zum geringeren Teil. Es sind Politiker und Journalisten, die das Kleingedruckte nicht lesen, das die Institute für gewöhnlich mitliefern, die Methodeninformationen und Hinweise auf Fehlertoleranzen, die Wert und Aussagekraft der präsentierten Zahlen einordnen und relativieren. Das eigentliche Problem bei den Medien ist eine Haltung zur Demoskopie, die diesen fahrlässigen Umgang begünstigt, ja geradezu erfordert. Sie wird nicht – was nützlich und angemessen wäre – als Hilfsmittel benutzt, um die eigene Sicht auf die Wirklichkeit und ihre Deutung auf eine bessere Grundlage zu stellen. Umfragen ersetzen die eigene Sicht. Und das untergräbt bei Politikern und Medien das Verantwortungsgefühl für die je spezifischen Leistungen, die sie im Interesse des Gemeinwohls zu erbringen haben. Politiker opfern ihren Instinkt und den Wählerauftrag zur Führung, wenn sie zu wichtig nehmen, was im Moment gefällt. Journalisten wiederum misstrauen ihrem Handwerk, wenn sie mangelhaft präsentierte Arbeitsergebnisse der Sozialwissenschaft über ihre eigene Wirklichkeitssicht und -deutung stellen, die durch journalistische Neugier und Recherche erarbeitet wird.

Der Umfrage-Boom, der seit den späten 1990er Jahren anhält, ist Teil des Aufstiegs- und Machtkampfes von Gerhard Schröder und Rot-Grün. Politiker und Parteien haben, wie an der Verbindung zwischen Helmut Kohl und Elisabeth Noelle-Neumann zu beobachten war, zu dieser Zeit längst ein inniges Verhältnis zur Meinungsforschung. Die Medien noch nicht. Die 1993 gegründete, inzwischen eingestellte Wochenzeitung *Die Woche* von Manfred Bissinger, der Schröder nahesteht, bringt die regelmäßig erscheinende Umfrage in Mode. Sie wird in den späten 90ern ein Indikator der untergehenden Ära Kohl und des Wechsels, sie ist spannend, irgendwie schick, ihre bunten Balken sind optisch attraktiv – und sie entwickelt ein Eigenleben in der Öffentlichkeit, das ihre Erfinder vermutlich nicht vorhergesehen haben. Medien gehören heute zu den besten Kunden der Meinungsforschungsinstitute. Nach einer Untersuchung der Kommunikationsforschung der Universität Augsburg hat sich zwischen 1980 und 1998 die Berichterstattung über Wahlumfragen verfünffacht; im Vergleich zu 1998 haben die überregionalen Zeitungen in den letzten zwölf Wochen vor der Wahl 2002 ihre Umfrageberichterstattung nahezu verdoppelt. Umfragen bestücken Nachrichtentexte, Kommentare und Aufmacher. Als weit vor der vorletzten Bundestagwahl die *Welt* die Schlagzeile »Rot-Grün verliert Mehrheit« auf die erste Seite setzt, fragt ein Kollege bei der internen Zeitungskritik noch ironisch: »Habe ich irgendeine Landtagswahl verpasst?« Heute stolpert kaum jemand noch darüber, wenn der Nachrichtengehalt unter einer solchen Schlagzeile nur aus einer Umfrage zu Parteipräferenzen besteht.

In der Welt des politischen Journalismus hat der Taxifahrer einmal eine große und heikle Rolle gespielt. Er repräsentierte in der Sphäre der Journalisten gewissermaßen »Volkes Stimme«, die jederzeit zugänglich war, wenn man einmal wieder eilig zum Zug oder spätabends nach Hause musste. Die Umfrage hat ihn abgelöst, aber eine schlechtere Quelle als die Umfragedaten, die am Donnerstagnachmittag auf den Tisch und schnell noch ins Blatt kommen, war der Taxifahrer nicht. Denn in seinem Fall war zwangsläufig eine gesunde kritische Distanz geboten: Journalisten haben sich gern, aber immer selbstironisch auf ihre Gespräche mit dieser Volksstimme berufen – es galt als peinlich, wenn sich der Taxifahrer in veröffentlichte Texte verirrte.

Umfragen haben höhere Weihen, jedenfalls scheinbar. Sie erlauben uns Medienmachern, unverdrossen zu behaupten, wir wüssten, wie die Leute denken. Tatsächlich wissen wir es weniger als zu den Taxifahrerzeiten. Denn in dieser Hinsicht geht es uns nicht anders als den Politikern: Politische Stimmungen und Trends einer Bevölkerung, die in festen sozialen und politischen Bindungen lebt, erschließen sich leichter als die einer hoch individualisierten Gesellschaft. Und der Politikbetrieb in Berlin-Mitte ist eben nicht lebensnäher, sondern noch realitätsferner als das Bonner Raumschiff. Umfragen verschaffen Gewissheiten und geben uns einen Halt, den wir in der Wirklichkeit nicht mehr haben. Der Ehrgeiz, Umfragen als Erkenntnisquellen auszuwerten, ist dabei übrigens beschränkt. Die Sonntagsfrage und Kandidatenbeurteilungen stehen nach der Augsburger Analyse für die Medien im Mittelpunkt des Interesses: »Das Potenzial von Umfragen, etwas über die Motive von Wählern zu erfahren, wird hingegen selten ausgeschöpft.« Umfragen sind zum leicht verfügbaren Wirklichkeitsersatz geworden.

Außerdem aber liefern die Befunde über Stimmungs- und Sonntagsfragen, Bekanntheits- und Beliebtheitsgrade von Politikern regelmäßig neuen Stoff für politische Unruhe, Erregung und Streit jenseits der Sachfragen. Wie die Parteien, wie Kanzler oder Kanzlerin in den Umfragen liegen, das ist ein wichtiger politischer Kampfplatz geworden, seit die Medien aus Umfragedaten Nachrichten und Kommentare machen. Denn die Schlagzeile zur Sonntagsfrage schafft sich ihre eigene Realität: die Nervosität in der zweiten und dritten Reihe der Politik, bei Abgeordneten, Kommunalpolitikern,

Basisgliederungen: also dort, wo Spitzenpolitiker zuerst von ihrer Politik überzeugen müssen. Es hat einen frühen Umfrageboom in Deutschland gegeben, in den Wahlkämpfen Ende der 60er und in den frühen 70er Jahren. Rudolf Augstein hat die Demoskopie skeptisch als »gefräßiges Brüderchen« bezeichnet, Medienmacher haben Meinungsforscher damals als Konkurrenten um ihre »Meinungshoheit« wahrgenommen. Denn Journalisten und Demoskopen arbeiten am gleichen Gegenstand, der Wirklichkeit und ihrer Deutung. Aber eben: in verschiedenen Rollen, auf andere Art und Weise. Noelle-Neumann, die als eine der Ersten unter den Meinungforschern ihr Allensbacher Institut auch in Medien platzieren konnte, hat die journalistische öffentliche Meinung deshalb kritisch begleitet. Und umgekehrt war Noelle-Neumanns demoskopisch ermittelte öffentliche Meinung häufig das Objekt journalistischer Kritik.

Diese Konkurrenz ist einer freiwilligen Unterordnung der journalistischen unter die demoskopische Wirklichkeitsermittlung gewichen. Die immer wieder vorgetragene Kritik der Meinungsforscher am unsachgemäßen Umgang der Medien mit Umfragen ist dabei weitgehend folgenlos geblieben. »Den genauen Fragewortlaut, die statistische Fehlerspanne und die Art der Befragung erfahren die Leser und Zuschauer nur sehr selten«, fasst die Augsburger Untersuchung zusammen. Zweimal, 2002 und 2005, haben Bundestagswahlen allen Anlass gegeben, mit Umfragen vorsichtiger umzugehen – wenn zweimal nicht gelernt wird, dann muss es dafür ein starkes Motiv geben. Auch wenn es stimmt, dass die Medien aus Umfragen keine Funken schlagen könnten, wenn in Parteien und politischen Institutionen die Umfrage-Gläubigkeit nicht so groß wäre: Die leichtfertige Darstellung und die wachsende Bedeutung von demoskopischen Stimmungsbildern hat ihren Grund im schlichten Eigennutz der Medien. Sie sind geeignet, das Streitmuster aufzuladen und Politik nach den bekannten Aufmerksamkeitsregeln zu dramatisieren. Statt mit dem eigenen Kopf wird Kritik an der Politik mit dem alles erschlagenden Argument ausgeübt: Das Volk will es aber (nicht) so.

Wie immer, wenn Medien etwas zum Selbstzweck machen, zahlen sie dafür auch einen Preis. Die Neigung zur Umfrage und die Berufung auf die Demoskopie produzieren einen faden Konformismus, der Zeitungen, Magazine und Fernsehsender trotz aller Exklusivitis umgibt. Der politische Journalismus bedient seine Leser, Zuhörer und Zuschauer mit einer Sicht der Wirklichkeit, die bei allen gleich aussieht. Wir lassen sie uns von anderen liefern, statt nach den Regeln unseres Berufs neugierig danach zu suchen.

Die bereitwillige und ständige Wiedergabe von Wahlumfragen passt nicht zum Selbstverständnis des kritischen Journalismus. »Wenn die Umfragedaten in den Medien erscheinen,« sagt Wahlforscher Roth in Mainz, »wird nicht auf ihre Fehleranfälligkeit und den Interpretationsspielraum hingewiesen. Die Zahlen gelangen in einem nicht zu vertretenden Absolutheitscharakter an die Öffentlichkeit.«

## Umfragedemokratie

Anders als bei vielen Journalisten war die Neigung unter den Politikern sehr gering, Gedankenspiele mit dem Überraschungsergebnis vom September 2005 zu treiben. Zwei der rechnerisch möglichen dreifarbigen Koalitionen, die »Ampel« und »Jamaika«, waren schnell abgearbeitet, die dritte, Rot-Rot-Grün, politisch undenkbar. Noch weniger haben die Volksparteien die Möglichkeit von Neuwahlen in Betracht gezogen.

Der Grund für die unterschiedlich ausgeprägte Experimentierfreude liegt auf der Hand: Die Medien hatten bei einer weiteren Wahl die Aussicht auf gute Auflagen und Quoten, die Politiker nur die auf ein vollends unkalkulierbares Risiko bei den Wählern, die sich soeben als unberechenbar erwiesen hatten. Bei der Meinungsforschung war, wie das Wahlergebnis gezeigt hat, keine auch nur annähernde Gewissheit über den Ausgang neuer Wahlen zu holen. Für Merkel, die mit mehr gerechnet hatte, war Schröders Attacke gegen ihren Anspruch auf das Kanzleramt das geringere Übel im Vergleich zur Fortsetzung des Wahlkampfs. Schröder, dessen Erwartungen übertroffen waren, musste damit rechnen, dass seine Wähler den Versuch empfindlich bestrafen würden, das Volk so lange wählen zu lassen, bis einem eigentlich schon abgewählten Kanzler das Ergebnis gefällt.

Politiker denken anders über Umfragen, weil sie anders über Wähler denken. Sie interessieren sich für Meinungsforschung, weil sie Wähler gewinnen wollen. Die Medien wiederum interessiert der demoskopische Nachweis, dass Partei X und Politiker Y gerade Wähler oder Ansehen verliert, weil sich damit politische Aufregung entfachen lässt. Doch beiden gemeinsam ist, dass demoskopische Befunde im Alltagsgebrauch wie schlagkräftige Argumente eingesetzt werden, und beide wundern sich gelegentlich, wenn die Wirklichkeit ihnen dabei nicht folgt.

Am Abend der Landtagswahl in Bremen im Mai 2007 hat sich jeder der im Fernsehen befragten Bremer CDU-Politiker auf die Meinungsforschung berufen – als stärkstes Argument für eine Fortsetzung der großen Koalition. Aus den vorliegenden Umfragen gehe doch hervor, so das trotzige Kontra der Wahlverlierer gegen den Machtanspruch der grünen Wahlgewinner, dass die Menschen keinen Wechsel, sondern die alte Konstellation wollten. Die Bremer Bürger hatten soeben souverän ihre Staatsgewalt ausgeübt, die Anteile der jeweiligen Parteien an den Sitzen der Bürgerschaft festgelegt und damit, ganz verfassungsgemäß, die Bildung der Organe der vollziehenden Gewalt an die Gewählten delegiert. Schlichter gesagt: In Bund und Ländern entscheiden die Wähler über die Zusammensetzung der Parlamente. Über Koalitionen entscheiden die Gewählten – im Sinne des politischen Anstands möglichst in Übereinstimmung mit ihren Aussagen im Wahlkampf: Weil Henning Scherf, der vorherige Bremer Regierungschef, sich vor der vorletzten Bremer Wahl auf die große Koalition festgelegt hatte, hat er sie weitergeführt. Weil sein Nachfolger die Koalitionsfrage offengelassen hatte, ist er nach den formalen und nach den Anstandsregeln der repräsentativen Demokratie frei, über die Koalitionsbildung zu entscheiden. Man könnte, demokratietheoretisch, sogar vertreten: Nach zwölf Jahren großer Koalition gibt es eine gewisse Pflicht zum Wechsel. Denn sie ist der eher unerwünschte Ausnahmefall der Demokratie – einmal, weil ihr eine schwache Opposition gegenübersteht, und zweitens, weil nur die große Koalition Politikern die Verletzung der Anstandsregel erlaubt, dass koalitionspolitisch das einzulösen ist, was vorher angekündigt wurde. Merkel konnte nicht schwarz-gelb, Schröder nicht rot-grün regieren, weil der Souverän selbst es unmöglich gemacht hat.

Der Hinweis auf Umfragen hat etwas Bestechendes. Er suggeriert, dass der Argumentierende sich auf den Volkswillen stützt. Die erwiesene Unschärfe von Umfragen ist Meinungsforschern, Politikern und Medien, aber längst nicht allen Bürgern geläufig. Die Umfrage als Argument ist deshalb reiner Populismus, der zulasten der Institutionen und Verfahren der repräsentativen Demokratie geht. Wenn es zur politischen Alltagskultur wird, mit Verweis auf Umfragen zu behaupten, das Volk wolle dieses so oder jenes nicht, dann kann nur schwer Verständnis aufkommen für langsame und komplizierte politische Prozesse, die Interessenunterschiede, Widersprüche, Kompromisse als wichtige, konstruktive, unvermeidliche Faktoren aushalten und austragen müssen. Politiker schaufeln an ihrer eigenen Grube, wenn sie kritische Fragen oder Einwände mit dem Satz beantworten: »Im Übrigen sagen uns die Umfragen ja auch, dass wir richtig liegen ...« Denn bei nächster Gelegenheit werden schlechte Umfragen sich gegen den Politiker wenden: Wenn gute Umfragezahlen ein Nachweis für gute Politik sind, beweisen umgekehrt sinkende Werte, dass schlecht ist, was die Regierung gerade vorschlägt.

Keine Frage: Politiker brauchen die Arbeitsergebnisse der Demoskopen, in Zeiten gesunkener Parteibindungen sogar mehr als früher. Bis in die 80er Jahre hinein konnten sich die Spitzenpolitiker der Volksparteien auf ein übersichtliches seismografisches System stützen, um sich die Grundströmungen und Trends in ihrer Partei, in deren Umfeld und im Land zu erschließen. Wer regelmäßig mit dem Gewerkschaftsboss, dem Bischof, mit Mittelständlern, Sozialverbandsvertretern und einigen Bürgermeistern sprach, konnte die Risiken und Nebenwirkungen politischer Vorschläge kalkulieren und kannte die Stimmung im Land. Willy Brandt hat deshalb 1974 die zweistellige Lohnerhöhung im öffentlichen Dienst zu Recht als weichenstellende Niederlage gewertet. Sein Umfeld hielt, wie sich an der mächtigen Gewerkschaft ÖTV zeigte, den Spielraum für politische Wohltaten offensichtlich für sehr viel größer als der Regierungschef selbst – eine Kluft, die Brandts Kanzlerschaft zermürbt hat. Helmut Kohl hat den Tag immer sehr früh angefangen – nicht, um in Pressespiegeln zu lesen, was über ihn geschrieben wurde, sondern um zu telefonieren, in alle Himmelsrichtungen, kreuz und quer durch alle Gliederungen der CDU. Den öffentlichen Spott der 1980er Jahre über seinen Regierungsstil des »Aussitzens« konnte er als guter Kenner der Seelenlage seiner Partei gelassen ertragen.

Milieukenntnisse dieser Art reichen heute selbst in kleinen Parteien nicht mehr aus, um Akzeptanz oder Ablehnung politischer Entscheidungen abschätzen zu können. Die Volksparteien sind dafür längst zu unübersichtlich geworden. Der große Widerspruch, den sie mehr als vier Jahrzehnte erfolgreich ausbalanciert haben, der zwischen Kapital und Arbeit, strukturiert die Gesellschaft und die Volksparteien nicht mehr durchgreifend. Die Interessenlagen sind zu vielschichtig geworden; auch Politiker mit Instinkt müssen ihre Entscheidungen auf mehr und andere Erkenntnisse stützen als die, die sie sich selbst unmittelbar erschließen können.

Dass demokratische Politiker auf die Wähler schielen, kann man ihnen nicht im Ernst vorwerfen. Denn die Wähler entscheiden nicht nur über ihre Wiederwahl. Jede wichtige politische Entscheidung ist letztlich auf Zustimmung in der Bevölkerung angewiesen. Allerdings: letztlich, nicht in jedem Augenblick. Dass Umfragen auch das Potenzial haben, Politiker zu verleiten, nicht, wie es ihre Aufgabe ist, voranzugehen und zu führen, diese Skepsis ist in der Bundesrepublik früh artikuliert worden. Die beißende Kritik von Wilhelm Hennis, der schon 1957 bedauert hat, dass Umfragen zu einem »anerkannten Instrument des politischen Kampfes avanciert« seien, ist ein kleines Branchentrauma der Demoskopen. Jedenfalls wird Hennis noch heute häufig bei Debatten über die Wirkung der Demoskopie zitiert. Ebenso Kurt Gayer, der 1969 über Politik und Umfragen sagte: »Niemals zuvor waren die Lenker des Staatsgeschickes so sehr der Versuchung ausgesetzt, sich dem Volkswillen geschmeidig anzupassen, und das heißt: nicht mehr zu führen, sondern sich führen zu lassen. Der Politiker, der unbesehen Umfrageergebnisse als die öffentliche Meinung hinnimmt, die Parteien, die wie hypnotisiert nach den Prozenten schielen, die Regierenden, die aus parteitaktischen Gründen so gern in Übereinstimmung mit dem Volkswillen handeln, sie alle werden eines Tages nicht mehr ohne Krückstock gehen können.« In Kohls späten Jahre hat sich Gayers abschließende düstere Vorhersage bewahrheitet: »Sie werden zögern, Entscheidungen zu fällen, die nicht durch zustimmende Umfragezahlen untermauert und abgesichert sind.« Weil Kohl seine Wähler und Anhänger allzu gut kannte, hat er wichtige Reformen verschleppt.

Diese Mahnungen kommen aus einer Zeit, als Politiker noch Zuwächse zu verteilen hatten. Sie müssen heute erst recht ernst genommen werden. Wenn, wie bei den verspäteten Reformen, gewohnte Besitzstände infrage gestellt werden müssen, können sie in der Bevölkerung oft erst dann überzeugen, wenn sie ihre gute Wirkung praktisch nachgewiesen haben – aber eben nicht im Augenblick, den die Meinungsforscher bei Stimmungs- und Sonntagsfragen abbilden.

Das Motto stimmt, mit dem die Kommunikations- und Politikberater gern für sich werben: Politik braucht Beratung. Aber oft genug lassen sich Politiker im Umgang mit Umfragen, nicht anders als die Medien, mehr vom kurzfristigen Eigennutz als vom öffentlichen Nutzen leiten, den die sozialwissenschaftlichen Erkenntnisse ihnen zur Verfügung stellen. Forsa-Chef Güllner sagt auf der schon erwähnten Veranstaltung in Mainz, dass die Mehrheit der politischen Akteure mit Umfragen nicht richtig umgehen könne, und erläutert: »Auf der einen Seite sagt man: Ich nehme Umfragen nicht ernst, aber das heißt ja, dass man Menschen mit ihren Befindlichkeiten nicht ernst nimmt. Oder man sagt: Mach mal eine Umfrage, ich weiß nicht mehr weiter. Das ist genauso falsch, wir können Politik nicht durch Umfragen ersetzen. Viele Politiker ignorieren die Hinweise auf Veränderungen gesellschaftlicher Prozesse, die wir ermitteln. Dabei reagieren sie sofort auf oberflächliche Spiegelungen, bei denen nur aktuelle Stimmungen abgefragt werden. Oder sie reagieren entsetzt, wenn sie selbst zwei Punkte fallen.«

Wir Journalisten sind nicht dabei, wenn Merkel, Müntefering, Beck oder Stoiber die neuesten Ergebnisse zur Sonntagsfrage hören oder mit Güllner, Roth und anderen Meinungsforschern langfristige Daten erörtern. Spitzenpolitiker nehmen öffentlich, und auch in vertraulichen Gesprächen, überwiegend die Haltung ein, dass Umfragen und Popularitätsrankings ihnen herzlich egal seien. Untermauert werden diese wenig glaubhaften Bekenntnisse mit der etwas glaubhafteren Erläuterung, dass man Umfragen, siehe die letzten Bundestagswahlen, ja ohnehin nicht mehr trauen könne.

Politiker auf dem Gipfel der Macht sind tatsächlich resistent gegen Popularitätsrankings und in Maßen dickfellig gegen das Auf und Ab der Parteipräferenzen. Kohls persönliche Eitelkeit hat nicht darunter gelitten, dass er nach Beliebtheitskriterien immer nur Mittelmaß war. Die als Aufsteigerin stets schlecht platzierte Merkel macht als Kanzlerin nicht den Eindruck, als steige ihr der erste Platz sonderlich zu Kopf. Und Schröder, als niedersächsischer Ministerpräsident ein verwöhnter Publikumsliebling, hat als Kanzler das Auf und Ab auf der Popularitätsskala nicht mit gekränkter Eitelkeit, sondern mit politischem Ehrgeiz beantwortet: Jetzt erst recht. Politiker wie Franz Müntefering oder Wolfgang Schäuble, die schon durch alle Höhen, vor allem aber durch alle Tiefen gegangen sind, räumen »Deutschlandtrend« oder »Politbarometer« keinen Einfluss auf ihre politischen Vorschläge ein. Den ganz Mächtigen ist die Macht wichtiger als der Ruhm.

Aber indirekte Wirkung zeigen solche Erhebungen doch, wenn die Kurve für bestimmte Spitzenpolitiker selbst oder für ihre Partei nach unten zeigt. Güllners Beobachtung deckt sich mit denen, die man als Journalist im Gefolge von Umfragen machen kann: Auf oberflächliche Stimmungsabfragen wird heftig reagiert, während die interessanten Befunde der Demoskopen über langfristige Entwicklungen nicht ernst genug genommen werden.

Die kurzfristigen Wirkungen sind Reaktionen auf die Wahrnehmung von Umfragen unter den Politikern, die selbst nicht zum Machtzentrum gehören. Die schon erwähnte Nervosität unter Abgeordneten, Landes- oder Kommunalpolitikern, die Medienberichte über die neuesten Umfragen regelmäßig auslösen, ist instrumentalisierbar für Richtungs- und Machtkämpfe. Weniger Mandate, weniger Abgeordnete, weniger Einfluss – die Aussicht auf schlechte Wahlergebnisse wirkt in den Parteien als Angstfaktor, die das Vertrauen in die Spitzenpersonen schwächt oder schwächen könnte. Wie schnell sich sinkende Werte in Zweifel an der Nummer eins verwandeln können, hat die Bundeskanzlerin in den zähen Wochen und Monaten der Gesundheitsreform erlebt. Schlechte Zahlen für ihre Regierung oder ihre Person sind gleichbedeutend mit einer Ermunterung der innerparteilichen Konkurrenten. Und dagegen ist Merkel überhaupt nicht resistent. Ihr reformerischer Mut ist begrenzt durch das Gebot, Roland Koch, Christian Wulff oder Jürgen Rüttgers keine Munition zu liefern, die gegen die Kanzlerin eingesetzt werden könnte: zum Beispiel schlechte Landtagswahlergebnisse, die einer unpopulärem Bundespolitik angelastet werden können. Merkel hat Schröders Laufbahn vor Augen, für den in schlechten Daten stets die Frage nach seinem politischen Kurs, nach Flügelkämpfen in der SPD lauerte. Als Merkels Vorgänger mit der Reformpolitik Ernst gemacht hat, mussten schließlich sozialdemokratische Landespolitiker mit Niederlagen bezahlen. In der großen Koalition hat Müntefering wegen der Rente mit 67 die demoskopischen Erschütterungen der SPD aushalten müssen; Becks Stellung im Umfrage-Ranking ist für seine Überzeugungskraft innerhalb der SPD wichtiger als seine politischen Ideen und Auftritte.

Bei denen, die noch eine politische Zukunft über ihr gegenwärtiges Amt hinaus vor sich haben, reizt das Popularitätsranking Eitelkeiten und Ehrgeiz viel stärker. Auf Bundes- und auf Landesebene gibt es heute keinen Minister, keine Ministerin mehr, die nicht an ihrem Bild in der Öffentlichkeit arbeitet. Nur ein Teil dieser Mühen gilt den funktionalen Amtsaufgaben, also dem Bestreben, unter der Überschrift »Umgang mit den Medien« die öffentliche Kommunikation der jeweiligen Politik zu professionalisieren. Es geht immer auch um die Steigerung von Bekanntheit und Beliebtheit der Person, wenn der nordrhein-westfälische Landesminister für Integrationsfragen Armin Laschet viele seiner öffentlichen Auftritte in Berlin absolviert. Die Newcomerin in der Bundespolitik Ursula von der Leyen hat ihre Popularität durch ungewöhnliche politische Schlagkraft bei Elterngeld und Kinderkrippen erobert, aber nicht nur: Auch sie hat persönlich-politische Beratung beim Kanzlerin-Ratgeber Thomas Heilmann in Anspruch genommen. Wie sehr die Sendung »Christiansen« davon gelebt hat, dass es Politiker auf den Bildschirm drängt, ist offensichtlich geworden, seit die große Koalition mit ihrem Zwang zur Begrenzung des rot-schwarzen Dauerstreits die Teilnahme von Ministern und Führungsleuten aus CDU, CSU und SPD beschränkt hat.

Was also machen Politiker aus der Demoskopie praktisch? Gute Werte werden zum populistischen Argument, schlechte zum Instrument von inneren Machtkämpfen und opportunistischer Rücksichtsnahme, Popularitätsrankings fördern die Jagd nach Aufmerksamkeit. Sie nehmen ihre Momentaufnahmen zu wichtig – und nicht ernst, was die Wähler- und Meinungsforschung an langfristigen Daten liefert. Ein Beispiel: Die Zuversicht steigt, dass der Aufschwung nicht nur ein Strohfeuer ist, das »Politbarometer« vermeldet wachsenden Optimismus im Land. So erfreulich die Konjuktur ist, so gefährlich ist die Versuchung zur Selbstzufriedenheit, die in ihr steckt. Er ändert nämlich nichts an den langfristigen Befunden über das schwindende Vertrauen in die Politik und das sinkende Ansehen der Politiker. Oder am Verlust einer fundamentalen Gewissheit: In der alten Bundesrepublik haben die Bürger ihre persönlichen Aussichten auf Sicherheit und Wohlergehen mit dem der Wirtschaft eng verknüpft gesehen. Diese Koppelung gibt es nicht mehr: Seit einigen Jahren finden die Deutschen, dass es der Wirtschaft gut, ihnen selbst aber trotzdem schlecht gehen kann.

Am deutlichsten zeigt sich der Mangel an politischer Souveränität gegenüber der Meinungsforschung aber an der Reformfrage. Alle Institute erheben seit Jahren den gleichen Befund: Die Deutschen sind zu Reformen bereit und wissen, dass sie nicht nur angenehm sind. Im Allgemeinen. Aber gegen jede konkrete Reform stehen Ablehnungsfronten der jeweils Betroffenen. Theoretisch eine ermutigende Botschaft an gewählte Politiker, das Reformkonzept vorzuschlagen, das von der eigenen Überzeugung getragen ist und die Widerstände im Einzelnen auf mittlere Sicht überwinden kann. Praktisch ist daraus ein Testverfahren geworden: ein Schritt vorwärts, und beim ersten Gegenwind zwei zurück. Schröders rot-grüne Regierung unterscheidet sich von Merkels großer Koalition durch die An- und Abwesenheit von Getöse. Aber ob laut oder leise: Einen Dialog mit der Bevölkerung darüber, warum Reformen sich lohnen und wie das Land aussehen wird, haben weder Schröders Agenda noch Merkels geräuschloser Pragmatismus zustande gebracht. Den Widerspruch zwischen allgemeiner Reformbejahung und konkreter Reformablehnung können weder die Demoskopen noch die Bürger überwinden. Das ist die Aufgabe der Politiker.

# 10. Kommunikationsverluste

## Politiker neuen Typs

Journalisten würden es bestreiten: Aber Politiker, ob Minister oder Abgeordnete, Regierung oder Opposition, haben zwangsläufig mehr Wirklichkeitskontakte als ihre professionellen Beobachter in Berlin-Mitte. Der Wahlkreis fordert sein Recht, wer (wieder-)gewählt werden will, muss sich im Land sehen lassen. An den berufsbedingten Deformationen, die ein Leben in der Politik mit sich bringt, ändert das zwar wenig. Je länger die Verweildauer im Führungsämtern, desto geringer die Fähigkeit zum Zuhören und desto ausgeprägter die Angewohnheit, zwanghaft im Mittelpunkt stehen zu müssen – Politiker sind schwierige und oft langweilige Gesprächspartner. Beim Besuch des mittelständischen Betriebs oder eines Altersheims ist das aber nicht von Belang. Dort soll der seltene Gast ja im Mittelpunkt stehen, und für die Dauer des Besuchs interessiert nichts mehr als das, was er zu sagen hat.

Die Bürger erwarten dort nicht unbedingt einen Kumpel; eine Abstand schaffende Aura wie die von Willy Brandt kann ebenso einnehmen wie die Fähigkeit von Johannes Rau, sich Menschen zu zuwenden. Schröder kann nicht nur über Fernsehkameras in die Wohnzimmer sprechen, seine Popularität verdankt er auch seinem Geschick in kleinen Runden. Im Wahlkampf 2002 fährt Schröder nach Talle, in den Ort seiner Kindheit, und trifft ehemalige Mitschüler. Dort, wo seine Familie »nicht gerade zur Dorfelite gehört hat«, kennt ihn jetzt jeder, er aber niemanden mehr. »Na, ich bin doch der Willy«, antwortet der erste Ehemalige auf Schröders Frage nach seinem Namen. »Weiß ich doch, dass du der Willy bist«, ruft Schröder, der das natürlich nicht wusste, »ich hab' doch bloß deinen Nachnamen vergessen.« Und das Eis ist gebrochen. Im Jahr 2000, als Schröder bei einem Sommerfest in geselliger Runde salopp fordert: »Hol mir mal 'ne Flasche Bier, sonst streik' ich hier«, verarbeitet Stefan Raab den Vorgang zum massenmedialen Hit – er gehörte nicht zu den Brioni-Inszenierungen, die Schröder geschadet haben. Die Episode vom Klassentreffen, das Schröder ausdrücklich, um die Spannung zu steigern, ohne Medienbegleitung stattfinden lässt, hat er übrigens danach einer Journalistenrunde erzählt.

Die Fähigkeit, im direkten und massenmedialen Bürgerkontakt kommunikativ zu sein und beides zu verschränken, erklärt die Popularität dieses Kanzlers. Den meisten Journalisten war sie verdächtig; seit Merkel regiert, wird sie manchmal vermisst. Denn Merkel, die mittlerweile in den Massenmedien erfolgreich ist und es im kleinen Kreis schon immer war, präsentiert sich im Fernsehen ausschließlich als präsidiale Kanzlerin, und ihre Erfolge in kleinen Kreisen finden in ausgewählten Zirkeln statt. Volks- oder bürgernah ist die Bundeskanzlerin nicht, sie beeindruckt weder durch Aura wie Brandt oder Adenauer noch durch Zugewandtheit und Situationswitz wie Rau oder Schröder. Als Pionierin des Video-Podcast, die sich den Bürgern einmal pro Woche elektronisch erklärt, fügt sie sich ein in ihr Medienzeitalter.

Aber auch in ihre Zeit? Die digitale Bundeskanzlerin steht an der Spitze einer Politikergeneration, für die Medientrainings zur politischen Grundausbildung gehören. Dagegen ist nichts einzuwenden. Es will erst einmal gelernt sein, in 30 Sekunden die neueste Entwicklung bei der Gesundheitsreform zu erklären. Nichts gegen eine professionelle, systematische Vorbereitung auf Fernseh- und andere Medienauftritte, nichts gegen die Anwendung von Internet, Videos, Blogs als politische Kommunikationsmittel – es sei denn, die Steigerung der massenmedialen Kompetenzen geht auf Kosten der Fähigkeit zum direkten Gespräch, zur Kommunikation im Altersheim oder Betrieb, im Bierzelt, vor großen Versammlungen oder Parteitagen.

Aber das ist leider der Fall. Die Vervielfältigung von Netzwerken, Sendern, Plattformen, Medien, die von der Politik aufgesucht und bedient werden wollen, verschiebt das Verhältnis zwischen den virtuellen und den realen Kommunikationsprozessen, die zwischen Bürgern und Politikern stattfinden. Und dabei finden eklatante Kommunikationsverluste statt. Ganz überwiegend findet in den elektronischen Medien kein Austausch zwischen Bürgern und Politik, sondern eine Einbahnstraßen-Kommunikation statt. Selbst dem Chat danach, der im Anschluss an Fernsehtalks und ähnliche Sendungen üblich geworden ist, fehlen entscheidende Dimensionen traditioneller politischer Gespräche zwischen den Regierten und ihren Politikern. »Ich muss das Stück kalt schreiben«, sagen Zeitungsleute, wenn sie über Personen und Ereignisse ohne unmittelbare Anschauung schreiben müssen. Und »kalt« ist auch die elektronische Kommunikation, selbst dann, wenn sie interaktiv ist. Kalt ist sie auch, wenn Politiker sich ohne journalistische Vermittlung über Internet, Blogs, Pod- und Vodcasts an die Bürger wenden.

Der Ansehensverlust der politischen Klasse findet einen Ausdruck in der häufigen Klage, dass der Politik die Charakterköpfe verloren gegangen sind, und in dem Gefühl, von bloßen Machttechnikern regiert zu werden. Politik wirkt auf viele Menschen ähnlich steril wie die Hightech-Ärztegemeinschaften, die täglich viele Patienten durch aufwändige Diagnostik-Apparaturen schleusen, aber keinen Einzigen wirklich kennen. Die teuren Apparaturen sind nicht dafür verantwortlich, wenn Patienten daran zweifeln, ob diese Ärzte noch wissen, dass das Wort »behandeln« sich von »Hand« ableitet. Unschuldig in diesem Sinne sind auch das Internet und seine Instrumente. Aber die Politik erleidet einen der Hightech-Medizin vergleichbaren Seelenverlust, wenn sie von Politikern gemacht wird, die nicht mehr lernen müssen, worauf es in Demokratien ankommt: ein Gegenüber zu überzeugen, um eine Idee, einen Weg, einen Kompromiss zu kämpfen.

Die Berufspolitiker der SPD spiegeln diese Entwicklung besonders deutlich. In den 1970er Jahren erlebte die SPD einen Massenzustrom aus der Studentenbewegung. Unter dem Einfluss der außerparlamentarischen Bewegung politisiert, war diese Generation besonders theorieverliebt und agitationswütig. Das passte einerseits zur Tradition, denn die SPD war immer viel mehr Programmpartei als die Unionsparteien, denen es vor allem auf das Regieren ankommt. Aber die neuen Mitglieder bedeuteten auch eine unwillkommene Re-Ideologisierung der SPD, die sich den Weg in die Regierungsverantwortung über die weltanschauliche und politische Öffnung des Godesberger Programms gerade erst mühsam erarbeitet hatte. Brandt stellte den jungen Visionären Spielwiesen zur Verfügung, auf denen leidenschaftlich um Zukunftsprogramme gerungen werden durfte. Im Übrigen begleiteten Dauerkonflikte zwischen den Jusos und ihren Altvorderen die erste Ära sozialdemokratisch geführter Bundesregierungen. Schröder wäre nicht Juso-Vorsitzender geworden, wenn sein Vorgänger Klaus Uwe Benneter nicht wegen seiner Unterschrift unter einen Friedensaufruf aus der SPD ausgeschlossen worden wäre.

Aus den Zukunftsprogrammen ist wenig geworden, schon 1985 fragte niemand mehr nach dem jahrelang heiß diskutierten Orientierungsrahmen 85. Und das Berliner Parteiprogramm, in dem die SPD neue außerparlamentarische

Strömungen wie die Friedens- und Umweltbewegung reflektiert, war überholt, als es beschlossen wurde: Als die Delegierten 1989 darüber abstimmten, fiel in Berlin die Mauer. In den 80er und 90er Jahren wuchs sich die traditionelle Programmsehnsucht der SPD zum Vorwand für oppositionelle Bequemlichkeit aus. Es war erheblich angenehmer, sich um Spiegelstriche in Parteitagsbeschlüssen zu streiten, als die Herausforderung anzunehmen, die der unüberwindliche Helmut Kohl darstellte.

Die Juso-Kongresse mit ihren heute unverständlichen Flügelkämpfen, die Dauerfehden mit der Parteispitze, die Verzahnung mit außerparlamentarischen Bewegungen haben sich trotzdem als eine erstklassige politische Eliteschule erwiesen. Es waren Protagonisten aus der Generation mit dem ideologischen Überschuss, Willy Brandts Enkel, die dieser verschlafenen SPD den zum Regieren nötigen politischen Pragmatismus jenseits der sterilen Programmdebatten einbläuten. Zuerst der frühe Lafontaine, der schon 1987 mit den Gewerkschaften und in der SPD einen exemplarischen Konflikt darum anzettelte, ob Arbeitszeitverkürzung bei vollem Lohnausgleich eine vernünftige Forderung sei. Er plädierte damals für ein »neues Lied vom Teilen«. Später Gerhard Schröder, dem es schon als Juso-Chef selten um Positionspapiere und dafür umso entschlossener um die »Zustimmung der Massen« ging. Als Ministerpräsident und Kanzler erhebt er den Pragmatismus zur Methode und stellt ihn über allzu eherne Grundsätze, manchmal auch überhaupt über Grundsätze. Die politischen Lehrjahre der beiden Kontrahenten wirken noch heute nach. Der eine, Schröder, rettet nach dem Verlust seiner Macht die Regierungsbeteiligung der SPD. Der andere, Lafontaine, nutzt als populistischer Führer der Linkspartei die offenen Wunden, die Schröders Reformpolitik der SPD und ihrem Umfeld geschlagen hat. So verschieden sie sind, als Politiker sind sie Menschenfischer, die auf allen Ebenen mit Menschen kommunizieren können.

Schröder hat nie ein Geheimnis daraus gemacht, dass er von seinen »Enkeln« nicht viel hält. Als die reformorientierten »Netzwerker« in der SPD das Jubiläum ihrer Zeitschrift *Berliner Republik* feiern, hört der Nachwuchs als Botschaft seiner Rede: Die Jüngeren wollten den politischen Aufstieg geschenkt, um den man als Politiker nun einmal kämpfen müsse. Tatsächlich haben Schröder-getreue Nachwuchstalente wie Hans Martin Bury, Nina Hauer oder Ute Vogt enttäuscht, die eine frühe Karriere im Umfeld der rot-grünen Bundesregierung gemacht haben. Schröders Wertschätzung für den Nachwuchs mag aus guten Gründen gering sein. Tatsächlich sind diese jungen Sozialdemokraten aber auch sein Produkt, die personelle Ernte des reinen Pragmatismus, der sich seine Mehrheiten über die Medien verschafft und das Überzeugen der eigenen Partei als nachgeordnet behandelt hat.

In Versammlungen junger SPD-Abgeordneter hat sich ins Gegenteil verkehrt, was der SPD-Nachwuchs der Schröder-Generation im Übermaß betrieben hat: Während die früheren Jusos die Wirklichkeit gern von einer höheren Warte aus betrachtet und sie mittels grauer Theorie und Zukunftsvisionen ausgeblendet haben, blicken die jüngeren SPD-Profis von einer niedrigeren Warte aus auf die Wirklichkeit: Der politische Tagesbetrieb dominiert das Denken, der Takt der Medien die Taktik. Dass in der jüngeren Politiker-Generation etwas fehlt oder doch verloren zu gehen droht, spürt man auch im anderen Lager. Wenn Heiner Geißler im Kreis des Parteinachwuchses diskutiert, dann ist es, als hätte in der CDU ein Temperatursturz stattgefunden. Geißler, sicher ein ganz besonderes Temperament, streitet als alter Weltverbesserer mit wohlsituierten Akademikern, die sich ihr nur optimal anpassen wollen.

Für die »gute, alte Ochsentour« plädiert Politikberater Christian Arns, vormals im Pressereferat des Justizministeriums. Er schreibt: »So existiert inzwischen eine Generation derer, die vor allem in den Medien und dank schicker Tools bestehen, die aber keine Routine mehr im kleinen Kreis haben – und das merkt man ihnen an. Sie überzeugen nicht mehr.« Vor künftigen Experten für politische Strategie und Kommunikation, die in Berlin an der Hertie School of Governance dazu ausgebildet werden, erklärt Kanzleramtschef Thomas de Maizière den Studenten, dass Politik auf sehr verschiedenen Ebenen gelernt sein will. Er habe sich als Jura-Student nach einem Praktikum ein Berufsleben im Kartellamt vorgestellt. Dann sei er Redenschreiber bei Richard von Weizsäcker geworden. Der allerdings habe ihn nicht nur wegen seiner Examensnoten eingestellt, sondern auch, »weil ich praktische Politik im RCDS gemacht habe«. Wer von Politik etwas verstehen wolle, sollte schon einmal »mit dem Megafon vor der Mensa gestanden haben«.

In der SPD macht, anders als die jungen Schröderisten, die Parteilinke Andrea Nahles ihren Weg, die schwere Niederlagen einstecken musste. Sie wird dabei manche Position ändern, die sie heute einnimmt, aber nicht die Haltung, die sie in Versammlungen, auf Juso-Kongressen und politischen Kungelrunden von Grund auf gelernt hat: Nahles will und kann Menschen überzeugen, dass die SPD eine Idee, eine Vorstellung für das Land hat.

Sie gehört zu den jungen Politikern, die durch Praxis verinnerlichen, was demokratische Öffentlichkeit ausmacht: gesellschaftlichen Dissens über ungelöste Fragen durch strukturierte Debatten bearbeiten, über die sich Kompromisse, neue Mehrheiten und Überzeugungen durchsetzen. Die parlamentarische Konstruktion von regierender Mehrheit und oppositioneller Minderheit liefert dafür das Grundmuster, das sich in tausend Varianten in Parteien, Verbänden, Institutionen wiederfindet, das die öffentliche Meinung abbildet und im offenen Diskurs ihrerseits beeinflusst. Demokratien müssen sich, um zu funktionieren, in einem fortdauernden zielgerichteten Dialog befinden. Das Ziel ist das Sich-Verständigen auf Lösungen. Kommunikation, hat Blair-Berater Alastair Campbell den Strategen von New Labour und allen, die von ihnen lernen wollten, immer wieder eingeschärft, ist nicht etwas, was der Politik nachträglich hinzugefügt werden kann. Kommunikation ist Bestandteil von Politik.

Das wirkliche Debakel, das sich in Friedrich Merz' zitiertem Glückwunsch an Sabine Christiansen ausgedrückt hat, ist der schleichende Verlust dieser öffentlichen Debattenstruktur. Keine Talkshow entscheidet über Rentenreform, Sicherheitsgesetze oder Bundeswehreinsätze; nicht deshalb sind solche Sendungen wichtiger als das Parlament. Selbst ihr meinungsbildender Effekt im Hinblick auf solche Fragen ist äußerst fragwürdig. Aber der Talk untergräbt die Vielschichtigkeit des Dauerdialogs, der auf vielen Ebenen zwischen Politikern, Bürgern, öffentlicher Meinung hin- und herwogen muss, wenn über Politik diskutiert, verhandelt und entschieden wird. Er macht die politische Kommunikation eindimensional durch die endlose Wiederholung der immer gleichen Vorstellung: Oben, auf der Fernsehbühne, führen Politiker ihr Selbstgespräch, unten sitzt das Publikum und kann nichts sagen. *Bild*-Kolumnist Franz Josef Wagner, dem selten zuzustimmen ist, hat den Polit-Talk einmal auf den treffenden Begriff vom »Menschenzoo« gebracht. Es ist nicht ohne Reiz für die Zuschauer zu beobachten, wie das Führungspersonal sich untereinander zankt. Politischer Natur ist dieser Reiz allerdings nicht unbedingt, und vor allem: Es wird Bürgern und Politikern zur Gewohnheit, dass der Bürger nur Zuschauer ist.

## Demokratie ohne Kontroverse

Die Kommunikationsverluste in der Mediengesellschaft haben eine erhebliche Wirkung auf das Gefüge, das die professionelle Politik und die Bürger miteinander verbindet und verzahnt. Es ist längst nicht mehr neu, dass Großorganisationen aller Art unter rückläufigen Mitgliederzahlen leiden, in denen sich Bindungsverlust, Individualisierung, soziale Segmentierung oder einfach der demografische Schwund ausdrücken. Auch in der deutschen Parteienlandschaft sind diese Veränderungen sichtbar. Mit den Grünen in den 80ern und der Linkspartei nach der Einheit hat sich das Drei-Parteien-Gefüge zum Fünf-Parteien-System entwickelt. Die Volksparteien wiederum verlieren dramatisch, und zwar nicht nur ihre Wähler.

Seit 1990 hat die SPD 45 Prozent ihrer Mitglieder verloren, die CDU 25 Prozent. Im Herbst 2006 hat die SPD nur noch 568 000 Mitglieder, die CDU 561 000. In den neuen Ländern sind beide ohnehin nie zu Volksparteien geworden. Schon aufgrund der Altersstruktur ist eine Fortsetzung der Verluste zu erwarten: So viele junge Mitglieder können kaum gewonnen werden, wie in den nächsten Jahre alte verloren gehen werden.

Den »Abstieg der Parteiendemokratie« diagnostiziert der ehemalige grüne Bundestagsabgeordnete Hubert Kleinert in einem Aufsatz für *Aus Politik und Zeitgeschichte*. Ihr Ansehensverlust geht einher mit der nachlassenden Fähigkeit, ihre im Grundgesetz definierte Rolle auszufüllen. Parteien sollen, wie es in Artikel 21 heißt, »bei der politischen Willensbildung des Volkes« mitwirken. Kleinert schreibt: »Fraglos ist es der Demokratieentwicklung gut bekommen, dass die Deutschen nach 1945 ihre lange Reserve gegenüber dem ›Parteiengezänk‹ überwunden haben. Ebenso gewiss ist aber auch, dass wir uns in einem Prozess der Aushöhlung der

Parteiendemokratie befinden. Ob der Begriff der ›Mediokratie‹ nun eine Übertreibung ist oder nicht: Nicht zu leugnen ist eine Mediatisierung der Politik, mit der sich das Politikbild der Gesellschaft verändert hat.«

Warum sollte jemand eintreten in die SPD oder die CDU? Die partielle Attraktivität der kleinen Parteien können sie nicht bieten. Zur FDP zieht es junge, flexible Globalisierungsgewinner, die eine Plattform für ihre spezifische Interessenlage suchen. Die Linkspartei lebt von den Ängsten und Unsicherheiten der Reformverlierer, die Grünen von den gut etablierten politisch Interessierten, denen die großen Parteien zu schwerfällig sind.

Die Volksparteien, die lange ihren Nachwuchs wie von selbst durch die Bindungen an familiäre, religiöse und soziale Traditionen rekrutiert haben, können jungen Menschen kein Angebot machen, das diesen Verlust auch nur annähernd aufwiegt. Denn es ist mehr unter die Räder gekommen als die traditionellen Bindungen. Immer ist es eine Mischung von Gemeinsinn und Ehrgeiz, der Menschen in die Politik lockt. Parteien verteilen Ämter und Posten, sie verheißen den Ehrgeizigen Karrieren. Junge Idealisten wollen ihre Sache voranbringen, aber sie suchen auch eine Bühne für sich selbst. Vom ideellen und materiellen Gewinn einer Mitgliedschaft in Union oder SPD ist nur noch die Aussicht auf eine politische Karriere geblieben. In Union und SPD klagen deshalb ältere Politiker gelegentlich über ihre allzu »glatten« Nachfolger.

Das ideelle Versprechen, durch Parteimitgliedschaft einen Vorsprung an Wissen, Information, politischer Bildung zu erlangen, kann nicht mehr eingelöst werden. Denn diesen Vorsprung hat die moderne Mediengesellschaft aufgehoben, seit auch die Volksparteien ihre Angelegenheiten überwiegend über die Medien kommunizieren. Das theoretisch denkbare Angebot, den Mitgliedern mehr »Tiefe«, mehr Hintergrund, mehr Eingeweihtheit zu liefern in einer Öffentlichkeit, in der oberflächliche und deshalb für Interessierte unbefriedigende Informationen so weit verbreitet sind wie nie zuvor, scheitert wiederum am mangelnden Mut der politischen Führungen. Die Volksparteien sind nicht mehr streitfähig. Denn ihre Mitglieder, Basisgliederungen und Gremien befinden sich in einer Art Geiselhaft, seit das erste Gebot aller Parteiführer lautet: Geschlossenheit. Es wird ihnen von zwei Seiten eingeredet: von den Umfragen, die im Gefolge innerparteilicher Auseinandersetzungen stets schlechte Werte ausweisen, und von den Medien, die jeden Konflikt zur Zerreißprobe oder Machtfrage hochstilisieren. Das Zusammenspiel von beidem hat den Führern der Volksparteien den Schneid abgekauft.

Tatsächlich wird in Ortsverbänden und Parteipräsidien natürlich unaufhörlich gestritten – wie in jedem Handwerksbetrieb, jeder Anwaltskanzlei, in jeder Schulklasse und in jedem Universitätsseminar: über Personalfragen, über Wichtiges und Nebensächliches. Und die Öffentlichkeit wird ja, je nach Interessenlage der Informanten, Tag für Tag mit Streitstoff aller Art aus den Innenwelten der Parteien beliefert, der von Zeitungen, Sendern, Online-Diensten verbreitet wird. Weil ihre Mechanismen der Schnelligkeit, Exklusivität, Visualisierbarkeit, Personalisierbarkeit vorhersehbar sind, können sie auch instrumentalisiert werden. Wenn ohnehin und unvermeidlicherweise über das tägliche Gezänk berichtet wird, kann dann und wann der begrenzte Einblick in innerparteiliche Konflikte ganz nützlich sein: einmal, weil dann politische Führungsstärke bewiesen werden kann, indem Einheit und Geschlossenheit hergestellt werden, aber auch, weil das Getöse an der Oberfläche das Rumoren im Gebälk übertönen kann.

Manchmal entwickelt sich daraus eine seltsame unbewusste Komplizenschaft von Parteiführungen und Medien – und nur gelegentlich trifft das auf eine erfreuliche Widerständigkeit und Lebendigkeit der Volksparteien. Für das politi-

sche Ende von Edmund Stoiber war die Geschichte von der
»schönen Landrätin«, inklusive der kitzeligen Zutaten um
Schnüffeleien in ihrem Privatleben, den Medien und Stoibers
Nachfolgern gleichermaßen nützlich. In der Medien wurde
Gabriele Pauli im Stoiber-Drama hochgeschrieben, als hätte
sie es inszeniert; es wurde ihr bundesweit gehuldigt als einer
neuen, mutigen Erscheinung in der Politik, einem neuen Typus Frau in der CSU. Das wurde ihr so lange eingeredet, bis
sie den Versuchungen des Ruhms erlag und sich zu einer Fo-
tostrecke in der *Park Avenue* überreden ließ, die sie anschließend gerichtlich aus der Welt schaffen wollte. Ihre politische
Rolle im CSU-Drama war da aber schon längst vorbei.

Tatsächlich hat Pauli eine Rolle in einem uralten Polit-
Klassiker besetzt, die von den erfahrenen Haudegen in Stoi-
bers Umfeld niemand übernehmen wollte, die des Königs-
mörders bzw. der Königsmörderin: Neuerdings meucheln
eben nicht immer die Söhne, sondern auch die Töchter die
Väter, wenn es an der Zeit ist, dass der Patriarch gehen muss.
Dass immer selbst sterben muss, wer zuerst den Dolch zückt,
wusste Pauli offenkundig nicht, wohl aber die potenziellen
Stoiber-Nachfolger. Paulis Rolle war ausgespielt, nachdem
Stoiber über das Interesse der Münchner Staatskanzlei an
Paulis Privatleben öffentlich sturmreif geschossen war. Und
dann setzte sich der Lebenswille der Volkspartei CSU durch.
Nicht Pauli, nicht die mächtigen Spitzenpolitiker und Stoi-
ber-Erben in der CSU brachten Stoiber zur Einsicht, sondern
die Mitglieder der CSU-Landtagsfraktion. Als in Wildbad
Kreuth ein Abgeordneter nach dem anderen für Rücktritt plädierte, gab Stoiber schließlich auf – und die Meldung wurde
umgehend von seinen Nachfolgern verbreitet, die sich nun
ganz schnell auf die Machtverteilung einigen konnten. Nur
Seehofer störte bei der Verteilung des Fells. In klarem Bruch
des Pressekodex krönte *Bild* schließlich das Stoiber-Drama
durch Enthüllungen über Seehofers Privatleben in Berlin.

Dass diese Regelverletzung in Zeitungen und Magazinen fast unwidersprochen blieb, ist der geringere Kollateralschaden der Berichterstattung über den Fall Stoiber. Der größere ist, dass der Ehrgeiz der Meinungsmacher, Ursachen und Gründe für Stoibers Absturz zu durchleuchten, weit hinter der Aufregung um die schöne Landrätin zurückblieb. Immerhin hat Stoiber viele Jahre zu den großen Figuren der politischen Landschaft gezählt. Warum und wie schrumpft ein nur knapp gescheiterter Kanzlerkandidat und Ministerpräsident mit Zweidrittel-Mehrheiten so schnell zur lächerlichen Figur? Keine Frage, dass Stoibers schwankende Haltung zum Berliner Ministeramt, die Kränkung, die er damit seinen Bayern zugefügt hat, seine konfusen Einlassungen bei den Entscheidungen der großen Koalition sein Ende eingeleitet haben. Aber hinter den schlechten Haltungsnoten für Stoiber ist ein wesentlicher politischer Vorgang fast verschwunden. Gestürzt ist Stoiber in Bayern und gescheitert an der CSU: Der Ehrgeiz des Ministerpräsidenten, der in Berlin versagt hatte, nun bei der Reform seines Landes besonders energisch vorzugehen, hat die Volkspartei CSU mit ihren starken sozialen Ausprägung ähnlich überfordert wie Schröders Reformagenda die SPD. Deshalb ist ein Landtagsabgeordneter nach dem anderen in Kreuth gegen Stoiber aufgetreten.

Wenn Landespolitiker wie die nordrhein-westfälische SPD-Chefin Hannelore Kraft oder CDU-Ministerpräsidenten in Berlin-Mitte ihre Welt erklären, fällt häufig der Satz: »Das sehen die Medien vielleicht so, aber bei uns stellt sich das doch anders dar.« Das ist manchmal Schönfärberei, oft geheuchelt, aber im Prinzip zutreffend. Der Wahrnehmung von Politik nach dem Streitmuster entgeht vieles. Fragen nach neuen Grundströmungen, nach Änderungen im Fundament gehen in der schnellen Öffentlichkeit unter, und das tägliche Gezänk überdeckt die großen, die tragischen politischen Konflikte.

Der Kontrast könnte kaum größer sein: Wie interessiert vor einem Vierteljahrhundert die Entstehung der Grünen reflektiert wurde, wie genügsam heute die der Linkspartei begleitet wird. Die politischen Journalisten, die den Gründungsprozess der künftigen grünen Partei begleitet haben, manche fasziniert, andere skeptisch, haben sich die Köpfe heißgeredet und die Finger wundgeschrieben. Ihre Haltung war dadurch geprägt, dass sie verstehen wollten, welche Motive die Parteigründer antrieben, welche Wirkung die neue Partei auf die Parteienlandschaft haben würde. Die öffentliche Meinung wollte durchdringen und kontrovers diskutieren, was da vor sich ging. Die PDS, neuerdings »Die Linke«, wird nach dem Reiz-Reflex-Schema abgefragt und agiert ihrerseits durch die Polit-Stars an ihrer Spitze nach den Mustern der Mediengesellschaft. Wie viele IMs, wie viel Bruch mit der SED, wie viel Nähe zur Vergangenheit, wie hält es Wowereit, wie Beck mit der Partei am linken Rand der SPD, wie groß ist dort die Abneigung gegen den abtrünnigen Lafontaine? Rasterfragen, die nicht klären können, warum in den neuen Ländern unverändert nur die PDS den Einfluss und die Strukturen einer Volkspartei hat, wie groß die Neigungen in den DGB-Gewerkschaften in Richtung Linkspartei sind, was Menschen an sie bindet: nur Modernisierungsangst oder vielleicht auch eine Möglichkeit der politischen Partizipation, die anderswo verbaut ist?

Ist Schröders »Basta«-Ruf vor Gewerkschaftern wirklich so wichtig, oder der laute Widerstand von Verdi oder der IG Metall gegen die Hartz-Gesetze, die zahllosen Hakeleien zwischen SPD-Spitzenpolitikern und Gewerkschaftsführern? Es sind einzelne Ereignisse, die sich zu einem Bild fügen ließen. Aber die Einzelereignisse verdecken die eisige und sprachlose Entfremdung eher, als dass sie sie zeigen – in einer politischen Partnerschaft, die immerhin fast anderthalb Jahrhunderte gehalten hat. Das Bündnis zwischen SPD und

Gewerkschaften hat, von der entstehenden bis zur hoch entwickelten Industriegesellschaft, eine ganze Epoche getragen. Was bedeutet es für die Bindekraft der Gesellschaft, wenn es beendet ist?

Ähnlich begrenzt bleibt auch die Neugier der professionellen Öffentlichkeit an der Auflösung des weltanschaulich und politisch tragfähigen Bandes von christlicher Soziallehre, national-konservativen und marktliberalen Anschauungen, das die CDU ein halbes Jahrhundert lang zusammengehalten hat. Die Streitereien zwischen Friedrich Merz und Angela Merkel, die persönlich viel, politisch aber wenig trennte, war für die Medien immer ertragreicher, denn dergestalt personalisiert lässt sich das Thema CDU leichter platzieren. Um die Konflikte mit Tiefgang im Seelenleben der Union drehte sich diese Rivalität nicht.

Der Vorwurf, dass die CDU ihr schlechtes Wahlergebnis nicht analysiert, hat etwas Verlogenes: Die Medien interessieren sich selbst nur wenig für die Grundströmungen und Fundamente von Politik. Statt eigene Fragen zu stellen, statt mit Geduld und Ausdauer in die Parteien hineinzuhören, geben sie sich kurzatmig mit Ansichten der Oberfläche zufrieden.

Angela Merkel ist viel zu klug, um nicht zu wissen, dass die Bundestagswahl eine offene Flanke ihres Reformkurses bloßgelegt hat. Ganz ähnlich wie die SPD kann die christliche Volkspartei ihren Anhängern nicht mehr glaubhaft machen, wie sie für das Soziale, die Gerechtigkeit in der Gesellschaft einstehen will. Jürgen Rüttgers ist 2005 Ministerpräsident in Nordrhein-Westfalen geworden, weil vormals sozialdemokratische Wähler die Politik ihrer Partei nicht mehr verstehen konnten. Er will es bleiben, indem er diese Enttäuschten an eine CDU mit sozialem Profil und an einen Ministerpräsidenten bindet, der dem Landesvaterbild von Johannes Rau nacheifert. Als Regierungschefin der großen Koalition kann Merkel vorläufig relativ leicht der Frage danach ausweichen, wofür sie denn eigentlich stehe. Denn die Kanzlerin muss die Reformentschiedenheit der Kanzlerkandidatin nicht mehr verfechten; sie könnte die offene Flanke beim Sozialen behutsam und unausgesprochen korrigieren – wenn sie nicht gleichzeitig CDU-Vorsitzende wäre. Wie sie zwischen sich selbst und dem betont sozialen Rüttgers-Kurs am Bild der Volkspartei CDU zeichnet, das erinnert fast an den frühen Schröder, der die auseinanderstrebenden Kräfte im Umfeld der SPD nach dem Strickmuster »zwei rechts, zwei links« zusammenhalten wollte.

Im November 2006 findet der erste Wahlparteitag der CDU nach der Bundestagwahl statt. Die Bundeskanzlerin kann ihm gelassen entgegensehen: Die CDU straft keine Parteivorsitzende ab, die ihr die Regierungsmacht zurückerobert hat. Ein Zeichen für Nordrhein-Westfalen will jedoch Rüttgers setzen, und zwar auf der Bühne der Bundes-CDU. Sein Antrag an den Parteitag, das Arbeitslosengeld I älteren Arbeitslosen wieder länger zu bewilligen, trifft den Punkt der Hartz-Gesetze, bei dem die Zustimmung in der SPD und unter den Sozialpolitikern der Union Herzblut gekostet hat. Ist es etwa gerecht, lautet in fast gleicher Formel die Frage in SPD und Union, wenn ein Beschäftigter, der 35 Jahre lang Beiträge in die Sozialkassen gezahlt hat und nur arbeitslos wird, weil seine Manager Fehlentscheidungen getroffen haben, ein Jahr später nicht besser dasteht als der 25-jährige Junkie, der nie gearbeitet hat? Die Wahlprogramme zur Bundestagswahl von CDU und SPD hatten eine Relativierung der Regelung versprochen. In den Verhandlungen der großen Koalition wird sie trotzdem nicht verwirklicht. Müntefering spricht bedauernd davon, das sei für Sozialdemokraten fast eine Todsünde.

Die Forderung nach einer Änderung ist also nachvollziehbar und populär – und zugleich ist es ein überaus durchsichtiger Schachzug, wenn sie zum Gegenstand eines CDU-

Parteitagsbeschlusses gemacht wird. Rüttgers, der selbst mit seiner schwarz-gelben Koalition gar nicht dafür einstehen kann, macht ein Manöver der klassischen Vorführtaktik. Einerseits gegenüber der SPD: Wenn die CDU sich diese Position zu eigen macht, muss die SPD für die Treue zum Koalitionsvertrag an einem Punkt einstehen, der sie selbst viel kostet, während Rüttgers in Nordrhein-Westfalen sagen kann: Ich würde ja gern, aber die SPD in der Bundesregierung verhindert es. Vorgeführt wird aber auch die CDU-Vorsitzende, von der ihre Partei nicht mehr richtig weiß, ob sie noch die entschiedene Reformerin des Leipziger Parteitages und des Wahlkampfs oder doch eher die Chefin einer Koalition mit stark sozialdemokratischen Zügen ist.

Merkel will Ruhe in der CDU. Sie entscheidet sich dafür, den Konflikt auf Kosten des Koalitionspartners auszutragen. Aus ihrem Umfeld wird Unterstützung für den Rüttgers-Antrag signalisiert, und an die interessierte Öffentlichkeit lässt man durchsickern, dass Merkel auf dem Parteitag in dieser Frage keine Debatte um den Kurs aufkommen lassen will. Eine taktische Zustimmung also, mit dem Ergebnis, dass die CDU zwei sich ausschließende Anträge zu diesem Thema beschließt: den von Rüttgers und den Gegenantrag, der aus Baden-Württemberg, Hessen und Niedersachsen unterstützt wird. Entgegen der Planung vollzieht sich der Vorgang allerdings nicht in aller Stille. Denn ganz wollen sich die Delegierten doch nicht zur Staffage degradieren lassen, die mit dieser merkwürdigen Abstimmung unbeantwortete Fragen zudeckt, weil die Parteitagsregie es so will. Das öffentliche Echo zählt Sieger und Verlierer; Letztere sind Merkels Stellvertreter Roland Koch, Jürgen Rüttgers und Christian Wulff, die eine kontroverse Diskussion geführt haben und mit schlechten Wahlergebnissen bestraft werden. Siegerin mit einem blendenden Wahlergebnis ist Merkel. Das öffentliche Urteil vergibt, mit anderen Worten, Haltungsnoten, und das wichtigste Kriterium ist wieder einmal die Frage nach der besten Machttaktik. Ob sich in diesem Fall nicht doch Helmut Kohls Lebensweisheit bewahrheitet, dass man sich im Leben immer zweimal sieht? Zum Beispiel, weil Politiker wie Koch oder Wulff sich nicht ungestraft zu Flügelmännern in der CDU-Führung zurückstutzen lassen? Oder weil eine Volkspartei nicht folgenlos mit politischen Positionen spielen darf, an denen das Herz hängt, weil sie ein Versprechen abgegeben hat, nach dem sie später gefragt werden könnte?

Ein Beispiel für die Anstrengungen, Parteien für die Parteispitzen hinreichend ruhig zu halten, aber für die Medien hinreichend aufgeregt erscheinen zu lassen, ist die Diskussion um die neuen Grundsatzprogramme von SPD und CDU. Sie ist in beiden Parteien längst überfällig, denn ihre geistigen Bestände sind seit der Einheit aufgebraucht. Weder Schröders Reformagenda noch Merkels Politik haben ein Fundament in den geltenden Programmen ihrer Parteien. Die Antwort auf die Frage, was in der globalisierten, digitalisierten Welt des 21. Jahrhunderts aus den Ideen von Freiheit, Solidarität, Gerechtigkeit werden soll, bleiben die Parteispitzen von SPD und CDU trotz neuer Programmentwürfe, in denen davon die Rede ist, ihren Mitgliedern schuldig. Der »dritte Weg« zwischen Neoliberalismus und traditionell-sozialdemokratischen Vorstellungen, den Schröder zu Beginn seiner Regierungszeit kurzatmig von Blairs New Labour entliehen und noch schneller zu den Akten gelegt hatte, lebt nicht wieder auf. Merkel kittet die bei der Bundestagswahl offensichtlich gewordene Kluft zwischen ihrem Reformkurs und den sozialen Sehnsüchten der christlichen Volkspartei, siehe oben, mit Taktik. Weil programmatische Fragen nach den Aufmerksamkeitsregeln der Medien wenig Aussicht auf Beachtung haben, ist es nicht schwer, sie mit dosierter Aufregung zu füttern und gleichzeitig die eigenen Parteiöffentlichkeiten so zu langweilen, dass das Risiko echter Auseinandersetzungen minimal wird. Der CDU-Generalsekretär Ronald Pofalla wirft der Öffentlichkeit regelmäßig das Stichwort Familie zu, sein Amtskollege Hubertus Heil von der SPD darf immer wieder dazu Stellung nehmen, in welcher Form die SPD sich vom »demokratischen Sozialismus« verabschiedet oder nicht. Es ist leicht berechenbar, dass vor den jeweiligen Parteitagen in der CDU die Sehnsucht nach einem konservativen Familienbegriff noch einmal kräftig aufschäumen wird und in der SPD die programmfreudige Linke die Sozialismus-Formel traktieren wird. Das kann, unter dem Gesichtspunkt der Geschlossenheit, leicht verkraftet werden.

Aber die Kehrseite davon ist die Unfähigkeit der Volksparteien, den Menschen zu sagen, wohin die Reformreise gehen wird, und das Unvermögen, Menschen an sich zu binden, die sich für Politik interessieren, die sie verstehen und daran mitwirken wollen, sie zu gestalten. Das sind, zugegeben, nur Minderheiten, die für den nächsten Wahltag nicht den Ausschlag geben. Aber ohne diese Eliten mit Ehrgeiz und Gemeinsinn ist kein Staat zu machen.

## Wahrnehmungslücken

Wenn alles »über die Medien« diskutiert wird, dann wird alles flach: Menschen und Institutionen, gemeinnützige Organisationen und die Mitglieder von Parteien fühlen sich von der Politik im Stich gelassen, weil die öffentliche Meinung ihre Anstrengungen, Probleme und Konflikte nicht mehr widerspiegelt. Die Verschiebung zur überwiegend massenmedialen Kommunikation fördert nicht nur die Tendenz zum »glatten« Politiker. Je feiner und spezifizierbarer die Instrumente werden, mit denen Politiker ihre Wähler erreichen können, desto mehr wächst die Versuchung, den persönlichen Einsatz für reale Begegnungen mit Menschen zu reduzieren. Die Nutzung von Targeting oder Blogging gelte als modern, angesagt und hipp, schreibt Arns. »Der Seniorenbrief, den man in den Teil des Wahlkreises verschickt, in dem man möglichst viele, dem eigenen Laden wohlgesonnene ältere Menschen vermutet, erreicht natürlich ungleich mehr potenzielle Wähler als die Gesprächsrunde im Altenheim.« Das Schöne an den hippen Instrumenten sei, beklagt Arns, »dass sie das direkte Gespräch bisweilen ersetzen«. Denn nur im Altenheim kann ein Abgeordneter hören, sehen, riechen und schmecken, was alte Menschen dort bewegt. Die Entdeckung der Unterschichten durch den SPD-Vorsitzenden Kurt Beck und des »Prekariats« durch eine Studie der Friedrich-Ebert-Stiftung offenbart beispielhaft den Verlust an Verständnis und Einfühlung in die Lebensverhältnisse der Bevölkerung, der sich in der politischen Kaste unvermeidlich einstellt, wenn die Medien wichtiger genommen werden als die Wirklichkeit. Denn neu sind die ausgedehnten Zonen in unserer Gesellschaft nicht, in denen ganze Bevölkerungsgruppen abgehängt von Arbeit, Bildung und politischer Teilhabe sind und die Abhängigkeit von Sozialtransfers an ihre Kinder vererben.

Dass Politiker manche Realitäten ihres eigenen Landes erst entdecken, wenn Skandal oder Stimmenverluste drohen, liegt aber auch am eingeschränkten Blickwinkel der Medien. Zu ihrer Rolle gehörte es, denen eine Stimme zu geben, die wenig oder keinen Zugang zur Öffentlichkeit haben. Aber die klassische Sozialreportage hat in deutschen Medien einen schweren Stand. Es beschreibt ein Selbstverständnis, dass die Verleihung des Henri-Nannen-Preises, der einmal als Egon-Erwin-Kisch-Preis bekannt war, neuerdings als Gala-Veranstaltung gefeiert wird. Früher war dieses Ereignis vor allem Treffpunkt und Diskussionsgelegenheit für die Reporter der Republik.

Manchmal hinken, in Verkehrung der öffentlichen Rollen, die Medien den Politikern geradezu hinterher. Erst die umstrittenen Hartz-Gesetze, also eine Initiative der Politik, löst in vielen Medien die Beschäftigung mit den neuen sozialen Fragen aus, etwa dem verlorenen Aufstiegswillen in den unteren Sozialmilieus oder den Abstiegsängsten in den Mittelschichten. Dass mit der Integration etwas schiefläuft, dass viel zu viele Kinder und Jugendliche nie eine Bildungschance haben, dass die Kindergesundheit von sozialer Zugehörigkeit abhängt – alles verspätete Entdeckungen der Öffentlichkeit. Bei manchen Fragen setzt eher als die Öffentlichkeit das Bundesverfassungsgericht die Politik unter Druck, den die Medien nicht mehr erzeugen, weil ihr Ehrgeiz, Mißstände aufzudecken, gering geworden ist. Die Karlsruher Richter waren es, die früh auf die katastrophale Entwicklung des Jugendstrafvollzugs hingewiesen und bei der Politik Abhilfe angemahnt haben. Die professionelle Öffentlichkeit hat das Thema erst (und nur für wenige Tage) wahrgenommen, als in einem Siegburger Jugendgefängnis ein hilfloser, 20-jähriger Junkie nach grausamer Misshandlung durch Mithäftlinge stirbt, mit denen er gar nicht in einer Zelle hätte einsitzen dürfen.

Auch jenseits von Missstand oder Skandal leidet die politisch-publizistische Wirklichkeitskenntnis. Urteile und Vorurteile über den öffentlichen Dienst haben sich beispielsweise viel weniger geändert, als der es verdient. In der öffentlichen Wahrnehmung bestimmt die strukturelle Doppelmoral das Bild von den Beamten und Angestellten der Verwaltungen: Im Allgemeinen gelten sie als Inbegriff deutscher Reformunfähigkeit, sicherheitsverwöhnt und unbeweglich. Im konkreten Fall ist die Klage über Bürokratie und Überregulierung jedoch schnell vergessen. Jeder heruntergefallene Dachziegel wirft die Frage auf, ob die Vorschriften ausreichen oder mehr Kontrolle nötig ist.

Es sind ganze Berufsgruppen, die auf ähnliche Art zum Opfer öffentlicher Wahrnehmungslücken geworden sind.

Polizisten, Hausärzte oder Lehrer sitzen an ihren jeweiligen Stammtischen und fühlen sich als Prügelknaben der Nation, die, unbeachtet von der Öffentlichkeit, ausbaden müssen, was Politik und Medien gemeinschaftlich versäumen. Dabei befindet sich das bedeutendste Labor der Republik direkt vor der Tür der Bundespolitik.

# 11. Berlin

## Von Wedding nach Berlin-Mitte

Ob Demografie oder Migration: Wie Deutschland nach den Prognosen der Bevölkerungswissenschaftler in zwanzig oder fünfzig Jahren aussehen könnte, das kennt Berlin schon jetzt. Die Bewohner von Wedding, Neukölln, Kreuzberg oder Moabit, Kinder, Jugendliche, Studenten, leben bereits in den Verhältnissen, die Sozialstatistiker für die nächste Generation vorhersagen. Diese junge Generation ist in vieler Hinsicht »globalisierter« als die erwachsenen Theoretiker, die darüber in den Zeitungen schreiben. Junge Erwachsene und Studenten konkurrieren mit ihren Altersgefährten aus Polen oder Indien um Arbeitsplätze. In vielen Berliner Schulen ist der Migrantenanteil höher, als für ganz Deutschland in zwanzig Jahren prognostiziert wird. Dass die Migration das normale Hochdeutsch ändert, wussten Berliner Eltern, bevor es die Sprachwissenschaftler und danach die Medien entdeckt haben. Nicht jedes Berliner Kind spricht Deutsch, aber »Kanak« beherrschen alle. Von ihren Kindern haben diese Eltern gelernt, was es heißt, »abgezogen« zu werden: »Her mit der Jacke, oder ...« Bei den Tagungen und Konferenzen im Berlin-Mitte weiß längst nicht jeder, was ein Abziehdelikt ist.

In Wedding, Kreuzberg, Neukölln fliehen deutsche und ehrgeizige Migranteneltern mit ihren Kindern aus Schulen, in denen sich die Probleme türmen. An der Hoover-Schule in Wedding ist der Anteil der Kinder, deren Herkunftssprache nicht Deutsch ist, im Jahr 2005 auf über 90 Prozent gestiegen. In manchen Klassen sind acht verschiedene Sprachen vertreten, die zu Hause gesprochen werden. Obwohl viele Kinder einen deutschen Pass haben, obwohl die Hoover-Schule eine Realschule ist, also nach der sechsjährigen Berliner Grundschulzeit 12-, 13- oder 14-Jährige aufnimmt, sind die Verständigungsprobleme so groß, dass die Schule im März 2005 etwas Neues versucht. Man kann mit Altbundespräsident Roman Herzog sagen: Durch die Hoover-Schule geht ein Ruck. Um die Konflikte in den Klassenzimmern und auf dem Schulhof einzudämmen, vereinbaren Eltern, Schüler und Lehrer nach einem langen Diskussionsprozess: Im Unterricht und in den Pausen wird Deutsch gesprochen. Das Versuch hat Erfolg. Das interessiert die öffentliche Meinung nicht.

Aber im Januar 2006 bauen sich vor dem vereisten Schulhof Kamerateams und Reporter auf. Ein Klassenzimmer wird zum überfüllten Schauplatz einer Pressekonferenz. »Wie fühlt ihr Schüler euch denn hier so als Opfer?«, will eine Reporterin wissen. Als der 16-jährige Schulsprecher Asad Suleman, deutscher Pass, pakistanische Eltern, der teilnahmsvollen Reporterin die höfliche Gegenfrage stellt: »Können Sie bitte präzisieren?«, brechen die »Opfer« im dicht gedrängten Klassenzimmer der Hoover-Schule in schallendes Gelächter aus.

Die Hoover-Schule, deren Nöte bisher allenfalls lokal interessiert haben, ist für einige Tage zu internationaler Berühmtheit aufgestiegen. *Hürriyet*, die größte türkische Zeitung, hat im Januar 2006 einen anklagenden Artikel über die Berliner Schule veröffentlicht. Er schafft, was normalen Schulleitern selten gelingt: Er erreicht die deutsche Öffentlichkeit, die den Bericht von *Hürriyet* bereitwillig auf einen schneidigen Begriff bringt. »Zwangsgermanisierung« nennt das 3sat-Kulturmagazin den Vorgang.

*Hürriyet* hat an der Hoover-Schule ein Sprachverbot entdeckt. Nachdem einige türkische Verbänden und der bildungspolitische Sprecher der Grünen in Berlin sekundiert haben, tobt nun eine Diskussion über »Diskriminierung«, »Ausgrenzung« und »Assimilationspolitik«. Da schafft es ein Schulproblem sogar einmal zu »Christiansen«. Im Januar 2006 darf Schulsprecher Asad Suleman im Publikum sitzen, und er lässt sich von der heftig für die Sprachfreiheit der Migranten streitenden grünen Bundesvorsitzenden Claudia Roth nicht beeindrucken: Die Schule habe eine freiwillige Vereinbarung getroffen, auf dem Schulhof und im Unterricht nur Deutsch zu sprechen – im Interesse der Schüler: kein Sprachverbot also, sondern eine Entscheidung von Eltern, Lehrern und jugendlichen Migranten, die ihr Schicksal selbst in die Hand nehmen wollen. Claudia Roth führt ihren alten Kampf für Multikulti, doch die Unterdrückten wollen es anders.

Nach einer Woche bundesweiter Aufregung hat sich das Thema erschöpft. »Manchmal arbeiten sich die richtigen Fragen wie von selbst heraus«, schreibt die *Zeit* im Februar 2006, »und die Wirklichkeit rebelliert gegen die Meinungsmacherei.« Der Fall Hoover war eine peinliche Schlappe für den Aufregungsjournalismus. Und ein Lehrstück über die Fähigkeit bzw. die Unfähigkeit der Politik, die Probleme ihrer Bürger wahrzunehmen.

Denn nüchtern muss man das Beispiel Hoover auch so lesen: Die Wirklichkeit in Deutschland braucht die aufputschende »Meinungsmacherei«, um zu den Meinungs- und Politikmachern überhaupt erst einmal vorzudringen. Der Skandal an sich schafft das nicht. Denn skandalös ist ja zweifellos, was die Hoover-Schulleiterin veranlasst hat, über die Selbstverpflichtung zur deutschen Sprache nachzudenken: wenn nach sechs Berliner Grundschuljahren die Deutschkenntnisse von Siebtklässlern mangelhaft sind, wenn zwei Lehrerinnen gehen, weil sie das Macho-Gehabe einiger Schüler nicht mehr aushalten, wenn die Gewalt auf dem Schulhof zunimmt und jeder Schlichtungsversuch schon an der babylonischen Sprachverwirrung scheitert. Das hat *Hürriyet*, die Kulturmagazine oder »Christiansen« nicht auf den Plan gerufen.

Öffentlich verhandelt wird nicht der Skandal, dass unser Bildungssystem es nicht schafft, allen Schulabsolventen wenigstens die Beherrschung der Landesprache mit auf den Lebensweg zu geben. Stattdessen wird, auf dem Umweg über die Türkei, der Versuch skandalisiert, mit dem die allein gelassene Schule ihre Krise meistert. Niemand fragt nach den Gefühlen der Schulleiterin, des Kollegiums, der Eltern, die sich couragiert selbst beim Schopf packen und ein Dreivierteljahr lang in aller Stille etwas erreichen, um dann als Zwangsgermanisierer am Pranger zu stehen. An der vermeintlichen Abweichung von der politisch korrekten Haltung lässt sich mehr entzünden als an der Frage: Was tun wir für die Kinder, die sich in einer anderen als der Herkunftskultur ihrer Eltern behaupten müssen?

Wenig später wird eine Neuköllner Hauptschule zum Magneten für einen großen Reporterauftrieb. Der Hilferuf der Rütli-Schule, den die Schulleiterin Ende Februar 2006 ihrem Kollegium vorlegt – »Keine Gegenstimmen, keine Enthaltungen« – kursiert einen Monat unbeantwortet bei den zuständigen Berliner Stellen, bis Ende März der »Rütli-Brief« im *Tagesspiegel* veröffentlicht wird. Er enthält eine ungeschminkte Darstellung der Neuköllner Lehrer- und Schülerwirklichkeit: »Gegenstände fliegen zielgerichtet gegen Lehrkräfte durch die Klassen, Anweisungen werden ignoriert. Einige Kolleginnen gehen nur noch mit dem Handy in die Klassen, damit sie über Funk Hilfe holen können.« In einer Schule würden »alle Schüler versammelt, die weder von ihren Eltern noch von der Wirtschaft Perspektiven gezeigt bekommen, ihr Leben sinnvoll gestalten zu können ... Es gibt für sie keine positiven Vorbilder.« Das Lehrerkollegium, und damit ist das Interesse von Politik und Öffentlichkeit endlich geweckt, plädiert »perspektivisch« für die Auflösung »der Hauptschule in dieser Zusammensetzung«.

Ein Sturm bricht los, nachdem die Zeitung darüber berichtet hat. Das Schweigen der Behörden führt der *Tagesspiegel* nicht etwa auf Überraschung zurück, sondern auf das Gegenteil. Die Missstände seien seit Jahren bekannt. Sie sind übrigens keine Berliner Besonderheit. Lehrer aus dem Ruhrgebiet, aus Hamburg, Frankfurt, Köln, sogar aus dem intakten Stuttgart sind mit solchen und ähnlichen Verhältnissen vertraut – eine starke öffentliche Stimme haben sie nicht. Schulprobleme gehören in der Politik wie in den Medien ins Lokale. In den Wochen der Rütli-Aufregung schlägt das Pendel in die Gegenrichtung. Nun sind einige der Reporterteams vor der Rütli-Schule auf Sensation aus und wollen die Schüler einmal so richtig in Szene setzen. »Schule ist auch Machtkampf um Anerkennung«, heißt es treffend im Rütli-Brief. Wo könnte ihn ein 15-jähriger Hauptschüler wirksamer führen als vor laufender Fernsehkamera? Das Machogehabe pubertierender Migrantenjungen als Nervenkitzel – ein journalistisches Kinderspiel.

Der Hoover-Funke schafft es in die bundesweite Medienwirklichkeit, Rütli bringt es weiter, bis nach Berlin-Mitte ins Regierungsviertel. In diesen Monaten beschäftigt nämlich auch der sogenannte Ehrenmord-Prozess Sürücü die Öffentlichkeit. Der Mord an einer jungen Türkin, begangen von ihren Brüdern, wird in Berlin verhandelt und endet juristisch höchst unbefriedigend: Der jüngste, nicht voll strafmündige Bruder hat die Älteren entlastet.

Der Fall Sürücü, mehr aber noch der Rütli-Brief führen dazu, dass die ungelösten Migrationsprobleme endlich zum Thema der Bundespolitik werden: Der Rütli-Brief wird zur Initialzündung für den ersten bundesweiten Integrationsgipfel, der im Juni 2006 im Kanzleramt stattfindet. Unions-Fraktionschef Volker Kauder, der die Idee als Erster vorbringt, erlebt in diesem Zusammenhang eine nebensächliche, aber bezeichnende Geschichte aus dem politisch-publizistischen Beziehungsgeflecht. Kauder möchte einen Besuch in Neukölln machen, um den Ort des Geschehens besser kennenzulernen, ganz ohne Kameras, nur mit einer Handvoll Journalisten. Doch der Termin wird, von wem auch immer, »durchgestochen«, also öffentlich bekannt. Kauder verzichtet auf den Besuch. Politischen Fernsehtourismus hat Neukölln schon genug erlebt.

Ähnlich wie die Islamkonferenz, die Bundesinnenminister Wolfgang Schäuble 2006 beginnt und 2007 fortsetzt, nimmt der Integrationsgipfel endlich eine Wirklichkeit zur Kenntnis, die seit Jahrzehnten das Land tiefgreifend verändert hat. Die Verspätung ist das Ergebnis der Unfähigkeit, der Realität so ins Auge zu sehen, wie sie nun einmal ist: uneindeutig und voller Widersprüche. Ist Deutschland ein Einwanderungsland oder Multikulti eine schöne Bereicherung? In trauter Eintracht haben Politik und Medien den erbitterten Kampf um ihre ideologischen Formeln geführt – und dabei die Kinder vergessen, die Deutsch lernen müssen, wenn sie in der harten multikulturellen Wirklichkeit bestehen sollen.

## Zwei ganz verschiedene Welten

Man kann darüber streiten, ob in Deutschland bei Bildung, Kinderbetreuung oder Integration das Glas halb voll oder halb leer ist. Wie bei den Sozialsystemen ist aber offenbar eine kritische Masse erreicht, die ein Nichtstun und Wegsehen der Politik nicht mehr erlaubt. Ein Paradebeispiel für politische Lösungskompetenz ist es sicher nicht, wenn über die Hauptschule – die von Experten schon seit den 1970er Jahren als »Restschule der Nation« bezeichnet wird – jetzt ernsthaft nachgedacht wird, weil ihr aus Gründen der Demografie die Schüler ausgehen. Und auch nicht, wenn die längst überfällige Ganztagsschule im föderalen Deutschland mit Milliarden aus dem Bundeshaushalt eingeführt wird, die Föderalismusreform 2006 diesen Weg aber sofort wieder verstellt. Denn das »Kooperationsverbot« dieser Reform erlaubt Finanzhilfen dieser Art nicht mehr.

Immerhin: Auch die Bildungs- und Betreuungsinstitutionen befinden sich, von der Krippe bis zur Hochschule, in einem verspäteten Reformprozess. Wer darüber mit den politisch Verantwortlichen spricht oder mit Eltern, Lehrern, Studenten, hört allerdings Geschichten aus verschiedenen Welten.

In der Politiker-Wahrnehmung und den Politikteilen der Zeitungen ist das Glas halb voll. Der Modernisierungsprozess läuft auf Hochtouren, die zentralen Kategorien heißen Effizienz und Konkurrenzfähigkeit; Betriebsamkeit ergibt ein gutes Bild. Die »Praktiker«, zu denen man auch die Experten unter den Journalisten rechnen darf, die seit vielen Jahren auf einsamem Posten an diesen Themen arbeiten, erleben dasselbe anders. Weil sie sich zuerst für Menschen interessieren, zumal für junge, die ihnen am Herzen liegen, zählen zehn Jahre, in denen nichts oder wenig passiert, als Jahre, in denen Lebenschancen vertan werden. In dieser Zeit hat der türkisch-stämmige Erstklässler, der schon im ersten Schuljahr entmutigt wird, weil er seine Lehrerin nicht versteht, den Weg in die Sackgasse bereits hinter sich. In der Hauptschule, in der Bundespräsident Horst Köhler 2006 seine erste »Berliner Rede« hält, verlässt ein einziger Abgänger des Jahrgangs 2006 die Schule mit einem Ausbildungsvertrag. Reformen im Bildungswesen sind mehr als überfällig: Wenn aber tatsächlich reformiert und modernisiert wird, geschieht das oft auf dem Rücken von Schülern, Lehrern und Erziehern. Sie müssen im Eiltempo das Kleingedruckte nachliefern, für das die Politiker, die Erfolge vorweisen müssen, weder Sinn noch Zeit haben – und sie müssen es ausbaden, wenn im Eifer des Gefechts unausgegorene Experimente gemacht werden.

An den Türen der Bildungseinrichtungen kleben allenthalben neue Etiketten:»Ganztagsschule« oder»Modul«,»Case-Manager« oder»Bachelor«. Wer durch diese Türen gehen muss, hat oft das Gefühl, einem Etikettenschwindel aufzusitzen. Es ist höchste Zeit für Ganztagsschulen, aber Deutschland ist das einzige Land, das für viele Schüler eine Ganztagsschule ohne Mittagessen und pädagogisches Konzept, dafür aber mit Mathematik in der achten Stunde einführt. Endlich 12-Klassen-Schulzeit, und Zentralabitur immerhin auf Landesebene – für die Schüler wird das aber oft zum Glücksspiel, weil Lehrer, Lehrpläne und Richtlinien noch nicht darauf eingestellt sind. Schön, dass die Studiengänge, die Studenten zu den neuen Bachelor- und Master-Abschlüssen führen sollen, manchem Professor eine zusätzliche Aufgabe in den Akkreditierungsgremien verschafft haben. Weniger schön, wenn sich die neuen Studiengänge als nichts anderes erweisen als die altbekannten überfüllten Seminare oder, schlimmer noch, schon wieder reformiert werden müssen, bevor die ersten Studenten ihren Abschluss machen.

Wer, zum Beispiel in Nordrhein-Westfalen, zwei studierende Kinder hat, muss jährlich 2000 Euro Studiengebühren nur dafür zahlen, dass Sohn und Tochter die Uni betreten dürfen – aber warum sind die Plätze für die im Grundstudium verpflichtenden Lehrveranstaltungen schon vergeben, bevor die Erstsemester sich eintragen können? Der »Case-Manager« im Jugendamt, der früher einfach Betreuer hieß und war, macht die Erfahrung, dass neue Amtsbezeichnungen oder Organigramme stets mit Einsparungen verbunden sind, während die Probleme im sozialen Brennpunkt wachsen. Längst ist es überfällig, dass die Hochschulen sich international vergleichbar machen – aber warum riskiert eine Familie immer noch, dass ein simpler Wohnungsumzug in Deutschland für die Kinder mit dem Risiko des Sitzenbleibens verbunden ist?

Die politische Debatte umgeht solche Widersprüche großräumig, die mediale kennt sie nicht. Die Politiker-Bekenntnisse zu mehr und besserer Bildung stehen auf der Hitliste der Sonntagsreden ganz oben. Ein Fortschritt, aber die Öffentlichkeit will Taten und Verbesserungen sehen. Also müssen schnelle Erfolge her. Die allerdings sind im Erziehungs- und Bildungswesen schwer möglich – dort hängt alles ab von Zeit und Geduld. Schnelle Wirkung verspricht hingegen, was medial gängig gemacht werden kann. Deshalb sind für die empfindlichen Stoffe Bildung und Erziehung die Effizienzbegriffe der Reformdebatten gängig geworden: kürzer und schneller studieren, bessere und eigenverantwortliche Schulorganisation, Ja oder Nein zu Studiengebühren, das sind einfache Gradmesser für die Reformfreudigkeit eines Politikers.

Schon deshalb liegen Studiengebühren bei Politikern und in deutschen Zeitungsredaktionen im Trend. Ob Studiengebühren wiederum ein Hindernis sein könnten für die Verwirklichung anderer, ebenso forsch vertretener Modernisierungsziele, zum Beispiel für die Erhöhung der Studentenzahl oder die bessere Bildungsbeteiligung von Migranten und »bildungsfernen Schichten« – die Beschäftigung mit solchen Zielkonflikten ist höchstens auf den hinteren Seiten der Zeitung erlaubt.

Die personalisierte Politikbetrachtung interessiert sich für messbare Nachweise von Tatkraft, zum Beispiel bei der Reduzierung des Unterrichtsausfalls. Nur Eltern, Schüler und Lehrer merken, wenn die ausgefallenen Stunden nicht durch Unterricht ersetzt werden, sondern durch einen Aufgabenzettel, der fünf Minuten nach dem Läuten in die Klasse gereicht wird. Wenn das, wie in Nordrhein-Westfalen, auch noch mit dem attraktiven Etikett des eigenverantwortlichen Unterrichts versehen wird, dann kann man darauf vertrauen, das außer den direkt Betroffenen niemand mehr genau hinsieht. Wenn solche Einzelheiten die Öffentlichkeit überhaupt erreichen, kann es sogar passieren, dass anerkennend kommentiert wird, wie geschickt es der betreffende Politiker doch hinbekommt, dass die Bewältigung des Unterrichtsausfalls überwiegend positiv kommuniziert wird. Dass deutsche Lehrer mehr verdienen und weniger leisten als ihre finnischen Kollegen, lässt sich leichter in steile Überschriften packen als die Frage nach der Lernatmosphäre oder die nach den Ursachen für den katastrophalen Ansehensverlust des Lehrpersonals – die Lehrerarbeitszeit zu erhöhen, scheint folglich immer die richtige Maßnahme.

Als die Bundesregierung im Februar 2007 beschließt, das Bafög für Studenten auch in diesem Jahr wieder nicht zu erhöhen, beschreibt das Feuilleton der *Frankfurter Allgemeinen Zeitung* das Verhältnis der Politik zum akademischen Nachwuchs treffend:»Also, wie gesagt, Abiturienten, studiert bitte, denn Bildung ist etwas ganz, ganz Wichtiges für uns. Studiert schnell (Effizienz!), studiert auch im Ausland (Mobilität!) und arbeitet nebenher (Praxiserfahrung!). Und bevor wir's vergessen: Wenn möglich, während des Studiums Kinder bekommen, denn Kinder sind uns auch ganz, ganz wichtig.«

## Wer den Ton angibt

Der»Stammtisch« ist ein Klassiker der demokratischen Öffentlichkeit, den die Politik, und zumal die Spitzenpolitiker der Volksparteien, immer ernst nehmen muss. Journalisten ist der Stammtisch eher suspekt. Aus einem guten Grund:

Er ist mit seinem Hang zum Pauschalen und Irrationalen das Gegenbild zum Prinzip Aufklärung. Und einem schlechten: In der Abneigung versteckt sich die Abschätzigkeit, zu der die besser Gebildeten und Verdienenden gegenüber den einfachen Leuten neigen.

Dem Volk aufs Maul schauen, aber nicht nach dem Mund reden, lautet die Formel für den idealen Umgang des Politikers mit der Halböffentlichkeit Stammtisch. Aber wer ist das Volk, wo kann man ihm aufs Maul schauen?

Dass ein bestimmtes Milieu, wie man es etwa im Hamburg-Wilhelmsburg oder Berlin-Moabit antrifft, keine öffentliche Stimme und keine Repräsentanz in den Parteien mehr hat, ist am harten Faktor Wahlabstinenz abzulesen. Seit Harald Schmidts Wort vom Unterschichtenfernsehen weiß der gute Bürger, Politiker und Journalist, dass man diese sozialen Schichten in ihrem elektronischen Getto im Privatfernsehen besichtigen kann. Nur jüngere Konsumenten, jedenfalls in den Großstädten, können die Unterschiede zwischen Unterschichtenwirklichkeit und inszeniertem Nachmittags-Talk halbwegs ermessen. Besser als die Erwachsenen, von denen sich zu viele, die öffentliche Verantwortung tragen, damit abgefunden haben, dass »Öffentlichkeit« für diese Schichten in Gerichtsshows und ähnlich niedrigen Formaten des Privatfernsehens besteht.

Der Zugang zu Informationen, Nachrichten und Öffentlichkeit steht so vielen Menschen offen wie noch nie. Das Fernsehen ist praktisch allen zugänglich, und damit auch die tägliche politische Information, die bis in die frühen 1970er Jahre nur das eingeschränkte Publikum der Zeitungsleser erreicht hat. Es ist nur noch eine Frage der Zeit, bis das Internet eine ähnliche Verbreitung haben wird. Doch wer hört wem zu, wer kann sich Gehör verschaffen, wer gibt den Ton an? Die Medien- und Kommunikationsforschung floriert, Experten und Berater umstellen die Politiker. Doch ihre Ratschläge wechseln mit den Jahreszeiten – Kommunikation in der Mediengesellschaft ist für die Politik, die immerhin mit sensiblen Stoffen wie Vertrauen und Glaubwürdigkeit handelt: Learning by doing, Versuch und Irrtum – oder auch: Glückssache.

Berlin als mobile Stadt ist auch als Kommunikationslabor der deutschen Durchschnittszeit voraus. Mehr als ein Drittel seiner Einwohner hat Berlin seit der Wende ausgetauscht, Tendenz anhaltend. Der flüchtige Bewohner hat weniger Bindung an das Gemeinwesen, in dem er gerade lebt. Den öffentlichen Takt bestimmt er trotzdem. Denn er hat Zeit und Zugang zu der Szene, die meinungsbildend ist. Mit einem großen Anteil kinderloser Erwachsener und junger und alter Singles lebt Berlin eine Demografie vor, in die Deutschland erst hineinwachsen wird. Wer hat Zugang zur Kommunikation des Gemeinwesens? Das ist eine neue Spaltungslinie in der Gesellschaft. Die Menschen, deren privates oder berufliches Leben von langsamen Prozessen bestimmt wird, können kaum oder gar nicht mithalten. Zeit, Geduld, Empathie muss aufwenden, wer Menschen beschützt, pflegt, betreut. Doch das öffentliche Tempo verlangt Zeit und eine Verfügbarkeit, die Eltern, Lehrerinnen, Polizisten, Krankenpfleger nicht haben.

Eine Stadt wie Berlin hängt nicht nur die Unterschichten, sondern große Teile des ganz normalen Mainstreams ab. Der Blick auf die öffentlichen Angelegenheiten wird bestimmt von den Milieus und Schichten, die teilhaben können an der Umtriebigkeit der Metropole, den Events, Partys, Eröffnungen, Ausstellungen, bei denen der Mikrokosmos von Berlin-Mitte manchmal verschmilzt mit der öffentlichen Klasse Berlins. Hier finden sich hinreichende Mehrheiten für das Motto des Regierenden Bürgermeisters Klaus Wowereit, wonach Berlin »arm, aber sexy« ist. Denn sexy kann Berlin auch finden, wer materiell arm ist, aber die Zeit für die aufregenden

Seiten der Stadt hat. Aber für Normalverdiener und auch für Besserverdiener bleiben die Reize der Stadt unzugänglich, wenn ihre Zeit von Arbeit und Familie verschlungen wird. Wer am Wochenende noch das Klassenzimmer renovieren muss, zeigt Einsatz fürs Gemeinwohl, Zeit für die Partizipation an der öffentlichen Meinungsbildung hat er nicht. Bei der Föderalismusreform kämpft Wowereit, im Großen und Ganzen mit Erfolg, für das Thema Hauptstadtstatus. Dem Kooperationsverbot von Bund und Ländern bei Bildungsfragen setzt er keinen nennenswerten Widerstand entgegen, obwohl Berlin seine neuen Ganztagsschulen Bundesmitteln verdankt und geltend machen müsste, dass es seine Schulprobleme kaum aus eigener Kraft lösen kann. Die Öffentlichkeit trägt es ihm nicht nach. Denn das Problem der drei Opern regt mehr auf als der erste Berliner Sprachtest bei den künftigen Erstklässlern, der ergibt, dass fast ein Viertel von ihnen Sprachdefizite hat.

Ein richtiger Aufreger wird dagegen ein Fernseh-Interview mit Wowereit, in dem er die Frage, ob er seine Kinder auf eine Kreuzberger Schule schicken würde, spontan verneint. Bei Schulfragen versteht er sich offenbar als Privatmann, und der schickt, wenn er Einkommen und Status eines Woworeit hat, seine Kinder tatsächlich nicht in eine Kreuzberger Schule. Der Landesvater Woworeit fühlt sich bei Schulfragen nicht angesprochen, obwohl er doch seine Landeskinder täglich in Kreuzberger, Neuköllner, Moabiter Schulen schickt. In den etwas besseren Berliner Kreisen wird erörtert, ob die Äußerung nicht, wenngleich taktisch dumm, doch von respektabler Ehrlichkeit sei. In Kreuzberg muss Wowereit einen Bußgang antreten. Er besucht die Charlotte-Salomon-Schule – und findet alles prima.

Heinz Buschkowsky, der sozialdemokratische Bezirksbürgermeister von Neukölln, ist ein wandelndes Gegenbild seines Parteifreundes. Ein Drittel der 300 000 Seelen in seinem

Stadtteil hat einen »Migrationshintergrund«. Wie der Bezirk in zehn oder zwanzig Jahren aussieht, ist für den Bezirksbürgermeister keine Frage statistischer Berechnungen. Er sieht die Zukunft in den Schulen sitzen – und da sind 60, 80 oder 90 Prozent der Schüler Migrantenkinder. Am Ende eines Interviews antwortet er einmal auf die Frage, wann er zuletzt mit dem Regierenden Bürgermeister über die Neuköllner Probleme geredet hat: »Lassen Sie mich nachdenken ...«

Buschkowsky ist gewählter Repräsentant von Menschen, deren öffentliche Stimme schwach ist. Man merkt es auch daran, dass Interviews mit diesem Bürgermeister, so interessant sie sein mögen, meistens »nicht gut laufen«, wie wir Journalisten sagen, wenn sie in den Agenturen nur mäßiges Interesse finden. Als ich im letzten Jahr mit ihm nach einem solchen Interview telefoniere, erzählt Buschkowsky, dass die Reaktion in seinem Stadtteil sehr positiv gewesen sei. »Sie können mir doch nicht erzählen, dass die Leute es gut finden, dass Sie ihnen das Kindergeld kürzen wollen, wenn sie ihre Kinder nicht zu Schule schicken«, sage ich daraufhin. »Ach, darum geht es doch überhaupt nicht«, sagt der Bezirksbürgermeister. »Wissen Sie, was ich immer wieder höre? Die Leute sagen zu mir: Das ist gut, wenn endlich mal einer ausspricht, wie es wirklich ist.«

# 12. Geht es auch anders?

## Hilton und »heute«

Ist die vorzeitige Haftentlassung von Paris Hilton im Frühsommer 2007 eine Meldung in den Nachrichtensendungen des öffentlich-rechtlichen Fernsehens wert? Welchen Platz kann Knut, der Eisbär, in einem Nachrichtensender beanspruchen? Im Juni 2007 informiert das ZDF in »heute« über das Schicksal der prominenten Millionenerbin, gleich nach den Berichten über das G8-Treffen in Heiligendamm. Als *Bild* von einer Morddrohung gegen Knut berichtet – eine Meldung, die sich übrigens als Ente erweist –, widmet der Nachrichtensender n-tv diesem Stoff seine halbstündige Sendung »Thema des Tages«: Programmentscheidungen mit Blick auf die Quoten. Aber das Milieu, das auch noch auf längere Sicht ein wichtiges Zuschauersegment von »heute«, »Tagesschau« oder Nachrichtensendern sein wird, fühlt sich nicht angesprochen: allgemeines Kopfschütteln bei den gebildeten Mittelschichten mittleren Alters. Das ergibt jedenfalls meine kleine private Erhebung auf einer Wochenendparty unmittelbar nach Heiligendamm. Der Eisbär Knut oder Paris Hilton im Nachrichtenteil? Das gehört sich nicht; es wird als Zeichen eines Verfalls wahrgenommen, den man nicht versteht, der, verächtlich oder resigniert, als Anbiederung an Kommerz und Massengeschmack wahrgenommen wird.

Die Antworten sind ernüchternd, die ich in letzter Zeit auf meine Fragen nach dem Medienkonsum von Lehrern, Juristen, Ärzten oder Freiberuflern erhalte. Das Kopfschütteln über Hilton und »heute« ist kein Einzelerlebnis, es ist typisch: Die Hauptkundschaft des Qualitätsjournalismus verliert das Gefühl, verlässliche Informationen und glaubwürdige Orientierungen zu finden bei den Medien, die für das öffentliche Gut Information einstehen: bei den Nachrichtensendungen und Magazinen des öffentlich-rechtlichen Rundfunks, den regionalen und überregionalen Zeitungen und Zeitschriften. Es schmerzt die politische Journalistin, wenn sie immer wieder stereotype Sätze hört wie: »Dann kann ich ja gleich *Bild* lesen.« Oder: »Ich lese in letzter Zeit irgendwie immer weniger Zeitung.« Oder: »Den *Spiegel* brauche ich eigentlich nicht mehr richtig.« Oder: »Fernsehen ist doch nur noch schrecklich.«

Meine Datenbasis ist, zugegeben, dünn. Glücklicherweise werden auch weiter *Spiegel* oder *Zeit* gelesen, wird immer noch die Regionalzeitung abonniert, die »Tagesschau« gesehen. Und um Missverständnisse zu vermeiden: Natürlich findet auch jeder Akademiker Knut wahnsinnig drollig und verschlingt die Klatschspalten über Paris Hilton. Selbst Willy Brandt soll zur Entspannung im Fernsehen gern Heino und Heimatliedersendungen angesehen haben. Zu meinem persönlichen Erholungsprogramm nach Parteitagen gehört es, auf der Rückreise im Zug *Bunte* zu lesen. Und das Vergnügen wird gesteigert, wenn mir im Abteil ein *Zeit*-Leser gegenübersitzt, der mich, wie die verstohlenen Blicke verraten, um meine leichtgewichtige *Bunte* beneidet. Nichts also gegen Klatsch und Königshäuser, Stars und Schmonzetten.

Aber alles an seinem Platz! Nichts anderes drückt das allgemeine Kopfschütteln aus. Das Gefühl der gebildeten Schichten, dass selbst bei seriösen Medienmachern die Maßstäbe ins Rutschen geraten sind, ist gleichzeitig die Enttäuschung darüber, als Teilnehmer an der öffentlichen Debatte nicht mehr richtig ernst genommen zu werden. Der Quotenzwang, dem die Fernsehmacher, und die Marktzwänge, dem die Zeitungsleute unterliegen, erdrücken die Bedürfnisse der politisch interessierten Zuschauer und Leser. Das kann langfristig auch ökonomisch prekär werden. Es mag zwar sein, dass n-tv oder ZDF mit Knut oder Paris Hilton ihre Quoten kurzfristig um ein paar Prozente steigern. Aber sie zahlen dafür mittel- und langfristig mit immer mehr Prozentverlusten bei ihrer Kernkundschaft. Die politisch und gesellschaftlich Interessierten, die Gebildeten und Engagierten finden im großen Rauschen keinen Halt; sie werden geistig unterernährt und wenden sich ab.

Doch die Frage nach Paris Hilton in »heute« ist keine nur rhetorische Frage, die Meldung nicht einfach ein Fehler, der leicht zu vermeiden ist. Als vor einiger Zeit die »Tagesschau« den Verkehrsunfall von Daniel Küblböck, dem vulgär-geschwätzigen Teenie aus Bohlens »Deutschland sucht den Superstar«, meldet, führt das zu internen Debatten und nachträglich zu der Erkenntnis, dass man es besser unterlassen hätte. Aber, fragt mich ein Kollege, mit dem ich über Hilton und »heute« diskutiere, wie können die Öffentlich-Rechtlichen denn die jungen Leute für die »Tagesschau« gewinnen, die als Konsumenten der Privaten daran gewöhnt worden sind, dass Nachrichtensendungen über Paris Hilton und Co. berichten? Ich kann diese Frage nicht beantworten, die das öffentlich-rechtliche Fernsehen unter Legitimationsdruck setzt und bei Zeitungen Existenzängste auslöst. Niemand weiß wirklich, wie man junge Zuschauer oder Zeitungsabonnenten gewinnt, die daran gewöhnt sind, dass der Fernseher immer läuft, sogar dann, wenn keiner hinsieht, weil parallel im Internet gechattet oder an Spielkonsolen gespielt wird. Ich habe keine konstruktive Antwort, mein Einwand trifft trotzdem: Bisher hat noch keine einzige Anpassung des Niveaus nach unten nachweislich zur Verjüngung des öffentlich-rechtlichen Nachrichtenpublikums geführt. Kann man sie dann nicht ebenso gut unterlassen?

## Getriebene, und nicht Gestalter

Nichts-Tun ist immer eine zweifelhafte Empfehlung, und in Zeiten der rasenden Veränderungen erst recht. Wer steht schon gern als Mahner am Rande, wenn alles vorwärts drängt und stürmt?»Wer will mit der Entschleunigung beginnen?«, fragte vor einiger Zeit Wilm Herlyn, Chefredakteur der Nachrichtenagentur dpa, bei einer der einschlägigen Medienrunden, die gerade wortreich Qualitätsverluste im Gefolge der Beschleunigung beklagt hatte. Das Protokoll der Veranstaltung hält fest:»Eine Antwort blieb aus. Alle Podiumsteilnehmer betonten jedoch, dass sie sich einer gesellschaftlichen Verantwortung verpflichtet fühlten.« Eine gute Zusammenfassung wohlmeinender Hilflosigkeit.

Die jungen Leute, die bisher vergeblich umworbenen künftigen»heute«-Zuschauer oder Zeitungsabonnenten, zeigen allerdings wenig Neigung, diese Hilflosigkeit wohlmeinend durchgehen zu lassen. Blogger und die User und Produzenten von Internet-Foren aller Art prophezeien dem »Ex-Cathedra-Journalismus« schonungslos den baldigen Untergang: Der erhobene Zeigefinger der»Holzmedien« und Fernsehtraditionalisten habe keine Chance gegen den neuen »Bürgerjournalismus« im Internet – der allerdings in Anführungszeichen gesetzt werden muss, weil er noch weniger genau definiert ist als der traditionelle Journalismus. Die neue Szene beeindruckt vorerst wenig durch ihre meinungsbildende Wirkung, umso mehr aber durch ihr Auftreten. Wer publizistischen Effekt im Netz will, bleibt an professionellen Journalismus gebunden, wie der hart erarbeitete Erfolg von »Spiegel-Online« beweist; oder er muss sich anlehnen an die Online-Strukturen traditioneller Medien, an Zeitungen oder Fernsehsender. Denn sonst verliert er sich im weiten Reich der digitalen Welten.

Das Auftreten der neuen Medienproduzenten aber ist gigantisch selbstbewusst. Ihre Inszenierung hat die Überzeugungskraft jeder Jugend, die durch ihre bloße Existenz beweisen kann, dass sie das Alte demnächst hinwegfegen wird. Ihre Sprengkraft gewinnt sie aus der unbefangenen Handhabung der neuen Technologien: Es ist ja nicht zu bestreiten, dass den digitalen Medienwelten die Zukunft gehört. Die junge Garde verschafft der alten das unangenehme Gefühl, bald zum alten Eisen zu gehören. Wer mag das schon? Solche Zumutungen bekämpft man durch Abwehr. Viele Verantwortliche in Verlagshäusern oder Fernsehanstalten verwenden sehr viel Energie darauf, sich von niemandem übertreffen zu lassen, wenn es um Online-Avantgardismus geht. Aber leider verwenden die gleichen Leute sehr wenig Mühe und Überlegung darauf, der jungen Garde ihre Erfahrungen als Widerspruch, Reibungsfläche, Herausforderung, kurzum: als Entwicklungschance zur Verfügung zu stellen. Das aber wäre nicht nur nützlich, sondern es ist dringend nötig. Denn die unbefangene Handhabung der neuen Möglichkeiten ist ja keineswegs identisch mit ihrer Beherrschung. Das Niveau vieler nicht- oder halbprofessioneller Blogs oder anderer Formen des »Bürgerjournalismus« ist ausgesprochen dürftig. Die »Klicks«, die den Zeitungen über ihre Online-Ausgaben zukommen, erhöhen die Zahl der Leserreaktionen auf das gedruckte Blatt, weil sie schneller und umstandsloser zu schreiben sind als der traditionelle Leserbrief. Aus dem gleichen Grund sind Blogs oder Online-Kommentare aber auch flüchtiger; beim schnellen Kommentar muss nämlich weniger überlegt werden. Erstaunlich oft bilden sich um ein Thema »Communities« im schlechtesten Sinne: Eingeschworene Gemeinschaften, die sich ganz im Stil des guten alten Stammtisches gegenseitig in ihrer Meinung bestätigen und andere in grobem Ton heruntermachen.

Studenten von Medien- und Politikstudiengängen, die künftigen Akteure und Eliten der öffentlichen Kommunikation, sind fasziniert vom Medien-Politik-Geflecht in Berlin-Mitte. »Wie steht es in Ihrer Berufsgruppe eigentlich mit der Moral?«, fragt mich eine Studentin der Stipendiatengruppe, die in Berlin ein Wochenseminar unter dem Dach einer Stiftung absolviert. Die Diskussion hatte sich um Phänomene des Hauptstadt-Hype gedreht, der mit schaudernder Bewunderung beobachtet wird. In der Frage nach der Moral verdichtet sich, worauf ich in solchen Runden die Antwort regelmäßig schuldig bleibe. Es ist die Frage nach der Verantwortung unserer Zunft, die so viel Ruhm und Glanz und Wichtigkeit um sich verbreitet: Wenn Sie das alles so kritisch sehen, warum ändern Sie es nicht, warum ändert es denn niemand von euch? Es ist eine unangenehme Frage.

Geht es auch anders? Ich kann Ihnen keine Therapie liefern, ist meine Antwort an die Studentin mit dem Sinn für die richtigen Fragen. Es wäre verlogen, wenn ich etwas anderes behaupten würde. Im Gegenteil, zur Ehrlichkeit gehört sogar das Bekenntnis, dass es kaum eine Sünde meiner Branche gibt, die ich nicht selbst begangen hätte – ich sitze selbst mitten im Selbstbespiegelungskabinett von Berlin-Mitte. Wer fängt an mit der Entschleunigung? Das steht nicht in meiner und nicht in der Macht der vielen Kolleginnen und Kollegen, die ein ähnliches Unbehagen an der Entwicklung der Medien empfinden. Aber Unbehagen kann doch ein Motor sein, ein besserer jedenfalls als Selbstzufriedenheit, denn die hat die Menschheit noch nie einen Schritt vorangebracht. Wer unzufrieden mit sich selbst ist, trägt vielleicht zur genauen Diagnose bei, zur Einsicht, die bekanntlich der erste Schritt zur Besserung ist. Und meine erste Einsicht ist: Wir alle sind Getriebene, nicht die Gestalter einer Umwälzung, die das Leben so tiefgreifend verändert wie die Dampfmaschine und die industrielle Revolution. Wir fühlen uns als Meister und Pioniere der digitalen Kommunikationswelten, wenn wir aus kühlen News Rooms multimedial zeitgleich in die ganze Welt senden und berichten. Tatsächlich wissen wir weder, ob es in drei Jahren unsere Zeitung noch gibt, noch wer unsere Sendungen wirklich sieht. Wir versuchen, mit immer neuen Methoden herauszufinden, wie man Leser ans Blatt und Zuschauer an den Sender bindet, und machen mit Exklusivmeldungen auf uns selbst aufmerksam. Wir orientieren uns an Quoten, Auflagen, dem Medientenor und neuerdings an Klicks, um die Wünsche des Publikums zu erahnen – und doch weiß niemand, ob wir die Jagd nach Aufmerksamkeit nicht gerade deshalb verlieren. Denn wenn gewohnte Formate, Strukturen und Plätze sich immer mehr auflösen, können die Marken ZDF oder *Der Tagesspiegel* oder *Westdeutsche Allgemeine Zeitung* unauffindbar werden, weil sie sich alle furchtbar ähnlich sehen.

Vor allem aber wissen wir immer weniger, was wir unseren Zuschauern, Lesern und Zuhörern cross- oder multimedial eigentlich zu sagen haben. Ja wir sind nicht einmal sicher, ob wir ihnen überhaupt noch etwas sagen wollen. Denn im Web kann doch jeder Bürger selbst Journalist werden, der als sein eigener Redakteur Plattformen, Blogs, Online-Zeitungen mit seinen Inhalten beschickt und keine Anleitung durch hochnäsige Korrespondenten, Redakteure oder Journalisten mehr braucht. Wäre das nicht viel demokratischer als eine öffentliche Kommunikation, die von professionellen Machern gestaltet wird? Eine Kommunikation, die personelle Hierarchien in der Person von Chefredakteuren, Intendanten, Reportern, Rechercheuren, Redakteuren ebenso kennt wie Hierarchien von Informationen selbst, die Abstufungen von wichtig, weniger wichtig, unwichtig? Bis zur Entscheidung: Hier ist kein Platz für Paris Hilton?

Ich plädiere für mehr Demut, für eine nüchterne Sicht auf die Grenzen unserer öffentlichen Rolle. Der erste Schritt zur besseren Einsicht ist diese Haltung aber nur, wenn sie, gewissermaßen als Kehrseite der Medaille, von einem grundsätzlich selbstbewussten Bekenntnis getragen ist. Das lautet: Demokratie lebt von Öffentlichkeit. Sie muss allgemein zugänglich sein. Diese Zugänglichkeit ist aber nur die Voraussetzung, keine hinreichende Bedingung für demokratische Öffentlichkeit. Demokratische Öffentlichkeit muss durch die Medien einen Prozess der Meinungsbildung strukturieren, der den Bürgern für ihre Entscheidungen und Urteilsbildung gründlich recherchierte Informationen und fundierte Meinungen qualifizierter Beobachter zur Verfügung stellt, die im öffentlich ausgetragenen Streit auf die Probe gestellt werden. Weil kein Facharbeiter, keine Ärztin, kein Verwaltungsangestellter und kein Eventmanager auf eigene Faust Vierte Gewalt sein kann, braucht die Demokratie Menschen, deren Beruf die Meinungsbildung ist, also professionelle politische Journalisten. Ihre orientierende Rolle gehört zur Demokratie wie die politische Führung des Landes durch gewählte Repräsentanten des Volkes.

Zu einer strukturierten Meinungsbildung gehören auch die Stimmen von Dichtern und Künstlern, die aus großer Distanz fragwürdige Entwicklungen wahrnehmen und als einsame Rufer darauf aufmerksam machen. Wir brauchen die Wissenschaftler, die mit empirischen Befunden Wirklichkeiten in den Blick rücken, die politischen Repräsentanten nicht auffallen. Wir brauchen Fernsehintendanten, die neuen Formaten Zeit geben und dem Quotendruck entziehen. Und es sind Zeitungsredaktion gefragt, die nach wilden Diskussionen und in bestem Wissen und Gewissen entscheiden: Das und dies ist für unsere Leser interessant – und jene Sau müssen wir nun wirklich nicht durchs Dorf treiben. Wir brauchen politische Journalisten, die daran glauben, dass sie den Menschen nicht nur die jüngsten Kabalen der Macht zu erzählen haben, sondern etwas beizutragen haben zum Verständnis der Zeit, in der wir leben.

Haben wir davon zu viele in Deutschland? Wohl eher zu

wenige. Dichter, Wissenschaftler, Intendanten und Journalisten drängt es mehr auf die Bildschirme als zu Standpunkten und Entscheidungen mit ungewissen Folgen. Bilden die Medien noch die Kontroversen, die widerstreitenden Gefühle ab, die der deutsche Reformprozess oder die neue internationale Rolle Deutschlands bei den Menschen auslösen? Eher nicht. Wir reden das Kleine groß – Rauchverbot oder Tempolimit machen immer Schlagzeilen – und das Große klein: Bei der Rente mit 67 interessiert uns die taktischen Differenzen zwischen Müntefering und Beck mehr als die Frage, ob die Medien als Mittler nicht etwas beitragen müssten zur Akzeptanz schwieriger Sozialreformen. Wir wissen, dass im Streitmuster die Sachthemen untergehen, und wir beobachten, wie ein fader Medien-Konformismus sich breitmacht. Alle schreiben oder senden zur gleichen Zeit dieselben Themen hoch und wenden sich ebenso gleichzeitig wieder dem nächsten Gegenstand zu. Wenn alle Thesen steil sind, dann sind auch alle flach.

Aber warum? Politische Journalisten müssen begreifen, dass sie damit am eigenen Ast sägen. Politik braucht einen öffentlichen Platz, der das Gemeinwohl, den »public value« unterscheidbar hält von der gigantischen Jagd nach den ökonomischen Vorteilen, die eine globalisierte Finanzwelt und die digitalisierten Medien versprechen. Insofern liefert Jürgen Habermas mit seinem Vorschlag einen wichtigen Hinweis: Wenn die unabhängige Presse einer undemokratischen Obrigkeit die subversiven Gedanken »einst« mithilfe des Marktes abgetrotzt hat – wie kann »jetzt« in einer entgrenzten Öffentlichkeit das Politische behauptet werden, das nun einmal auf Argument, Widerspruch, Differenzierung, Sachlichkeit, Bindungen, Werte und respektierte Institutionen angewiesen ist? Und auf politische Journalisten, die Aufklärer sein wollen und nicht Transporteure einer künstlichen und sterilen Aufregung, die sich in die Politikbetrachtung sogar der Qualitätsmedien eingeschlichen hat.

Ich weiß die Antwort natürlich nicht. Die bloße Kritik am Hauptstadtjournalismus, die (in diesem und in anderen Büchern) viele seiner Phänomene scharf und zu Recht kritisiert, gibt keine Antwort darauf. Selbstbezogenheit und die großen Eitelkeiten sind subjektive Defizite, aber eben solche, die erst auf veränderten Strukturen so prächtig gedeihen konnten. Es sind, noch einmal, die Fehler von Getriebenen, die im Sog der kommunikativen Revolution ihre verlorene Bedeutung ersetzen durch den Glanz und Pomp, den die neue Medienwelt möglich macht: An die Stelle des gediegenen Korrespondenten, der sein Selbstwertgefühl aus seinem öffentlichen Gewicht für Bürger und Kanzler gewonnen hat, tritt der Medienprominente. Das Phänomen findet sich überall, nicht nur bei Journalisten, es hat seine Wurzeln im Mediensystem. Durch Bekanntheit steigern auch Wissenschaftler, Künstler, Demoskopen, Köche, Gesundheitsberater ihre Einkommen und ihre Wirkung. Das Fernsehen kann jeden zum Guru machen.

Wer sich in dieser Welt als Journalist nur auf seine guten Absichten verlässt, hat schnell verloren; Tradition und bewährtes Handwerk beantworten nicht mehr alle Fragen. In einer Welt, in der die öffentlichen Angelegenheiten über Fernsehen und online kommuniziert werden, können weder Politiker noch politische Journalisten sich diesen Welten entziehen oder verweigern. Es ist eine ganz nützliche Lehre, wenn man als Journalist im Fernsehen wie ein Politiker in anderthalb Minuten zu schwierigen Fragen Stellung bezieht und damit auf die Nase fällt: Praxiserziehung zu Realismus. Und es ist vernünftig, wenn Politiker im Fernsehen auch mit Journalisten konfrontiert werden, die sie aus dem täglichen Nahkampf kennen.

Wenn die Verbindung von Demut und Selbstbewusstsein der erste Schritt zur Besserung ist, dann ist es der zweite Schritt, die Frage nach Maßstäben und Grenzen neu zu stellen. Was geht und was geht nicht? Das ist die harte Alltagsfrage, nicht leichter zu beantworten als die vorherige. Wenn ein dpa-Chef mit der Entschleunigung nicht beginnen kann, dann kann es das Parlamentsbüro des *Tagesspiegel* erst recht nicht. Aber wer Journalismus als Beruf betreibt, hat oft erlebt, dass in der Frage selbst oft der wichtigste Ertrag liegt: Es kommt darauf an, sie wirklich zu stellen. Denn wir reflektieren Grenzen und Maßstäbe zu selten. Das ist ein Symptom der Mutlosigkeit, die unter denen um sich greift, die unseren Beruf ausüben.

Wissen Sie, sagt mir der Kollege am Ende der Diskussion über Paris Hilton, manchmal glaube ich ja, dass uns die Quote nur deshalb so interessiert, weil man sie messen kann. Wenn wir etwas anderes messen könnten, würden wir's tun. Ein interessanter Hinweis. Sender und Zeitungsredaktionen messen und zählen, was das Zeug hält: Quoten, Umfragen, Nennungen, Klicks, Rankings. »Läuft das?« Diese Frage rangiert oft vor der nach der persönlichen oder redaktionellen Verantwortung, sich selbst ein Urteil darüber zu bilden, was für Leser oder Zuschauer interessant und wichtig sein könnte. Zeitungen sind aber Orientierungsmedien, sie sollen ihren Lesern vorausgehen, nicht hinterherrennen. Keine Redaktion ließe sich ihre Haltung zu Israel oder Migranten von den Bergen an dumpfigen Leserbriefen diktieren, die regelmäßig eintreffen, wenn ein exponierter Artikel zu solchen Themen erscheint. Aber die bloße Zahl der Online-Klicks kann durchaus zum Argument von Redaktionskonferenzen werden. Doch Wahrheit und Wichtigkeit stellt sich nicht durch Leserabstimmungen ein, ob sie nun auf Briefpapier getippt oder im Netz geschrieben werden. Strittige Redaktionsentscheidungen können leicht mit dem Hinweis beendet werden, »dass alle anderen es doch auch so machen« – nicht gerade ein Indikator für verantwortlichen Gebrauch des eigenen Kopfes.

Wir lieben das Messbare aus Mangel an Maßstäben. Die

Kritierien unserer Bewertung sind unsicher geworden, weil die massenmediale Suggestion sich durchgesetzt hat: Den größten Erfolg hat, wer die Wünsche der meisten Leser, Zuhörer, Zuschauer am besten ahnt, abbildet, bedient. Ökonomisch ist das effizient. Für das öffentliche Gut Information, für die Politik, für die Demokratie ist es schädlich. Markt und Res publica, da hat Habermas recht, gehen nicht mehr Hand in Hand wie einst, als die Bürger dem Obrigkeitsstaat ihre Rechte abtrotzen mussten.

Aber ist nicht immer noch mehr »Markt« für die öffentlichen Angelegenheiten erreichbar, als bei der Jagd nach Quoten und Renditen preisgegeben wird? Reisen bildet, und Reisen in die deutsche Provinz erst recht. Man trifft sie in Leipzig, Landau, Oberhausen, Bonn – die Bürger, deren Interesse an öffentlicher Debatte von den Medien offensichtlich nicht gestillt wird. Der Saal, das Stadttheater, die ehemalige Fabrikhalle ist gut gefüllt, und ganz egal, ob es um Werte, öffentlichen Dienst, Jugendrecht oder Familie geht: In den letzten drei Jahren habe ich keine Diskussion mehr erlebt, bei der ich nicht mit ernsten, auch mit bösen Fragen nach den Medien konfrontiert worden bin.

Die politisch-publizistische Klasse ist betriebsblind geworden, weil sie sich zu viel im eigenen Getriebe bewegt. Hinaus in die Wirklichkeit, mehr direkte Kommunikation mit den Menschen, für die wir schreiben oder senden: Das ist der dritte Schritt zur Besserung.

## Und die Politiker?

Der Medienkanzler Schröder ist mit einer kräftigen Medienschelte abgetreten. Tony Blair, zeitweise Schröders Vorbild, übertrifft ihn noch: Er, der wie kein anderer in Europa mit Spindoktoren und effizienter Beratung den Tiger Öffentlichkeit geritten hat, hält zwei Wochen vor dem Ende seiner Amtszeit in London den Eröffnungsvortrag einer Serie, die das Reuters-Institut für Journalismus dem Thema widmet: »Führungsverhalten im Medienzeitalter«. Blair teilt kräftig aus, nachdem er sich, nicht anders als Politiker hierzulande, zunächst etwas gespreizt gibt: Seinem Nachfolger würde er abraten, den Medien zu sagen, was sie alles falsch machten. Der scheidende Blair hingegen erlaubt sich scharfe Kritik: am immer schnelleren Tempo, an hitzigen Übersteigerungen, am Verschwimmen der Grenze zwischen Nachricht und Meinung. Da nennt er den *Independent* sogar direkt. Menschen im öffentlichen Leben müssten einen erheblichen Teil ihrer Arbeit darauf verwenden, die Hyperaktivität der Medien zu bewältigen. Der späte Blair gibt sich gelassen und gesteht: Am Anfang habe er zu viel Zeit darauf verwandt, die Medien zu hofieren. Man könne es nicht allen recht machen.

Vor dem Jahrestreffen des Netzwerk Recherche spricht im Juni 2007 der niedersächsische Ministerpräsident Christian Wulff über den gleichen Stoff. Sein Befund ist, wohldosiert im Ton, in der Sache ähnlich. Beschleunigung, Mangel an Zeit und Tiefgang in den Medien, Personen vor Programmen, *wer* etwas sagt, ist wichtiger als das, *was* und *warum* es gesagt wird. Die Zeitungen hätten sich mit ihrem Blick auf die Wirklichkeit »aus der Fläche« verabschiedet, sagt er beispielsweise. In der Landeshauptstadt Hannover gebe es keinen Zeitungskorrespondenten mehr, dabei lebten doch fast acht Millionen Menschen in Niedersachsen.

Während Blair gelassen erwartet, wie seine Ära bewertet werden wird, muss Wulff in dieser Medienwelt jeden Tag noch seinen Weg gehen. Eine seiner Konsequenzen heißt: mehr direkter Kontakt mit den Bürgern. Denn der Eindruck, den er dort mache, sei authentisch und haltbar, der im Fernsehen immer nur flüchtig. Er habe oft erlebt, dass nach Fernsehauftritten keiner mehr wisse, was er gesagt habe, wohl aber sich an die Farbe seiner Krawatte erinnere. Diesem Befund kann niemand widersprechen. Seit Neil Postmans *Wir amüsieren uns zu Tode* ist der Erkenntnis nichts Neues hinzugefügt worden: Was vom Fernsehen hängen bleibt, ist – auch bei Nachrichtensendungen – äußerst dürftig. Auf die Frage, warum Spitzenpolitiker zwar politische Sendungen im öffentlich-rechtlichen Fernsehen forderten, für Interviews in Fernsehmagazinen aber oft nicht zur Verfügung stünden, bekennt sich Wulff zur Verweigerung: Es sei doch klar, was bei den Zuschauern, die solche Sendungen mit einem Auge verfolgten, am Ende hängen bliebe, wenn ein ausführliches Interview zu einem kurzem Statement in einem Fünf-Minuten-Beitrag über die VW-Affäre gekürzt werde: Irgendwie hat der Wulff wohl auch was damit zu tun.

Die Politik beginnt, Kommunikationswege jenseits der Medien zu suchen. Wulffs Plädoyer für mehr direkte Bürgerbegegnung trifft sich offenkundig mit den Bedürfnissen vieler Bürger. Nach einer dimap-Erhebung würden es vier Fünftel der Bürger begrüßen, wenn es mehr Möglichkeiten gebe, mit führenden Politikern direkt zu sprechen; nur ein Viertel glaubt allerdings, dass die Politiker daran interessiert wären. Kluge Politikberater und Wahlstrategen weisen auf einen Trend weg von der Kommunikation über Medien (»Airwar«) hin zur persönlichen Kommunikation (»Groundwar«) – und weisen darauf hin, dass mit zunehmender Perfektionierung der medialen Inszenierungen auch die Skepsis der Bürger vor ihnen wächst.

Angesichts der sinn- und diskussionsschwachen Parteiendemokratie und des allgemeinen Vertrauensverlustes kann jede Zunahme des direkten Dialogs zwischen Regierten und Regierenden nur positiv sein. Die Politik sucht aber auch nach Umgehung der klassischen Medien mit Hilfe massenmedialer Kommunikationsmittel – und da fällt das Urteil ambivalent aus. Der virtuelle Kreisverband oder Ortsverein ist in

Deutschland immer noch mehr Wunsch als Realität. Nichts gegen Intranet-Kommunikation in Parteien: Sie kann neue Wege der Partizipation öffnen. Problematischer ist jedoch die Form von direkter Massenkommunikation führender Politiker, die Einweg-Kommunikation bleibt – aber ohne Journalisten stattfindet. Merkels Video-Podcast ist nur ein Vorbote dessen, was auf uns zukommt. Hillary Clinton und andere in den USA haben es bereits zu hoher Blüte gebracht: Internet-Auftritte von Politikern oder Parteien, die nichts mehr von erkennbarer Selbstwerbung haben, sondern Politiker mit der scheinbaren Authentizität des professionellen Fernsehauftritts präsentieren – oder als »Negative Campaigning« den politischen Gegner ebenso gekonnt bloßstellen.

Zwar ist zu hoffen, dass der gesunde Argwohn der Bürger sich bald auch auf solche Inszenierungen erstrecken wird. Eine neue Versuchung für die Politik sind diese Möglichkeiten trotzdem. Die Politiker sind, nicht anders als die Journalisten, Getriebene der Medienentwicklung, aber sie sind noch mehr geneigt, mit ihrer Hilfe eine Gestaltungskraft zu suggerieren, die sie nicht mehr haben. Dabei haben sie es bei der Frage nach Grenzen und Maßstäben eigentlich leichter: Den Politikern bleibt ja nichts anderes übrig, als dicke Bretter langsam zu bohren. Und es bleibt unverändert gültig, was Max Weber zu den Tugenden und Eigenschaften gesagt hat, die man dazu braucht: Augenmaß, Verantwortung, Leidenschaft für eine Sache. Es stimmt, dass unser Medienzeitalter den Politikern eine Fähigkeit der Darstellung von Person und Politik in elektronischen Medien abverlangt, die Weber unbekannt sein musste. Ein gerade bei jüngeren Politikern zu beobachtender Irrtum ist aber die Annahme, sie könnten die Weber'schen Eigenschaften durch Medientalent ersetzen. Es kann sie aber nur ergänzen. Wahr ist allerdings, dass es den demokratischen Politikern von heute schwerer gemacht wird als ihren Vorgängern,

Augenmaß, Verantwortung und Leidenschaft zu behaupten. Denn die digitale Medienwelt reizt und lockt und stärkt die Eitelkeit. Und die Eitelkeit, sagt Weber, ist der stärkste innere Feind der Tugenden, um die ein Politiker ringen muss.

# Literatur

Diers, Michael: *Schlagbilder. Zur politischen Ikonographie der Gegenwart*, Frankfurt am Main 1997

Fischer, Thomas / Schmitz, Gregor Peter / Seberich, Michael (Hrsg.): *Die Strategie der Politik. Ergebnisse einer vergleichenden Studie*, Gütersloh 2007

Forum.Medien.Politik (Hrsg.): *Trends der politischen Kommunikation*, Münster 2004

Friedman, Thomas L.: *Die Welt ist flach*, Frankfurt am Main 2006

Hofmann, Gunter: *Abschiede, Anfänge*, München 2002

Kleinert, Hubert: *Demokratie ohne Parteien?*, in: *Aus Politik und Zeitgeschichte* 35/36 (2007)

Kocks, Klaus: *Authentische PR als Paradoxon. Ein Essay zur Kunst der Fälschung*, Bristol 2007

Köhler, Melanie / Schuster, Christian (Hrsg.): *Handbuch Regierungs-PR*, Wiesbaden 2006

Leif, Thomas / Kuleßa, Peter (Hrsg.): *Forschungsjournal Neue Soziale Bewegungen* 1/2003. *Bundestagswahl 2002 – Analyse eines Zufalls*, Stuttgart 2003

Leinemann, Jürgen: *Höhenrausch. Die wirklichkeitsleere Welt der Politiker*, München 2004

Luhmann, Niklas: *Die Realität der Massenmedien*, Opladen 1996

Meyer, Thomas: *Mediokratie*, Frankfurt am Main 2001

Machnig, Matthias (Hrsg.): *Politik – Medien – Wähler. Wahlkampf im Medienzeitalter*, Opladen 2002

Offe, Claus: *Die Ehrlichkeit politischer Kommunikation*, in: *Vorgänge. Zeitschrift für Bürgerrechte und Gesellschaftspolitik* 3/2004

Plehwe, Kerstin (Hrsg.): *Endstation Misstrauen? Einsichten und Aussichten für Politik und Gesellschaft*, Berlin 2006

Radunski, Peter: *Wahlkämpfe. Moderne Wahlkampfführung als politische Kommunikation*, München 1980

Sarcinelli, Ulrich: *Politische Kommunikation in Deutschland*, Wiesbaden 2005

Weber, Max: *Politik als Beruf* (Vortrag, 1919), Stuttgart 1992

Weischenberg, Siegfried / Malik, Maja / Scholl, Armin: *Die Souffleure der Mediengesellschaft. Report über die Journalisten in Deutschland*, Konstanz 2006

*WZB Mitteilungen* 107: *Vertrauen, Affären und die Medien. Befragung von Bundestagsabgeordneten*, Berlin 2005

Zakaria, Fareed: *Das Ende der Freiheit? Wieviel Demokratie verträgt der Mensch?*, Frankfurt am Main 2005